# LES ORGANISATIONS DE BLOCUS
## EN FRANCE PENDANT LA GUERRE

# LES ORGANISATIONS DE BLOCUS EN FRANCE PENDANT LA GUERRE

## (1914-1918)

*PUBLIÉ SOUS L'INSPIRATION DE*

## DENYS COCHIN

DE L'ACADÉMIE FRANÇAISE, MINISTRE D'ÉTAT
SOUS-SECRÉTAIRE D'ÉTAT AUX AFFAIRES ÉTRANGÈRES

PAR

## UN GROUPE DE SES COLLABORATEURS :

MM. JEAN GOUT, FOUQUES-DUPARC, FRANCIS REY,
JEAN TANNERY, DE MONTARDY, THILLY, vice-
amiral AMET, MARTIN-SAINT-LÉON.

PARIS

LIBRAIRIE PLON

PLON-NOURRIT ET Cⁱᵉ, IMPRIMEURS-ÉDITEURS

8, RUE GARANCIÈRE - 6ᵉ

*Tous droits réservés*

# INTRODUCTION

M. Denys Cochin avait été ministre d'État dans le ministère
d'Union sacrée, créé aux premiers mois de la grande guerre.
Se souvenant des études scientifiques auxquelles il s'était adonné
au début de sa carrière, il porta son attention sur les multiples
matières pouvant être utilisées par les armées ennemies et fut
ainsi amené, l'un des premiers parmi les hommes d'État français, à évaluer avec exactitude toute l'importance de la restriction des approvisionnements des pays ennemis.

Dès 1915, il suivait de près les travaux du comité de restriction des approvisionnements de l'ennemi, et se trouva chargé,
sans titre spécial, de concilier les vues des différents ministères
appelés à intervenir dans la lutte engagée sur le terrain économique. Peu après, se rendant compte qu'il y avait là une tâche
à remplir, il n'hésita pas à renoncer au titre de ministre d'État,
pour accepter le sous-secrétariat d'État, créé au ministère des
Affaires étrangères, et spécialement chargé de ce qu'on appela
dès lors les affaires de blocus.

Pendant plus d'un an, il n'épargna ni son temps ni sa peine
à diriger cet important service, à défendre au sein du gouvernement et devant les Chambres la politique qu'il a définie dans
la préface du présent ouvrage.

Une fois la paix venue, il conçut le projet de publier sur le
blocus un ouvrage de quasi-vulgarisation afin de faire connaître au grand public comment avaient été créés peu à peu en

*France, les organes de la guerre économique. Lui-même et ses principaux collaborateurs, tout occupés d'une œuvre absorbante, avaient pendant la guerre travaillé sans bruit, sans aucune réclame, aussi peut-on dire que le « blocus » français n'a guère été connu que des étrangers alliés, ennemis ou neutres. M. Denys Cochin voulait combler cette lacune par un ouvrage qui ne se présentât pas hérissé de statistiques et de documents.*

*Des travaux entrepris avant la guerre et qu'il devait impérieusement mener à bonne fin, l'empêchèrent de se mettre de suite à la préparation de cet ouvrage.*

*Puis vint la maladie qui devait le ravir aux siens et à ses amis. Rassemblant ses dernières forces, il voulut néanmoins assurer l'exécution de son projet. Quelques mois avant sa mort, il réunit un certain nombre de ses collaborateurs de la guerre, leur exposa ses idées et leur demanda de l'aider dans cette tâche. Il voulut bien associer à la direction du travail le signataire de ces lignes qui avait eu l'honneur de diriger les services de son sous-secrétariat d'État pendant la guerre, et lui demander de le remplacer si la maladie, dont il était atteint, et qu'il savait incurable, ne lui permettait pas de terminer l'œuvre entreprise.*

*En quelques jours, le plan de l'ouvrage fut dressé et la besogne répartie entre les collaborateurs choisis par M. Denys Cochin. Lui-même, sentant que ses forces le trahiraient bientôt, écrivit d'un seul jet la préface de l'ouvrage projeté.*

*Notre ancien et vénéré chef ne s'était malheureusement pas trompé dans l'appréciation de son mal, et quelques mois après, il était enlevé à notre affection.*

*Le petit groupe de collaborateurs, qu'il avait recrutés, persévéra néanmoins à recueillir les documents nécessaires et à les mettre en œuvre. Ne voulant pas, suivant le vœu même de M. Denys Cochin, faire l'ouvrage complet et définitif sur le blocus, dont le moment ne paraît pas encore venu, les collaborateurs eurent une tâche assez compliquée, car il fallait, au* milieu d'une abondante moisson de documents, éliminer, analyser, condenser, œuvre délicate et longue.

Un des principaux collaborateurs de M. Denys Cochin, M. Charles de Lasteyrie, qui avait été le chef de son cabinet au sous-secrétariat du Blocus, et dont les hautes capacités s'étaient déjà révélées au cours de diverses missions dont il avait été chargé pour le service du blocus, avait accepté d'écrire la notice sur le blocus financier. Élu député, il fut appelé au ministère des Finances et dut renoncer à poursuivre les travaux qu'il avait entrepris.

Les autres collaborateurs de l'ouvrage étaient eux-mêmes engagés dans des fonctions assez absorbantes, si bien que l'ouvrage ne put être terminé aussitôt que tous l'avaient souhaité. Le présent volume ne prétend pas, comme il vient d'être dit, être l'histoire définitive du blocus en France pendant la grande guerre. Ce n'est qu'une esquisse, une suite de notices destinées à faire connaître au public comment se sont créés et comment ont fonctionné les divers organes de la lutte sur le terrain économique et financier, à laquelle le besoin de simplifier a amené le public à donner le nom de « blocus » de l'ennemi. Un jour viendra, sans doute, où toutes les archives étant ouvertes, il sera possible d'écrire le ou plutôt les volumes, qui relateront l'histoire de cette partie économique de la grande guerre, avec statistiques, graphiques, etc... Il est encore trop tôt pour le faire.

Les auteurs, ne pouvant tout écrire, se sont efforcés d'écrire l'essentiel tant sur le mécanisme que sur les effets du blocus.

Ils sont persuadés d'avoir ainsi mieux réalisé le projet conçu par M. Denys Cochin, qui n'entendait pas dresser un monument, mais plutôt éclairer le grand public.

Les collaborateurs de cet ouvrage ont perdu en la personne de M. Denys Cochin, un guide bienveillant et précieux. En mettant son nom en tête de ce volume, ils n'ont pas voulu seulement rendre un pieux hommage à l'homme d'État vénéré, que sa haute élévation morale et l'étendue de ses connaissances *avaient porté au pouvoir, et auquel son affabilité et la sûreté de son commerce avaient conquis les sympathies de tous. Ils ont voulu surtout lui restituer, ce qui lui appartient réellement, la conception de l'œuvre et l'initiative de sa mise en train.*

Jean GOUT,
Ministre plénipotentiaire,
ancien directeur des services du Blocus
au sous-secrétariat d'État des Affaires étrangères.

# PRÉFACE DE DENYS COCHIN

De l'Académie française, ministre d'État,
sous-secrétaire d'État au ministère des Affaires étrangères.

*Priver l'ennemi de vivres et de munitions est une mesure élémentaire à la guerre : mesure très simple quand on investit une place forte, comme Paris le fut en 1870, beaucoup plus compliquée pendant la colossale dernière guerre. Mais mesure si efficace qu'elle peut abréger, peut-être empêcher la guerre.*

*Les peuples, en effet, ne vivent que par le commerce. Quel est le principe du commerce? — Exportez toujours, et importez le moins possible. Et quel est le principe du blocus exercé par un belligérant? — Je renonce à exporter, de peur de ravitailler l'ennemi; et j'importe tout ce qui est à ma portée, pour en priver l'ennemi. Certes le système est coûteux. Mais promptement efficace.*

*Que trois ou quatre grandes nations se montrent résolues à l'appliquer à la lettre. Et les récalcitrants contre la paix du monde seront bien vite réduits à demander grâce.*

*J'ai été, sous le ministère Briand de 1915, ministre d'État chargé du blocus. Sous le ministère Ribot, qui vint ensuite, sous-secrétaire d'État du Blocus.*

*Le titre m'importait peu. L'important était de conduire cette grande affaire avec quelque unité de vues, quelque esprit de suite.*

*A la guerre on accepte toute mission offerte, sans faire ses conditions. On se met d'abord à la besogne, même si les conditions sont insuffisantes.*

*Au ministre du Blocus manquait d'abord l'argent; et il en eût fallu beaucoup pour enlever aux ennemis les marchés qui leur restaient ouverts. Par exemple, nous achetions nos pyrites en Espagne, où les Allemands ne pouvaient aller. Ils en trouvaient aux mines d'Orkla, en Norvège. Pourquoi n'achetions-nous pas, même plus cher, nos pyrites à Orkla? J'obtins tardivement, après beaucoup d'efforts, des Anglais de donner leur préférence à ce marché.*

*L'avis du ministre du Blocus aurait dû souvent prévaloir sur celui du ministre du Commerce, quand il y avait à importer pour éviter de ravitailler l'ennemi : des pâtes à papier de Suède par exemple, auxquelles l'accès du Havre fut fermé, malgré mes réclamations, et qui durent aller à Hambourg. Mais l'Allemagne a des bois, objectait-on : sans doute, mais elle a peu de soufre. Et le ministère du Blocus avait obtenu de l'Italie que les pâtes fabriquées avec le soufre italien n'allassent que chez les alliés.*

*Une autre discussion eut lieu en 1917 à propos des vaches de Suisse. La Suisse avait été soigneusement* contingentée. *Le mot sera plus amplement défini au cours de cet ouvrage. Et j'ai tout lieu de croire que la S. S. S. (Société de surveillance suisse) remplit honnêtement sa mission. En France, l'opinion était variable au sujet de la Suisse. Du côté du ministère de la Marine on nous accusait volontiers, et très légèrement, de faiblesse. Du côté de la Guerre, on nous disait : gardez-vous d'exaspérer, de réduire au désespoir l'opinion suisse. Je m'appliquai à faire respecter exactement les principes du contingentement. Et j'allai à Cette et à Bordeaux visiter les arrivages et les départs pour la Suisse, ayant adopté cette formule : « Je n'ajouterai pas le plus modeste plat à votre menu; mais je tâcherai de le faire servir exactement. »*

*Non, rien des importations suisses n'allait en Allemagne. Au moins, tous nos efforts y ont tendu. Mais alors se présentait la question des produits du pays : bestiaux et houille blanche des chutes d'eau. Refuser absolument aux Suisses d'en accorder* une part à l'Allemagne eût été les priver de tout moyen de payer leur charbon que nous ne pouvions cependant leur fournir Mais je leur disais : donnez-nous la préférence, et vous achèterez du charbon avec le prix, si vous voulez.

Le docteur Laur, qu'on appelait le roi des paysans, était entré dans ces vues et nous avions mis sur pied un marché de 50 millions (bien modeste somme) où les vaches dites grosses bernoises (très semblables à nos ardennaises) étaient comptées pour 1 500 francs sans change alors, et les petites valaisannes à 800 francs. Le ministère de l'Agriculture s'opposa à l'affaire, au point de vue de l'intérêt des éleveurs français et la fit échouer. Grosses bernoises et petites valaisannes allèrent probablement en Allemagne.

Je cite ces trois exemples des pyrites, du papier et des bestiaux où le point de vue des ministères des Munitions, du Commerce, et de l'Agriculture se sont trouvés en contradiction avec celui du Blocus. Naturellement, je crois que j'avais raison. Mais mon seul objet actuel est de montrer que ces contradictions peuvent se produire, et le doivent, — le principe même du Blocus étant le contraire de celui du Commerce.

Mais je suis entré dans plus de détails qu'il ne convenait au rôle que je m'étais réservé ici, et il me tarde de laisser la parole aux patriotes si actifs et intelligents que j'ai eu le bonheur d'avoir pour collaborateurs.

Tournons nos regards vers l'avenir et pensons moins à la grande guerre passée qu'aux moyens d'empêcher le retour de si affreuses catastrophes. Il n'y en a qu'un : une association des nations. Comment sera-t-elle formée et organisée? — Je ne sais. Mais la guerre recommencera si les nations s'étant associées à cet effet n'ont pas déclaré : « Nous ne voulons plus de guerres » et nous les empêcherons par le renversement momentané de tous les principes du commerce, par le blocus.

Quand je donnai ma démission à M. Ribot, je lui exposai brièvement mes idées sur ce sujet et sur le grand rôle qu'allait *jouer dans le blocus l'Amérique. Je demande la permission de rappeler ici cette page :*

« *J'avais cependant, lui disais-je au moment de me retirer, à mener à bien, et j'y tenais, le blocus de l'Allemagne. J'espère avoir rendu là quelques services, présidant aux travaux excellents du Comité de restriction; arrangeant les dissentiments entre Alliés; apaisant aussi les tiraillements entre nos divers ministères, enfin réglant les choses sans concession et sans folle surenchère. C'est au moins ce que j'ai essayé dans ce domaine où beaucoup de liberté m'a été accordée.*

« *Si la Hollande, si les pays scandinaves peuvent être soumis au régime que nous avons imposé à la Suisse, je n'en demanderais pas davantage. Cependant nous n'avons pas irrité contre nous l'opinion en Suisse. L'affaire Hofmann le démontre.*

« *Mais je m'en vais tranquille. Car d'abord l'Allemagne est dans une noire misère. Et d'autre part, pour l'achever, nous ne pouvons plus faire grand'chose, ni lord Robert Cecil ni moi. La grosse clef pour resserrer le blocus est aux mains de M. le Président Wilson. J'ai accablé le gouvernement américain de mes suppliques, et de mes renseignements. Mais grâce au concours actif et intelligent de notre ambassadeur, grâce au précieux appui, à Paris de M. Sharp, la cause est gagnée; nos vues, nos méthodes sont adoptées. Le blocus se fera désormais en Amérique et par l'Amérique.*

« *J'ai donc le droit, ayant l'esprit tranquille au sujet du coin de défense nationale qui m'a été confié, de céder aux raisons qui me pressent de me retirer de votre gouvernement. »*

*Je cite en terminant l'adieu touchant et flatteur que j'ai reçu de mon collègue anglais, lord Robert Cecil :*

« DEAR MONSIEUR DENYS COCHIN,

« *It is with regret that I hear of your resignation. I can quite well appreciate the reasons which haw decided you to take such a step, but for me personnally it is a great blow to* feel that I shall no longer be working in coopération with you. If y may venture to say so, the services which you have rendered to the common cause cannot be over estimated, and I an very grateful to you for the very ready way in which you have always listened to any suggestions I might have to make.

« I trust that the severance of our officiel relations will not mena that we shall lose sight os sach other in the future, and I sincerely hope that when next you come to London, I s hall have the pleasure of seeing you, and renewing the acquaintance which has been so pleasant.

« Believe me

« Yours very sincerely. »

*Signé :* Robert CECIL.

# LES ORGANISATIONS DE BLOCUS EN FRANCE

## PENDANT LA GUERRE (1914-1918)

CHAPITRE PREMIER

EXPOSÉ HISTORIQUE

Par M. Jean GOUT

Au 2 août 1914, quand la guerre est déclarée par l'Allemagne à la France, et que la violation de la neutralité belge jette la Grande-Bretagne frémissante aux côtés des défenseurs du droit, rien, on peut l'affirmer hautement, n'a été préparé ni même envisagé, du côté des Alliés, pour mener une lutte organisée contre la puissance économique de l'ennemi.

En 1912, en présence des risques, que les conflits balkaniques faisaient courir à la paix européenne, un projet avait été esquissé, au ministère des Affaires étrangères français, pour répartir les attributions des divers services en cas de guerre. Mais ce n'était qu'un plan schématique, basé uniquement sur des vues théoriques, et rédigé sans tenir compte de l'importance qu'aurait dans une guerre, où toutes les grandes puissances européennes seraient impliquées, le facteur économique. C'est ainsi que ce plan ou mieux cette ébauche de plan réservait à l'un des sous-directeurs du ministère, qui par sa carrière antérieure était un spécialiste des questions orientales, la connaissance et la direction des questions de droit public (déclaration de guerre et ses conséquences, droit public maritime). Cet agent n'était pas d'ailleurs déchargé de ses fonctions du temps de paix et devait continuer à diriger les affaires d'Asie. Un seul collaborateur lui était adjoint : un des jurisconsultes du ministère.

Au ministère de la Marine, les prévisions n'étaient pas plus rapprochées de la réalité, un contre-amiral était seulement désigné pendant la période de tension, qui précéda la déclaration de guerre allemande, pour s'occuper de la contrebande.

Au ministère de la Guerre on avait bien prévu l'organisation d'un contrôle postal et télégraphique, mais en se plaçant presque uniquement au point de vue de la défense contre le service d'espionnage ennemi.

Aucune coordination n'avait d'ailleurs été prévue entre les organismes des divers départements ministériels pour mener la guerre contre la puissance économique des ennemis.

Cette impréparation pour une matière aussi importante serait, s'il était nécessaire d'en fournir encore, une preuve de plus de la sécurité dans laquelle la France s'endormait, et de ce désir ardent de paix qui lui avait fait négliger sur des points aussi importants la préparation minutieuse d'une guerre.

Dès le lendemain de la déclaration de guerre, le contre-amiral Moreau, chargé de la contrebande au ministère de la Marine, se rendait au ministère des Affaires étrangères auprès de M. Jean Gout, le sous-directeur, chargé comme il vient d'être dit, des questions de droit public. Dans une conférence, à laquelle prit part M. Fromageot, alors jurisconsulte adjoint du ministère des Affaires étrangères, il fut décidé de proposer au gouvernement de s'entendre avec le gouvernement anglais pour mettre d'un commun accord en vigueur la Déclaration de Londres de 1909, tout en réservant aux deux belligérants le droit de la modifier suivant les enseignements que donnerait l'expérience.

On sait qu'en effet, cet acte international n'avait jamais été mis en vigueur, faute de ratification par tous les signataires. Les gouvernements alliés devaient donc le mettre en application par un acte propre de leur souveraineté et conservaient par suite la faculté de ne le promulguer que sous réserve. Il était d'autant plus naturel de faire des réserves que la déclaration de Londres avait été rédigée après une longue période de paix, au cours de laquelle des engins nouveaux de guerre avaient été créés dont on ignorait les effets pratiques sur la conduite des opérations d'une grande guerre.

Un précédent, il est vrai, pouvait être invoqué, celui de l'Italie, qui, en 1911 au cours de la guerre pour la Tripolitaine, avait déclaré vouloir se conformer à la déclaration de Londres ; mais les opérations maritimes, au cours de cette guerre, avaient été fort simplifiées par l'inexistence de la flotte turque.

Les négociations entre Paris et Londres furent rapidement menées à bonne fin et le décret du 25 août 1914, stipula que la déclaration de Londres serait appliquée sous réserve de certaines modifications. Un ordre en Conseil identique avait été promulgué à Londres le 20 août.

Les principales modifications portaient sur deux points :

1º La destination hostile de la contrebande relative est présumée si les marchandises sont consignées à ou pour le compte d'un agent des États ennemis, d'un commerçant ou de toute autre personne agissant sous le contrôle d'un État ennemi ;

2º La théorie du voyage continu est applicable à la contrebande relative ; les marchandises sont sujettes à confiscation s'il est établi qu'elles sont destinées à l'État ennemi ou aux autorités d'un État ennemi, quel que soit le port de destination du navire ou celui où les marchandises doivent être débarquées.

On peut dire que ces modifications ont constitué l'embryon de ce qui devait être la plus terrible guerre économique, que le monde ait connue. C'est l'évolution, pressentie le 3 août, des mesures à prendre contre les approvisionnements de l'ennemi, qui déterminera peu à peu l'ensemble des mesures de toutes sortes que par commodité et par le goût naturel des assimilations, on a appelé plus tard le blocus des empires centraux.

Au début de la guerre, l'opinion généralement répandue était qu'un aussi formidable conflit, mettant aux prises les plus grandes nations de l'Europe, jetant dans la mêlée non plus des armées de métier, mais les peuples en armes, embrassant des champs de bataille se mesurant par centaines et centaines de kilomètres, ne pourrait pas être de longue durée. Ce n'est que devant l'invasion rapide de l'armée allemande, et après le rétablissement opéré par la victoire de la Marne, que les esprits se prirent à réfléchir et que l'idée se forma, en France tout au moins, que la victoire ne pourrait appartenir qu'à celui des adversaires qui userait l'autre et qui saurait tenir le plus longtemps.

Ce fut à Bordeaux que plusieurs parmi ceux qui avaient la

charge de surveiller les approvisionnements de l'ennemi, conçurent
le projet de frapper l'ennemi dans ses forces économiques afin de
briser sa résistance.

Un économiste français, M. Edmond Théry, se fit le propagateur
et le prophète de la doctrine du « blocus de l'Allemagne ». Certes,
ses prophéties ne se sont pas réalisées à la lettre dans le temps,
mais du moins c'est à lui que l'opinion publique dut d'être d'abord
éclairée sur l'importance qu'allait prendre la guerre économique.

Pour commencer, le gouvernement fut sollicité d'armer suffisamment les pouvoirs publics pour supprimer tout commerce
entre la France et les États ennemis, et pour empêcher tout produit français de servir au ravitaillement de l'adversaire.

Des prohibitions de sortie furent édictées pour presque tous les
articles de commerce ; des dérogations ne pouvaient être accordées qu'à bon escient et lorsque des garanties sérieuses étaient
données que les marchandises exportées ne pourraient parvenir
aux États ennemis.

Le décret du 29 septembre 1914 réglemente la défense de tout
commerce et de toutes relations non seulement avec les États
ennemis, mais aussi avec leurs nationaux. Ce décret, interprété
par les tribunaux, aboutit même, un peu à la surprise de ses
rédacteurs, à la mise sous séquestre des biens des nationaux
ennemis, situés sur le territoire de la France et de ses colonies.

Les premiers mois de la guerre apprirent bien vite que les
Allemands avaient étudié toutes les répercussions que la guerre
qu'ils préparaient pourrait avoir sur leur économie générale. Des
mesures avaient été prévues et étaient mises à exécution dès le
mois d'août en Allemagne pour centraliser entre les mains de l'État,
par voie de réquisitions générales, tous les produits nécessaires
à l'alimentation du pays comme à la conduite de la guerre.

Il devenait donc nécessaire pour les Alliés de prendre des mesures
pour arrêter la contrebande, qui s'organisait au profit de l'État allemand dans tous les ports neutres des pays limitrophes de l'Empire
germanique.

Des échanges de vues actifs eurent lieu entre Londres et Bordeaux, une mission fut envoyée à Londres et en rapporta le décret,
publié le 6 novembre 1914, sur la contrebande, similaire de l'ordre
en Conseil britannique publié le 29 octobre 1914.

Par ce décret les listes de contrebande sont étendues : nombre
de marchandises portées jusque-là comme contrebande relative
sont inscrites à la contrebande absolue ; les présomptions de destination hostile de la contrebande relative sont précisées ; les marchandises sont sujettes à capture si elles sont consignées à ordre
ou si les papiers de bord n'indiquent pas le consignataire ou men-
tionnent un consignataire résidant en pays ennemi ; la charge
de la preuve de la destination innocente incombe au propriétaire
de la cargaison ; enfin, et cette mesure devait avoir d'heureux
effets, le navire neutre peut être capturé si l'ennemi tire du pays
neutre, directement ou par transit, des approvisionnements pour
ses forces armées.

Cette menace, qui avait été inspirée aux Alliés par les manœuvres
de toutes sortes auxquelles se livraient en pays neutres les agents
de l'Allemagne pour alimenter les diverses « centrales » d'approvisionnement fonctionnant dans l'Empire, amena la plupart des
États neutres limitrophes de l'Allemagne à prohiber l'exportation des approvisionnements qu'ils tiraient d'outre-mer.

Si ces mesures avaient pu être menées avec rigueur dans les
divers pays neutres, le ravitaillement de l'Allemagne et de ses
alliés en produits étrangers eût été assez vite enrayé. Mais les
gouvernements neutres avaient à compter d'une part avec le
désir de leurs commerçants de profiter d'une situation inespérée
pour faire de larges profits, et d'autre part avec les menaces plus
ou moins brutales que le gouvernement allemand ne leur ména-
geait pas.

La vigueur de ces décrets de prohibition était donc fort atténuée par des dérogations accordées à des individus, et par une
contrebande effrénée sur laquelle les autorités neutres fermaient
les yeux.

Un point toutefois était acquis, les neutres voisins de l'Allemagne n'étaient plus, officiellement tout au moins, les intermédiaires pourvoyeurs des Empires centraux.

Un pas de plus allait être franchi. Ce que les gouvernements
neutres ne pouvaient se décider à entreprendre : la surveillance
des produits et marchandises reçus de l'extérieur, une organisation de commerçants avisés allait le réaliser.

Habitués à la pratique des grandes affaires et à réfléchir sur les vrais intérêts de leur commerce national, les commerçants hollandais eurent les premiers le sentiment qu'à laisser aller les choses, ils amèneraient les Alliés à des mesures telles que tout commerce leur deviendrait impossible et que le ravitaillement même de leur patrie serait entravé. Ils se réunirent et décidèrent de fonder entre eux, avec le consentement de leur gouvernement et l'agrément des Alliés, ce qu'on a appelé le N. O. T. (Netherland Oversea Trust), le Trust néerlandais d'outre-mer.

Les conversations préparatoires entre les grandes maisons hollandaises avaient eu lieu en présence d'un représentant du gouvernement britannique, M. Oppenheimer, et en effet le trust fut d'abord reconnu et agréé par le cabinet de Londres.

Nous n'entrerons pas ici dans le détail du fonctionnement de cet organisme. Son principe était le suivant : toute marchandise voulant entrer en Hollande à des fins innocentes devait être consignée au trust. Celui-ci en prenait charge, surveillait le destinataire et s'assurait que le produit n'était pas réexporté vers les territoires soumis à la puissance germanique.

Les Alliés consentirent à faire confiance au trust et à laisser passer les marchandises auxquelles il donnait sa garantie ; un accord, du 28 décembre 1914, fut passé à cet effet entre le trust et les gouvernements français et britannique.

Ce premier essai parut encourageant. On ne peut pas dire qu'il mit un terme à la contrebande ni même à toute alimentation de l'Allemagne par la voie hollandaise ; il permit en fait une première restriction sérieuse sur l'une des frontières les plus intéressantes pour l'ennemi. En effet, par la voie du Rhin et par les lignes ferrées multipliées qui relient la Hollande à toutes les parties de l'Allemagne, Rotterdam et les autres ports hollandais étaient, pour un pays qui avait perdu la maîtrise de la mer sans même avoir tenté avec sa flotte la chance des armes, la vraie grande porte ouverte sur l'extérieur.

Les expériences du trust néerlandais servirent grandement aux Alliés quand un peu plus tard, ils négocièrent avec la Suisse un arrangement analogue.

***

Les premiers mois de 1915 devaient apporter aux Alliés, avec de gros soucis, l'occasion d'atteindre non plus le seul approvisionnement de l'ennemi, mais toute sa force économique aussi bien dans ses exportations que dans ses importations. L'Allemagne, qui avait prudemment conservé sa flotte dans ses ports, s'était dès le début des hostilités livrée avec frénésie à l'institution de champs de mines dans les mers avoisinant ses côtes. Beaucoup de ces mines étaient, volontairement ou non, dérivantes. Ces boulevards maritimes couvraient sans doute les ports allemands contre les attaques de la flotte anglaise ; en revanche ces immenses champs de mines rendaient la navigation commerciale extrêmement dangereuse dans la mer du Nord. L'amirauté britannique entreprit hardiment des dragages répétés afin d'entretenir des chenaux dans lesquels la navigation innocente pourrait s'effectuer. Par un avis aux navigateurs du 3 novembre 1914, elle notifia aux gens de mer de tous pays que la mer du Nord devait être considérée comme zone de guerre où les navires non combattants s'exposeraient aux plus graves dangers s'ils se risquaient en dehors des routes qui leur seraient indiquées.

Feignant de croire que cet avis constituait un blocus des côtes et ports neutres, l'Allemagne lança le 4 février 1915 une déclaration où, à titre de représailles prétendait-elle, « toutes les eaux entourant les Iles britanniques », c'est-à-dire la mer du Nord, la Manche et une partie de l'Atlantique, étaient proclamées zone de guerre sous-marine. Tout navire ennemi qui y serait rencontré serait coulé sans avertissement préalable « et les navires neutres pourraient y être en danger. »

Cette déclaration, prémices de la guerre sous-marine à outrance, visait directement les neutres pour les intimider et les contraindre à se détourner des ports alliés.

La France et l'Angleterre, menacées directement de voir leur flotte de commerce détruite avec sauvagerie au mépris de toutes les règles jusque-là observées par les nations civilisées, indirectement aussi par la pression éhontée exercée sur la marine neutre, ne pouvaient laisser une telle déclaration sans réponse.

A Londres comme à Paris, on étudiait quelles mesures seraient les plus efficaces pour parer cette manœuvre allemande. Ce fut l'amiral Moreau qui eut l'intuition de la meilleure riposte à faire. Dans une conversation avec M. Gout, il exposa que l'occasion se présentait d'arrêter par représailles tout le commerce extérieur de l'Allemagne. A la suite de cette conversation un télégramme fut envoyé à Londres, où le ministre des Affaires étrangères français, M. Delcassé, se trouvait à ce moment. On y proposait de saisir cette occasion d'arrêter en mer toutes les marchandises de propriété, d'origine ou de destination allemandes.

La proposition, dont M. Delcassé apprécia immédiatement l'importance, fut accueillie par le gouvernement anglais ; des délégués du gouvernement français partirent sans délai pour Londres conférer avec les représentants de l'amirauté et du *Foreign office*. Ils en revinrent au début de mars rapportant le texte du décret du 13 mars 1915, similaire exact de l'ordre en Conseil britannique du 11 mars 1915. Ces deux actes furent précédés d'un memorandum conjoint des deux alliés en date du 1er mars.

S'ils avaient recours à une semblable mesure, les alliés entendaient toutefois ne pas se départir des règles d'humanité et de justice. Les arrêts de marchandises allemandes devaient s'opérer sans pertes de vies humaines et sans destructions ni des navires ni des cargaisons. Les tribunaux et cours de prises des deux pays étaient appelés à statuer sur les saisies, offrant ainsi aux propriétaires des marchandises un prétoire où faire valoir leurs droits et où défendre leurs intérêts légitimes.

Cette mesure, qui, on peut le reconnaître, innovait en matière de droit international, donna lieu à toute une correspondance diplomatique, particulièrement avec les États-Unis. Elle a donné la formule du blocus à distance rendu nécessaire par les engins modernes. Il est certain qu'avec les mines et les sous-marins, le blocus à vue d'un port, ou d'une côte même, sont devenus pratiquement impossibles. Ce n'est que par une action en haute mer et à distance qu'un pays belligérant peut être aujourd'hui empêché de continuer ses relations extérieures maritimes.

Par un souci, honorable d'ailleurs, de ne pas paraître enfreindre les règles posées aux blocus maritimes par la déclaration de Paris de 1856, les Alliés s'abstinrent pendant longtemps d'employer le terme de blocus, et d'assimiler les mesures qu'ils prenaient à la procédure de blocus. Ils entendaient simplement procéder à la restriction des approvisionnements de l'ennemi. Cette terminologie avait été inaugurée en Angleterre, quand, aux premiers mois de la guerre, un comité avait été désigné pour étudier et préparer les mesures propres à réduire les forces économiques de l'ennemi. Dès le mois de novembre 1914, le ministère des Affaires étrangères avait proposé au gouvernement de constituer en France un comité similaire, qui aurait eu pour mission de coordonner l'action des divers ministères appelés à se mêler aux opérations de la guerre économique, d'indiquer au gouvernement les mesures à prendre contre les approvisionnements et contre le commerce ennemis, et enfin d'acheter sur mer ou en pays neutres les produits alimentaires et les matières nécessaires à la conduite de la guerre que les ennemis étaient en mesure d'acquérir. Une réunion des représentants de la Guerre, des Affaires étrangères, du Commerce, de l'Agriculture, de la Marine, des Finances et de la Justice établit un projet très complet qui fut soumis au gouvernement. A ce moment, il parut difficile et contraire aux prérogatives du Parlement de confier à un comité, si bien composé qu'il pût être, la mission d'acheter à l'étranger pour des sommes considérables des produits dont l'utilisation par la France ou ses alliés était problématique. Ce premier projet fut donc abandonné.

Chaque jour se faisait sentir devantage la nécessité de coordonner les efforts et les bonnes volontés, et d'avoir auprès des chefs de service des Affaires étrangères et de la Marine des conseillers compétents pour provoquer rapidement les décisions que nécessitait notamment la confection des listes de contrebande. A tout instant en effet, il leur était signalé des produits et des matières qui jusque-là avaient passé pour inoffensifs, qui, avec les progrès de l'industrie moderne, pouvaient entrer soit directement, soit à titre de substituts, dans la catégorie des produits utiles aux armées et aux flottes, et qui s'acheminaient subitement en grandes masses vers les ports neutres voisins de l'ennemi.

Il fallait s'adresser pour être renseigné aux divers laboratoires des ministères militaires, déjà fort occupés par leur mission propre. C'était une perte de temps désastreuse en pleine guerre.

Retranchant sur leurs premières ambitions, les deux ministères proposèrent, à leur rentrée à Paris en janvier 1915, la création d'un comité de restriction des approvisionnements et du commerce ennemis, qui bornerait son activité à une coordination des efforts des divers organismes créés dans les ministères intéressés, et qui étudierait les mesures à proposer contre les forces économiques de l'adversaire. M. Delcassé, ministre des Affaires étrangères, voulut bien appuyer ce projet plus modeste, puisqu'il était fait abandon des achats à l'étranger, et le faire aboutir.

C'est ainsi que, en mars 1915, fut enfin constitué le comité de restriction, sous la présidence de l'amiral Moreau, qui lui offrit l'hospitalité dans un bureau du ministère de la Marine. Les ministères représentés étaient, outre la Marine, les Affaires étrangères, dont le représentant M. Gout était vice-président du comité, le Commerce (M. Chaptal (1) et le président de la Chambre de Commerce de Paris), les Finances (M. Branet) (2), l'Agriculture (M. Carrier) (3) et la Guerre (M. le contrôleur général Boohne et M. le lieutenant-colonel Théry).

Dès sa fondation le comité, riche de bonne volonté sinon de crédits (il avait en tout un crédit de 100 000 francs), aidé par un officier de marine en retraite, le capitaine de frégate Heilmann comme secrétaire général, et d'un officier du commissariat de la Marine, M. Cangardel, se mit courageusement à l'œuvre, étudiant toutes les questions que lui soumettaient la Marine et les Affaires étrangères et dans ses séances fréquentes aboutissant rapidement à des conclusions et à des avis, qui aidaient grandement les services des deux ministères.

C'est ce comité, qui, notamment en 1915, étudia minutieusement le projet d'organisation que la France et l'Angleterre désiraient voir se créer en Suisse à l'instar du N. O. T. hollandais ; c'est lui

(1) Directeur du Ravitaillement civil au ministère du Commerce.
(2) Directeur général des Douanes.
(3) Chef du cabinet du ministre de l'Agriculture.

également qui proposa dès le printemps de 1915 de faire acheter
par les Alliés la récolte de blé roumaine et de la faire transporter
en Russie afin d'empêcher qu'elle soit acquise par les ennemis.
Ce projet fut malheureusement écarté par les deux gouvernements
français et anglais.

Ce n'est pas ici le lieu d'exposer en détail ce que fut l'activité
du comité de restriction ; rappelons toutefois qu'il fit la première
étude de l'achat des pyrites de Norvège, afin de tarir la source
la plus importante où l'Allemagne puisait pour la confection de
ses explosifs ; ce n'est que plus tard, et grâce à l'autorité et à la
ténacité de M. Denys Cochin, que cette opération put être réalisée.

Il étudia également, dès le printemps de 1915, l'achat des
récoltes de blé de Roumanie, dans l'intention de rendre plus
difficile pour l'Allemagne son alimentation générale, dans une
période de l'année qui coïncide avec les premiers battages de
grains et avec l'épuisement progressif des stocks d'hiver. Ses
propositions, bien que soutenues par le généralissime et par le
ministre des Affaires étrangères, se heurtèrent à des difficultés
financières. On recherchait, aussi bien à la trésorerie britannique
qu'au ministère français des Finances, tous les moyens d'éviter
la chute des changes alliés sur les marchés extérieurs ; il parut
qu'une opération d'une semblable envergure (elle se chiffrait à
près d'un milliard de francs) compromettrait le cours de la livre
et du franc, et n'amènerait pas une famine réelle chez l'ennemi.

Cependant les premières démarches entreprises en Suisse pour
créer dans ce pays neutre une organisation analogue à celle du
N. O. T. hollandais, se continuaient, mais se heurtaient à de vives
oppositions. La Suisse, par des accords esquissés bien avant la
guerre, s'était assuré la bonne volonté du gouvernement français pour son approvisionnement en céréales dans le cas d'une
guerre européenne ; mais elle avait pris d'autre part des arrangements avec l'Allemagne pour son approvisionnement en charbon
dans la même éventualité. Beaucoup, même parmi les Suisses
les plus clairvoyants, craignaient qu'une entente avec ceux des
belligérants qui leur fournissaient le pain n'amenât des mesures

brutales de la part des fournisseurs de charbon. Nombre de Suisses de langue allemande, et parmi eux des membres éminents de l'état-major et du gouvernement, étaient obsédés et conquis par la propagande allemande, c'était un dogme indiscutable pour eux que l'Allemagne serait victorieuse, et dans leur patriotisme aveuglé, ils se refusaient à tout acte qui pût être un jour reproché à leur petite patrie par le vainqueur certain, dont ils admiraient les capacités, mais dont ils connaissaient et redoutaient l'orgueilleuse brutalité. La paix doit faire oublier bien des erreurs, surtout de ceux qui, neutres, faibles et facilement intimidables, se trouvèrent en face de problèmes à résoudre, trop lourds pour leur force d'âme. Le nom de ces quelques Suisses, qui, par leur obstination, faillirent compromette même le pain quotidien de leurs compatriotes doit tomber dans l'oubli. L'admirable charité, le dévouement aux blessés de toute la Suisse a racheté aux yeux des alliés quelques défaillances invividuelles.

A force de pression, avec l'appui d'un grand nombre de négociants et d'industriels suisses, un projet avait néanmoins été élaboré ; son principal négociateur avait été le même négociateur anglais du N. O. T., M. Oppenheimer.

Le comité de restriction français l'avait étudié et amendé, le ministère des Affaires étrangères résolut, avant de le laisser présenter à nouveau aux autorités helvétiques, de le soumettre à une discussion entre alliés. Il était d'autant plus porté à réunir à cette occasion une conférence entre alliés, qu'un fait d'une importance considérable pour la conduite de la guerre et spécialement de la guerre économique, venait de se produire.

Après de longues discussions entre les divers partis politiques, l'Italie, cédant à un renouveau de cet enthousiasme idéaliste, auquel elle avait dû sa libération dans les années 60 du siècle dernier, venait de se ranger aux côtés de la France, de la Grande-Bretagne et de la Russie, en déclarant la guerre à l'Autriche-Hongrie et en rompant avec l'Allemagne toutes relations.

Il était important de l'associer étroitement aux mesures déjà prises par ses alliés d'occident contre le commerce et les approvisionnements de l'ennemi.

Une conférence fut donc réunie à Paris au quai d'Orsay en juin 1915. Y étaient représentée : la France (MM. Gout, amiral

Moreau, Branet, contrôleur général Boohne, Fromageot, Péan) ; la Grande-Bretagne (comte Granville, amiral Slade, M. Hurst) ; l'Italie (prince Ruspoli et M. Dell'Abbadessa) ; la Russie (M. Sevastopoulo et commandant Dimitrieff).

Dans cette conférence fut arrêté le texte définitif du projet de société à fonder en Suisse pour organiser la surveillance des produits et marchandises que les Alliés laisseraient transiter par leur territoire à destination des consommateurs helvétiques, celle qu'on a appelée par abréviation la S. S. S. (Société suisse de surveillance économique).

On y discuta aussi les questions de contrebande, celle des approvisionnements à destination des neutres du Nord. Ce fut à cette conférence que fut pour la première fois envisagé le rationnement des neutres sur la base de leurs importations normales du temps de paix, défalcation faite des réexportations et du transit. Cette motion, mise en avant par la délégation française, fut même baptisée par M. Branet, directeur général des douanes, d'un vocable barbare mais explicite : le contingentement des neutres. La conférence se sépara sans avoir mis au point ce système régulateur, mais l'idée était lancée, et quelques mois plus tard (en août 1915), dans une conférence réunie à Londres, les Alliés en définirent la formule et en décidèrent la mise en application. Il est bon, à cette occasion, de faire remarquer que dans l'étude des mesures à prendre contre l'approvisionnement de l'ennemi, les Alliés ont très rarement pris pour guide les statistiques allemandes d'avant-guerre. Elles leur paraissaient à bon droit suspectes. C'est en étudiant les statistiques des neutres, et surtout en vérifiant les connaissements soigneusement recueillis par les services maritimes anglais, qu'ils ont poursuivi la lutte économique contre les Empires centraux.

Comme on le verra, dans le chapitre de cet ouvrage consacré à la contrebande de guerre, malgré les propositions plusieurs fois renouvelées du gouvernement français, le coton brut (matière première essentielle des explosifs modernes) n'avait pas encore été mis sur les listes de contrebande absolue. Un dernier effort fut fait après la conférence de Paris pour convaincre nos alliés britanniques de l'urgente nécessité de placer le coton sur la liste de contrebande, tout en prenant des mesures pour éviter de soulever contre les Alliés les puissants intérêts américains engagés dans la production et le commerce de ce textile.

Sir Edward Grey, ministre des Affaires étrangères britannique, frappé des arguments mis en avant par le Quai d'Orsay, proposa de traiter la question dans une conférence tenue à Londres. L'entente se fit en quelques heures entre sir Edward Grey, assisté de lord Robert Cecil et de sir Eyre Crowe, et les délégués du ministère français, MM. Gout, l'amiral Moreau et M. Fromageot. La conférence tenue ensuite entre Anglais et Français adopta quelques modifications aux règles de contrebande et adopta les bases de la politique du « contingentement des neutres ».

Après cette conférence de Londres, on peut dire que les bases du blocus moderne étaient enfin trouvées. Toutes les mesures que les Alliés prirent postérieurement ne furent que le développement et l' « intensification » de ces principes : 1º suppression en fait de la distinction entre la contrebande absolue et la contrebande conditionnelle ; 2º arrêt à distance de tout le commerce ennemi par mer ; 3º surveillance par les neutres eux-mêmes des produits que les Alliés laissent parvenir dans leurs ports sur la base du « contingentement ».

Comme il a été dit plus haut, dès les premiers mois de la guerre, des mesures avaient été prises en France pour interdire l'exportation de certains produits nationaux, soit du sol, soit de l'industrie tant afin de les réserver à la satisfaction des besoins du pays, qu'afin d'éviter qu'ils parvinssent à l'ennemi.

Néanmoins, pour ne pas tuer l'industrie nationale et le commerce extérieur, il avait été convenu que des autorisations spéciales seraient accordées pour l'exportation de ces produits quand des garanties seraient données qu'ils n'étaient pas indispensables à la consommation intérieure, et que leur destination finale était innocente.

Dès le mois d'octobre 1914, il fut évident que trop de ministères et d'administrations avaient à donner leur avis sur ces demandes d'autorisation pour que ne fût pas constitué un organe de coordination. Le ministère de la Guerre proposa l'organisation d'une commission à cet effet, et même sur l'initiative de M. Millerand, ministre de la Guerre, un officier supérieur, le colonel Ed. Théry, et un haut fonctionnaire du ministère des Affaires étrangères furent chargés d'étudier les demandes de dérogation et de prononcer sur leur admission. Au bout de quelques jours d'essai, il fut évident que malgré leur zèle ces deux fonctionnaires ne pourraient faire face au flot toujours montant des demandes, et que, en outre, n'étant pas omniscients, ils ne pouvaient, dans la plupart des cas, se prononcer qu'après des enquêtes auprès des administrations techniques, d'où de longs retards.

Les deux ministères se mirent d'accord pour proposer la création d'une commission interministérielle, où siégeraient des représentants compétents des administrations intéressées et à laquelle seraient renvoyées toutes les questions touchant l'expédition sur les pays neutres des marchandises et denrées susceptibles d'être utilisées pour les besoins de la guerre, qu'elles vinssent du territoire national ou d'ailleurs. L'exécution des interdictions d'exporter étant assurée par les services de la douane, il parut naturel de rattacher cette commission à la direction générale des douanes. Il fut néanmoins reconnu un intérêt tout particulier dans cette commission aux ministères de la Guerre et de la Marine.

Ce fut la Commission des dérogations qui joua dans la conduite de la guerre économique un rôle important. Avec le Comité de restriction elle fut l'un des piliers de l'organisation du « blocus ». Ayant débuté modestement à Bordeaux, la commission finit à Paris dès 1915 par avoir un personnel nombreux, répondant d'ailleurs avec zèle à une activité de plus en plus grande. Quand elle eut en outre à faire face à toutes les demandes que la création de la S. S. S. et du N. O. T. faisaient naître pour des produits à destination de la Suisse et de la Hollande, il lui fallut recruter toute une armée de secrétaires et de conseillers. Malgré la surabondance du travail, elle parvint, par une méthodique utilisation de ses nombreux collaborateurs, à ne pas imposer aux exportateurs sincères des délais trop longs ni des procédures dispendieuses.

.*

Ainsi, dès le milieu de 1915, les principaux organes de la lutte
contre l'activité économique de l'ennemi étaient créés en France.
Mais ces organes, installés dans des ministères différents, suppléés
et parfois gênés par des organes créés dans d'autres ministères
soit pour surveiller et stimuler le commerce, l'industrie et l'agriculture nationaux, n'avaient guère de liens entre eux, et surtout
n'étaient pas soumis à une autorité unique donnant une impulsion générale et coordonnant les efforts. En droit et en fait les
deux ministères des Affaires étrangères et de la Marine, qui ont,
il faut le dire, travaillé constamment en plein accord, exerçaient
une certaine action de direction, mais les fonctionnaires, qui dans
ces deux ministères étaient à la tête de ces services, n'avaient pas
une autorité sur les hauts fonctionnaires des autres ministères.
Une première tentative de coordination fut faite, pour ainsi dire
du dehors. Deux ministres d'État, M. Léon Bourgeois et M. Denys
Cochin furent chargés l'un d'arbitrer les conflits entre les divers
organes ministériels, participant à la guerre économique (M. Léon
Bourgeois), l'autre de présider le comité de restriction (M. Denys
Cochin). Ce comité était ainsi constitué en quelque sorte le régulateur de l'action des divers ministères. Il apparut bientôt que
cette organisation n'apportait que des palliatifs insuffisants à la
multiplicité des bureaux, comités ou commissions qui dans beaucoup de ministères avaient à s'occuper de questions intimement
liées aux opérations de la guerre économique.

M. Denys Cochin qui, à la présidence du Comité de restriction,
avait pris pleine conscience de l'importance grandissante qu'aurait
pour le succès d'une longue guerre un blocus étroit des États de
l'Europe centrale, n'hésita pas à abandonner son rang de ministre
d'État pour devenir, avec le simple titre de sous-secrétaire d'État
au ministère des Affaires étrangères, le chef des services du blocus,
Un directeur unique lui était adjoint, M. Gout, ministre plénipotentiaire chargé des services du blocus aux Affaires étrangères.
Le sous-secrétaire d'État avait le droit de donner des directions
aux chefs des services des autres ministères associés à la guerre
économique. Enfin, et ce qui était de beaucoup le plus important,

il était dans le Conseil des ministres le promoteur et le défenseur
des mesures à prendre contre le commerce et l'approvisionnement
de l'ennemi.

Passionnément attaché à cette œuvre, apportant des vues
larges et une compétence toute spéciale en ce qui concernait les
études chimiques, si essentielles pour poursuivre tous les produits
que l'ingéniosité allemande s'efforçait d'adapter aux besoins de
ses armées, en remplacement des produits déjà connus et par
suite surveillés par les Alliés, M. Denys Cochin donna une impulsion nouvelle à l'activité des divers services ; ses relations con-
fiantes avec lord Robert Cecil, qui en Angleterre remplissait un
rôle similaire, sa bonne grâce et son urbanité lui rendirent faciles
les ententes nécessaires avec les pays alliés.

La mise en œuvre, dès la fin de 1915, du rationnement ou contingentement des neutres, les mesures édictées en mars 1915,
contre les marchandises de propriété, de destination ou de provenance ennemies heurtaient trop d'intérêts dans les pays neutres
pour ne pas amener des protestations. Ceux qui avaient la charge
des relations extérieures, en France comme en Angleterre, tout en
s'efforçant d'appliquer le plus étroitement possible les règles
ainsi posées, étaient obligés de tenir un certain compte de ces
protestations et de refréner parfois les ardeurs des organes d'exécution. Il y avait d'autant plus lieu de se montrer prudent dans
les modalités d'exécution, que les principales protestations provenaient des États-Unis d'Amérique.

Cette grande nation, tout en offrant aux Alliés de larges possibilités pour leurs approvisionnements de toutes sortes, et tout
en manifestant fréquemment une sympathie sincère pour la cause
qu'ils défendaient, n'en avait pas moins gardé la neutralité.
Beaucoup parmi ses industriels et ses commerçants entendaient
tirer profit de cette situation et garder la clientèle des Empires
centraux.

A l'intérieur même des États-Unis une quantité considérable
de pro-Allemands (la plupart immigrés allemands récents) faisaient campagne contre les Alliés et saisissaient avec empresse-

2

ment toutes les occasions que leur donnaient les mesures de restriction prises par ceux-ci, pour grouper et exciter les intérêts matériels lésés ou gênés.

Les notes américaines succédaient aux notes américaines. Il faut reconnaître qu'elles se plaçaient généralement sur le terrain juridique et contestaient le bien-fondé en droit international des mesures prises. De leur côté les Alliés, surtout la France et l'Angleterre, dont les croisières placées à l'entrée des mers du Nord et à l'entrée de la Méditerranée supportaient le poids presque entier de la surveillance et des arrêts en haute mer, prirent le parti de répondre point par point à chaque note américaine après s'être concertés. Afin même de mieux affirmer leur complète union et leur commune responsabilité, deux navires sous pavillon et sous commandement français furent joints à la croisière anglaise au nord de l'Écosse, celle qui, par suite de la clôture en fait du Pas de Calais, était chargée d'arrêter les cargaisons destinées aux pays scandinaves et à la Hollande, et de déjouer les ruses multiples de l'Allemagne et de ses ravitailleurs.

L'année 1916 fut, à ce point de vue, une campagne de notes diplomatiques, où les points de droit étaient longuement exposés, discutés et commentés. MM. Hurst et Fromageot, pour l'Angleterre et pour la France, avaient des conférences à intervalles rapprochés. Les ministères des Affaires étrangères des deux pays profitaient d'ailleurs de ces conférences de leurs juristes pour préciser des points intéressants en matière de contrebande et de prises.

Tant que la France et la Grande-Bretagne avaient été seules à porter le poids de la guerre économique en Occident, les échanges de vue quotidiens qui avaient lieu à Paris entre M. Gout et le comte Granville, conseiller de l'ambassade britannique, et ceux qui avaient lieu à Londres entre le *Foreign office* et le vicomte de Fleur, conseiller de l'ambassade de France, avaient permis de coordonner les efforts des deux puissances avec une célérité suffisante. L'ambassade britannique était représentée au comité de restriction à Paris, comme l'ambassade de France au comité similaire de Londres. Des fils spéciaux entre Londres et Paris, mis à la disposition des ministères des Affaires étrangères, permettaient des échanges rapides de correspondances.

Avec l'entrée en guerre de l'Italie, les complications devenaient plus grandes et le ministère des Affaires étrangères se résolut, pour aider à la coordination, à proposer à ses alliés la création d'organes de centralisation commune.

La création de la société suisse de surveillance économique lui parut offrir l'occasion d'une première tentative. Il avait été convenu, par l'accord signé à Berne, que, pour certains produits que les Alliés promettaient de faire parvenir en Suisse, on fixerait des contingents trimestriels. Ces produits pouvaient transiter aussi bien par l'Italie que par la France et beaucoup avaient emprunté la voie de l'Angleterre pour parvenir en France. Il était nécessaire de créer une sorte de chambre commune d'enregistrement des quantités délivrées à la Suisse, afin d'être assuré que les contingents ne seraient pas dépassés.

L'offre du gouvernement français fut bien accueillie à Londres et à Rome, et même à Petrograd le gouvernement russe marqua le désir de participer à ce nouvel organisme. Par échange de lettres, il fut résolu entre les quatre gouvernements de créer à Paris une Commission interalliée des contingents.

Cette Commission devait :

1º Fixer le rationnement de la Suisse ;

2º Surveiller les importations faites par la S. S S., centraliser les renseignements donnés par les douanes des pays alliés et les prévenir de suspendre les autorisations de sortie lorsque les contingents seraient prêts d'être atteints ;

3º Étudier les modifications et les améliorations à apporter au fonctionnement de la S. S. S. et au rationnement et proposer les mesures adéquates ;

4º Éventuellement négocier avec les représentants de la S. S. S. les modifications souhaitées par les alliés.

Elle recevait les rapports des délégués commerciaux établis à Berne par les Alliés qui, par leurs rapports et leurs observations, la renseignaient sur le fonctionnement de la S. S. S. en Suisse et sur la façon dont les engagements pris par les négociants à l'égard de la S. S. S. étaient observés.

Plus tard, elle fut chargée du rationnement de la Grèce, qui, par sa position sur une mer bordant la Turquie, était naturellement ncitée à servir au ravitaillement des ennemis. En Grèce, il n'avait pas paru possible d'instaurer un organisme pareil à ceux qui fonctionnaient en Hollande et en Suisse. Les Alliés avaient assumé eux-mêmes une certaine surveillance des importations et de leur consommation en organisant à Athènes une commission, dite « Bureau commercial », formée de délégués spéciaux des légations alliées. Ce bureau se rendait compte des besoins de la Grèce, et se basant sur les contingents fixés par la commission de Paris, recommandait les demandes de dérogation adressées par les commerçants grecs aux Alliés pour les produits prohibés à l'exportation.

Enfin pour le transit et l'importation en Espagne de certains produits allemands, que les Alliés reconnaissaient ne pouvoir être trouvés dans des pays neutres ou alliés, la commission des contingents fut également chargée d'étudier les demandes présentées et de fixer les contingents acceptables.

La commission des contingents fut installée à Paris en décembre 1915, dans un immeuble sous séquestre, 33, rue Jean-Goujon. Elle se composait de quatre commissaires : un Français, un Anglais, un Italien et un Russe. Elle avait un secrétaire général français et un personnel de secrétariat français, en outre des attachés particuliers à chaque commissaire. Elle prit le nom définitif de « Commission permanente internationale des contingents. »

Grâce à l'activité de ses membres, de l'ordre et de la régularité furent promptement introduits dans les rationnements qui lui étaient confiés. Elle put faire apparaître les contingents trop largement calculés et sut également faire parfois élargir les contingents insuffisants. On doit reconnaître qu'elle se montra toujours impartiale et que c'est à sa vigilance que la Suisse en particulier à pu pendant les trois dernières années de la guerre recevoir des approvisionnements suffisants pour maintenir son existence neutre au centre même des pays en conflit.

***

Comme il a été dit, au début de cet exposé, la France et l'Angleterre, d'un commun accord, avaient décidé en août 1914 de mettre en vigueur la déclaration de Londres sur la guerre maritime. Cette mise en vigueur, prononcée par un acte de leur souveraineté propre, ne les liait pas à l'égard des étrangers, et d'ailleurs les deux alliés s'étaient formellement réservé le droit d'apporter des modifications au texte de Londres.

Les nécessités de la guerre prolongée, l'obligation de faire face à une situation apte à des progrès industriels que nul n'avait pu prévoir en 1907 avaient obligé les deux pays à nombre de modifications. L'une des plus marquantes avait été la suppression en fait de la distinction entre la contrebande absolue et la contrebande conditionnelle.

D'autre part, si, en France, pays de droit écrit, le tribunal des Prises pouvait sans difficulté appliquer les règles de la déclaration de Londres, il n'en allait pas de même pour les cours des Prises britanniques. La déclaration de Londres avait été mise en vigueur par un ordre en Conseil, elle ne s'imposait donc pas aux cours anglaises, qui restaient attachées au droit coutumier international. Les fonctionnaires de l'amirauté, liés par l'ordre en Conseil, procédaient aux prises en suivant les principes de la déclaration de Londres et les cours jugeaient ces prises sur d'autres principes.

Il en résultait, sinon de graves désaccords, du moins un sérieux malaise : officiers et fonctionnaires hésitaient naturellement à exécuter les dispositions d'un texte, qu'ils savaient ne pas lier les cours judiciaires. Or, en temps de guerre, les agents d'exécution doivent ne pas hésiter.

Devant ces difficultés, le gouvernement britannique prit le parti de révoquer son ordre en Conseil, et d'en revenir à sa jurisprudence et à ses traditions anciennes. Néanmoins, il ne voulut pas exécuter cette décision sans un accord préalable avec son alliée, si intimement associée avec elle dans la guerre économique.

A la première ouverture du cabinet de Londres, le gouvernement français répondit par des objections ; il craignait d'une part l'effet et le retentissement que pourrait avoir sur les neutres l'abandon de règles qui, au moment où elles avaient été rédigées, avaient paru marquer un progrès du droit international, d'autre part, la déclaration de Londres abrogée, chacun des deux alliés en reviendrait à sa pratique traditionnelle ; or comme la France et l'Angleterre avaient trop souvent, au cours des derniers siècles, eu à lutter sur mer l'une contre l'autre, les deux pratiques ne concordaient pas sur bien des points. Après un assez long échange de correspondance à ce sujet, le gouvernement britannique décida d'envoyer à Paris son ministre du Blocus pour arriver à une entente. Des conférences eurent lieu au Quai d'Orsay, sous la présidence de M. Léon Bourgeois, ministre d'État, assisté de M. Denys Cochin, encore ministre d'État et président du Comité de restriction. Au cours des discussions auxquelles prirent part les jurisconsultes des deux pays, il fut reconnu d'un commun accord que, par suite des modifications successives apportées aux dispositions de la déclaration, celle-ci n'était guère plus qu'une étiquette, que si, en droit, les deux jurisprudences traditionnelles française et anglaise différaient sur bien des points, ces différences pouvaient en pratique être atténuées et que leur effet n'était pas de nature à gêner la coopération amicale des deux pays.

Enfin les délégués français firent aisément accepter que l'abrogation serait précédée d'une déclaration commune des deux gouvernements de nature à rassurer les neutres sur le respect par les Alliés de leurs intérêts légitimes. Le 1er juin 1916, cette déclaration fut rédigée en séance plénière de la conférence et adoptée en plein accord. Lord Robert Cecil put l'emporter à Londres et les deux gouvernements la publièrent et la communiquèrent en même temps aux Puissances.

La déclaration de Londres se trouvait abrogée, et comme l'avaient reconnu les membres de la conférence, les quelques différences entre la législation française traditionnelle et la jurisprudence des cours britanniques n'eurent aucun effet nuisible sur la conduite en commun des opérations de la guerre économique.

*<br>* *

Ce même mois de juin 1916 vit s'ouvrir à Paris une conférence économique des Alliés, qui marqua un nouveau pas dans la coopération plus étroite de leurs efforts sur le terrain de la lutte économique. Huit pays étaient représentés : la France, la Belgique, la Grande-Bretagne, l'Italie, le Japon, le Portugal, la Russie et la Serbie. La conférence s'ouvrit le 14 juin sous la présidence de M. Clémentel, ministre du Commerce. Elle avait pour mandat de mettre en pratique la solidarité de vues et d'intérêts entre alliés proclamée dans une précédente conférence entre les chefs de gouvernements tenue à Paris le 26 mars 1916.

La conférence aboutit à un certain nombre de résolutions classées sous les trois rubriques suivantes :

1º Mesures pour le temps de guerre ;

2º Mesures transitoires pour la période de reconstitution commerciale, industrielle, agricole et maritime des pays alliés ;

3º Mesures permanentes d'entr'aide et de collaboration entre les Alliés.

Nous ne parlerons ici que des mesures inscrites à la première rubrique. Aussi bien, il est triste de constater que ce furent les seules qui furent mises en pratique. La victoire fit promptement oublier aux vainqueurs les sages résolutions d'entr'aide qu'ils avaient formées, au moment où la grandeur des sacrifices communs unissait et fondait les intérêts particuliers dans un espoir et un intérêt communs. L'Europe entière supporte les conséqnences économiques de cette défaillance de la solidarité entre vainqueurs.

La première résolution du temps de guerre proclamait la nécessité de mettre en concordance les lois et règlements interdisant le commerce avec l'ennemi ; sur ce point les Alliés adoptaient la doctrine française qui interdit les relations avec : 1º les habitants des pays ennemis quelle que soit leur nationalité ; 2º les sujets ennemis en quelque lieu qu'ils résident ; 3º les personnes, maisons de commerce ou sociétés dont les affaires sont contrôlées en tout ou en partie par des sujets ennemis ou soumises à l'influence de l'ennemi, et qui seront inscrites sur une liste spéciale.

Deux autres dispositions visaient la prohibition d'importer des marchandises ennemies, et la résiliation des contrats souscrits avec des sujets ennemis.

Cette première résolution doit retenir un moment notre attention, car elle posait le principe des listes noires des Alliés.

Les Anglais les premiers avaient établi des listes confidentielles de personnes neutres ou même alliées, suspectes de favoriser le commerce de nos ennemis, agissant en personnes interposées. Utilisées d'abord par les croisières pour aider à déceler les marchandises d'origine, de propriété ou de destination ennemies, ces listes avaient été communiquées au ministre des Affaires étrangères français, qui après s'en être servi telles quelles comme éléments d'informations pour les croisières et pour les administrations françaises, ne tarda pas à en établir de son côté avec les renseignements recueillis par ses agents à l'étranger et par le contrôle postal et télégraphique.

A la suite de la conférence de Paris, les listes noires eurent un caractère officiel et une organisation plus complète, rattachée au Comité de restriction, procéda à leur établissement méthodique avec l'aide d'une commission interministérielle où était représenté le service du contrôle postal et télégraphique. Dès lors ces listes noires purent être utilisées même devant les cours des Prises et devant les tribunaux comme éléments d'information et commencement de preuves. Venant en aide aux services nationaux, un organe interallié est venu leur fournir un contingent important de renseignements et a contribué utilement au développement du blocus. Il s'agit du bureau interallié du 2e bureau de l'état-major de l'armée.

La deuxième résolution prononçait la mise sous séquestre des maisons de commerce ennemies sur les territoires des pays alliés et la liquidation de ces maisons et des marchandises.

La troisième résolution enfin exhortait les Alliés à compléter les mesures de prohibition prises contre le ravitaillement de l'ennemi :

1º En unifiant les listes de contrebande de guerre et de prohibition de sortie, et notamment en prohibant à l'exportation toutes les marchandises déclarées contrebande de guerre absolue ou conditionnelle ;

2º En subordonnant l'octroi des autorisations d'exportation dans les pays neutres, d'où la réexportation vers l'ennemi pourrait être effectuée, soit à l'existence dans ces pays d'organismes de contrôle général agréés par les Alliés, soit à défaut de ces organismes, à des garanties spéciales telles que la limitation des quantités exportées, le contrôle des agents consulaires alliés, etc.

Ces résolutions avaient été signées par les plénipotentiaires des Alliés réunis à Paris. En précisant les mesures que les Alliés s'engageraient à prendre de concert, elles permettaient de donner suite à une décision antérieure de la conférence du mois de mars 1916, dont il a été parlé ci-dessus.

Cette résolution était ainsi rédigée : « En vue de renforcer, de coordonner et d'unifier l'action économique à exercer pour empêcher le ravitaillement de l'ennemi, la conférence décide de constituer à Paris un comité permanent dans lequel tous les alliés seront représentés ».

Cette idée de constituer un organe de coordination des efforts des Alliés pour mener la guerre économique avait été pour la première fois présentée à la conférence de juin 1915, par le contrôleur général Boohne. Ce représentant du ministère de la Guerre envisageait même la constitution d'un organe commun de coordination muni de larges pouvoirs de décision et d'exécution. Les délégués à la Conférence de juin 1915 n'avaient pas de pouvoirs assez étendus pour discuter une semblable question. Ils durent renoncer à prendre cette suggestion en considération.

Aux conférences de Londres (août 1915) les délégués français en reparlèrent, mais en réduisant cet organe à un rôle de conseiller. Néanmoins, le gouvernement britannique jugea impossible d'accepter la proposition et tout ce que les délégués français purent obtenir, ce fut de faire admettre des délégués respectifs des ambassades dans les comités de restrictions de Paris et de Londres.

A la suite de la conférence des 27 et 28 mars 1916 et de la conférence économique de juin 1916, le ministère des Affaires étrangères fit promptement les démarches nécessaires et prit les mesures pour réunir sans tarder le comité dont la création était décidée.

Le 20 juin 1916, le comité, qui prit le nom de Comité international d'action économique, se réunit pour la première fois dans l'immeuble de la rue Jean-Goujon. Son président était M. Denys Cochin, ministre d'État, déjà chargé de présider le Comité français de restriction.

Le Comité international était formé de délégués des puissances alliées suivantes : Belgique, France, Grande-Bretagne, Italie, Japon, Portugal, Roumanie, Russie et Serbie. Il avait un secrétariat général, à la tête duquel était un ministre plénipotentiaire français (1).

---

(1) Les premiers membres du Comité furent : pour la Belgique : M. Peltzer, vice-président du Comité belge d'enquête économique ; pour la France : le baron

Le comité avait pour mission de resserrer de plus en plus le blocus économique de l'ennemi ; il devait servir de trait d'union et d'agent de liaison aux divers comités nationaux des Alliés, à seule fin de coordonner leurs efforts et de les rendre plus efficaces. Il mit de suite à l'étude les listes de contrebande de guerre des divers pays alliés afin de vérifier si elles concordaient, et pour signaler les omissions qu'il constatait sur certaines listes afin qu'il y fût porté remède ; il fit de même pour les listes de prohibition de sortie. Il étudia également les graves questions du ravitaillement des neutres, des listes noires et de l'interdiction de commercer avec l'ennemi, de la validité des contrats avec l'ennemi, des connaissements à ordre, des assurances et des réassurances dont pouvait bénéficier encore l'ennemi, du paiement des coupons et titres que l'ennemi pouvait encore tenter d'obtenir directement ou indirectement en pays alliés, des transferts internationaux de fonds où l'ennemi pouvait être intéressé, de la négociation des titres ennemis.

Comme on le voit, dès ses débuts, ses études et ses recommandations portèrent aussi bien sur le blocus financier que sur le blocus commercial.

Ses recommandations, appuyées sur des études et des discussions approfondies, trouvèrent en général bon accueil auprès des gouvernements alliés et contribuèrent, dans une large mesure à la coordination, que ses promoteurs avaient cherchée.

Lorsque les États-Unis entrèrent en guerre, ils furent invités à se faire représenter au Comité international d'action économique et ils en apprécièrent le mécanisme et l'activité, qui ne se démentit pas jusqu'à l'armistice.

---

Denys Cochin, ministre d'État ; M. Gout, ministre plénipotentiaire ; le contre-amiral Amet ; pour la Grande-Bretagne : le comte Granville, conseiller d'ambassade ; pour l'Italie : le prince Ruspoli, ministre plénipotentiaire ; le commandant Dell' Abbadessa, sous-directeur général des Gabelles ; le colonel Brancaccio, de l'état-major ; pour le Japon : M. Tatsuke, conseiller d'ambassade ; pour le Portugal : M. de Vilhena, député ; pour la Roumanie : M. Labovary, ministre à Paris ; pour la Russie : M. Sevastopoulo, conseiller d'ambassade et M. Batchef, attaché commercial ; pour la Serbie : M. Voulovitch et M. Kapetanovitch, ancien ministre.

**

Comme nous l'avons dit plus haut, le gouvernement français avait pris conscience de la nécessité qui s'imposait, vu la durée de la guerre et la complexité, de jour en jour plus grande, des questions économiques et financières que soulevait la guerre économique, de coordonner plus étroitement l'action des divers organismes participant à cette lutte. M. Denys Cochin, ministre d'État, avait été, à ces fins, chargé de la présidence du Comité de restriction et d'un droit de supervision sur les différents services qui dans plusieurs ministères traitaient de questions connexes au « blocus ». Bien que par décision du Conseil des ministres, le 26 août 1916, ses pouvoirs eussent été précisés, il fut le premier à reconnaître qu'un ministre d'État, sans autres collaborateurs que son cabinet, se trouvait réduit à un simple rôle d'arbitre, et ne pouvait pas, par suite, donner l'impulsion nécessaire, ni faire accepter des directions, n'ayant pas en mains toutes les informations sur lesquelles les baser. Fort des expériences qu'il avait faites, il insista avec sa ténacité coutumière et sacrifiant son rang de ministre d'État, il finit par obtenir la création d'un sous-secrétariat d'État au ministère des Affaires étrangères, chargé de coordonner l'action des divers services publics qui assurent la restriction du commerce et des approvisionnements de l'ennemi (blocus).

Nommé le 16 décembre 1916 sous-secrétaire d'État du Blocus, M. Denys Cochin avait sous ses ordres le sous-directeur des Affaires étrangères, à qui avait été, depuis le début de la guerre, confié le service de la guerre économique. Ce sous-directeur, M. Gout, était, par un décret du 16 décembre 1916, chargé de la direction des services du sous-secrétariat d'État. Une administration encore peu nombreuse, mais autonome, prenait en main, sous la haute direction de M. Denys Cochin, l'ensemble des questions du blocus ; elle pouvait non seulement engager des négociations avec les pays étrangers, mais en outre elle avait un droit de regard et jusqu'à un certain point, un droit de direction sur tous les organes créés dans les divers ministères pour poursuivre la lutte sur le terrain économique et financier.

De décembre 1916 à août 1917, M. Denys Cochin, malgré les deuils qui l'avaient cruellement atteint, prodigua son activité, voyant les chefs de service des divers ministères, les réunissant en conférences fréquentes, et par son autorité moins encore que par son affabilité amenant tous les services à marcher la main dans la main.

Le 20 février 1917, il donna même à ces conférences un statut définitif en créant le Comité du blocus, organe de consultation, pour étudier les diverses questions que le sous-secrétaire d'État désirait élucider d'un commun accord avec les ministères intéressés (1).

Dans ce Comité furent spécialement envisagées les mesures à prendre pour contrebattre les effets de la guerre sous-marine à outrance que l'Allemagne avait inaugurée dans l'intention de bloquer à son tour les Alliés. Ce fut également dans ces conférences que furent discutées les mesures à proposer aux États-Unis, lorsque la grande République prit magnanimement le parti de se ranger aux côtés des défenseurs du droit, afin de les associer immédiatement à la guerre éocnomique et au blocus de l'ennemi.

Avant même d'être sous-secrétaire d'État du Blocus, M. Denys Cochin avait provoqué la création d'une commission financière interministérielle, chargée de contrôler les opérations financières, en vue d'empêcher qu'elles ne puissent profiter à l'ennemi et de proposer les mesures nécessaires à cet effet (2).

Jusque-là la surveillance des banques était exercée par plusieurs organes indépendants les uns des autres :

Au ministère des Finances, la direction du mouvement général des fonds ;

---

(1) Les premiers membres de ce Comité du Blocus furent : M. Denys Cochin, président ; M. Gout, pour les Affaires étrangères ; le général Allouin, pour la Guerre ; M. Branet, pour les Finances ; le contre-amiral Merveille du Vignaux, pour la Marine ; M. Chardon, pour les Transports et Ravitaillements ; M. de Lasteyrie, secrétaire.

(2) Composition de la Commission financière interministérielle à sa création : M. Sergent, sous-gouverneur de la Banque de France, président ; MM. Desforges, directeur de la Comptabilité au ministère de la Marine ; Octave Homberg, en mission au ministère des Finances ; Seydoux, chef de bureau aux Affaires étrangères (Blocus) ; Tannery, chef de la section de l'état-major ; Roger Lehideux, président de l'Union syndicale des banquiers, secrétaire ; M. Petit, inspecteur des Finances.

Aux Affaires étrangères, le service de la guerre économique, la commission des listes noires et la sous-commission financière du comité de restriction ;

Au ministère de la Guerre, la 5e section économique de l'état-major de l'armée.

Désormais la Commission interministérielle eut la direction et l'initiative des mesures du blocus financier, et M. Denys Cochin donna une attention particulière aux mesures à prendre contre les tentatives de l'ennemi pour se créer des ressources financières à l'étranger.

***

L'année 1917 marque une grande date, aussi bien dans la guerre économique que dans les opérations militaires. Le 6 avril 1917, le gouvernement de Washington, porté par l'opinion de tous les États fédérés, déclarait la guerre à l'Allemagne et à l'Autriche, proclamant ainsi la justice de la cause des Alliés.

Jusque-là, si les mesures concertées par les Alliés pour le blocus de leurs ennemis, avaient dû parfois être mitigées dans leur rigueur, la cause en était le désir des Alliés de ménager autant que possible les intérêts légitimes américains et de ne pas heurter de front les thèses de droit international auxquelles le gouvernement de Washington était attaché.

Placés entre les États-Unis, grand pays producteur de produits alimentaires comme de produits manufacturés, et les marchés neutres de l'Europe, les Alliés avaient été fréquemment obligés de porter atteinte au commerce américain. Toutes les mesures prises pour rationner les neutres du Nord, en particulier, retentissaient sur les exportations américaines, et par suite le rationnement n'était pas aussi strict qu'il eût fallu.

Les États-Unis prenant part au conflit à côté des Alliés, le resserrement du blocus par un strict rationnement des neutres devenait facile.

M. Denys Cochin, dès le lendemain de l'entrée en guerre des États-Unis, eut la vision très nette de la nouvelle politique de blocus à instaurer. Dès le 6 avril, il adressait à l'ambassadeur des États-Unis une invitation à se faire représenter au Comité de restriction français et au Comité permanent international d'action économique. En même temps il engageait une correspondance avec le gouvernement britannique pour le convaincre de l'utilité qu'auraient les Alliés à confier aux États-Unis, pays producteur, le soin de rationner les neutres du Nord. En effet, maîtres de vendre leurs produits à qui bon leur semblait, les États-Unis pouvaient exiger de leurs acheteurs des garanties plus étroites que ne le pouvaient faire les surveillants de la mer.

Tout le mois d'avril 1917 fut employé à des études sur le resserrement du blocus, par les soins des services du sous-secrétariat d'État et du Comité de restriction. Puis commencèrent les échanges de vues entre Paris, Londres et Washington afin de mettre nos nouveaux associés de guerre au courant de ce qui avait été déjà fait, des méthodes employées et des documents sur lesquels les Alliés s'étaient basés. Il était nécessaire d'agir et d'instruire promptement, car plusieurs pays neutres, clients jusque-là des États-Unis, étaient tentés de trouver en eux des protecteurs pour le trafic qu'ils maintenaient avec l'Allemagne.

Des notes sur toutes les questions de blocus se succédaient sans intervalles, des conférences entre agents français, anglais et américains se tenaient à Londres et à Paris, et peu à peu les organisations américaines se précisaient, et l'action économique des États-Unis se faisait sentir sur les exportations des neutres du Nord vers l'Allemagne.

Les choses étaient en assez bonne voie au mois d'août 1917 pour que M. Denys Cochin se crût autorisé à donner suite à son dessein de quitter le ministère. Il donna sa démission en août 1917 et fut remplacé par M. Métin, député. Quelques semaines auparavant, M. Denys Cochin avait tenu à assurer une plus complète autonomie à son sous-secrétariat d'État, en transportant ses services, devenus trop nombreux pour les locaux dont il disposait, hors du ministère des Affaires étrangères. Son premier collaborateur M. Gout, retenu par les affaires d'Orient, dont il n'avait pas cessé d'être chargé, ne put le suivre dans cet exode. Il fut remplacé dans ses fonctions de directeur des services du blocus par M. Delavaud, ministre plénipotentiaire. M. Delavaud, au service du contrôle postal et télégraphique, avait depuis le début de la guerre participé aux opérations du blocus, il était d'autant plus qualifié pour prendre en main cette direction qu'ayant été, avant la guerre, ministre à Christiania, il connaissait particulièrement les pays scandinaves, qui restaient une des dernières réserves où l'Allemagne puisait encore des approvisionnements.

****

Dès sa prise de fonctions, le nouveau secrétaire d'État allait trouver une aide puissante et un concours efficace dans la mesure que le gouvernement des États-Unis prenait le 27 août 1917. Il proclamait en effet son intention d'arrêter les exportations à destination des pays neutres, non pas pour les prohiber totalement, mais pour les contrôler. Il estimait en effet qu'il devait pourvoir en premier lieu à ses propres besoins et à ceux des Alliés. Une fois pourvu à ces besoins de premier ordre, il serait disposé à permettre les exportations vers les pays neutres, mais à une condition toutefois, c'est que la libération de l'excédent des produits américains ne puisse devenir une source de profit pour l'ennemi soit directement, soit indirectement.

Jusque-là le contingentement des neutres avait été basé sur leur consommation d'avant-guerre. La proclamation américaine changeait cette base. Les neutres n'auraient plus droit qu'aux excédents des produits laissés libres après satisfaction des besoins des Alliés, et encore à condition de justifier que l'acquisition de ces excédents ne les mettrait pas en mesure de fournir soit sur leur production propre, soit sur leurs économies, du ravitaillement à l'ennemi.

A la suite de cette proclamation, il parut nécessaire à la France et à l'Angleterre de se concerter afin d'adapter leur politique de blocus à la nouvelle situation ainsi créée. M. Métin se rendit à Londres où d'importantes conférences eurent lieu le 17 septembre 1917.

Les mesures à prendre vis-à-vis des États scandinaves furent envisagées, de façon à tenir compte d'une part du resserrement du blocus qu'allait produire automatiquement la décision américaine et d'autre part des moyens de conserver à la Grande-Bretagne et aux Alliés les produits qu'ils tiraient du sol et de l'industrie des pays scandinaves.

A la suite de cette conférence, les gouvernements alliés, en octobre 1917, proclamèrent à leur tour l'embargo sur les exportations à destination de la Hollande et des Pays scandinaves.

Des conférences et des réunions entre alliés se succédèrent à Londres et à Paris dans les derniers mois de 1917 pour mettre au point cette nouvelle politique, fixer les nouveaux contingents à appliquer aux neutres, une fois les effets des embargos constatés, et déterminer les garanties nouvelles que l'on inscrirait dans les accords que les Alliés étaient disposés à conclure avec les neutres pour leur assurer un ravitaillement raisonnable.

Dans ces conférences était également étudiée et mise en pratique la politique des trocs et celle des achats.

Par troc, on entendait qu'en échange de certaines quantités de marchandises dont les alliés leur assurait l'importation chez eux, les neutres s'engageaient à fournir certaines quantités de produits de leur sol ou de leur industrie, qui ne pouvaient plus ainsi parvenir à l'ennemi.

Quant aux achats, qui ne nécessitaient pas une contre-partie en marchandises, ils furent surtout pratiqués en Espagne et en Suisse.

En novembre 1917, M. Métin quitta le portefeuille du Blocus avec la retraite du cabinet Painlevé, dont il faisait partie. Dans le nouveau ministère, constitué par M. Clemenceau, le Blocus fut rattaché à un ministère nouvellement créé, le ministère du Blocus et des Régions libérées. Ce ministère fut confié à M. Lebrun, député, ancien ministre de la Guerre.

La direction du blocus garda son même directeur, M. Delavaud, jusqu'en septembre 1918. Il fut remplacé à ce moment par M. Fouques-Duparc, ministre plénipotentiaire, qui depuis 1917 avait rempli les fonctions de secrétaire général du Comité permanent international d'action économique, et s'était ainsi préparé à la lourde tâche qu'il assumait. D'ailleurs, les deux directeurs successifs avaient conservé auprès d'eux le principal collaborateur de M. Gout, M. Seydoux, qui, depuis le mois de janvier 1915, avait été étroitement associé à l'œuvre d'organisation du blocus et qui resta chef des services du blocus, même après l'armistice.

Si le côté diplomatique avait perdu de son importance à la suite de l'entrée en guerre des États-Unis, en revanche, les travaux administratifs et le rôle économique du ministère du Blocus avaient beaucoup grandi et le personnel avait été sans cesse en augmentant.

*<br>* *

La fin de l'année 1917 vit se constituer à Londres le Comité interallié du blocus, constitué sur le modèle de la commission parisienne des contingents et chargé à l'égard des neutres du Nord de la même mission de surveillance que la commission de Paris.

L'année 1918 vit, par des négociations ayant pour but de reviser les accords déjà passés avec les neutres, se resserrer de plus en plus l'encerclement économique de l'Allemagne et de ses alliés. Des négociations difficiles furent menées avec la Suède et les pays du Nord, pour leur faire accepter des restrictions à leurs importations et en même temps des réductions sérieuses à leurs exportations vers les pays ennemis. L'embargo énergique mis par les États-Unis aux exportations vers les neutres, leur avait fait sentir le danger d'une politique économique de faiblesse à l'égard de l'Allemagne.

On s'aperçut promptement des heureux effets de cette énergie due au concours américain. L'Allemagne et ses alliés se trouvaient réduits aux expédients des *ersatz* pour l'alimentation, l'habillement et même aussi pour la fabrication des munitions et des équipements de l'armée. Malgré les réquisitions rigoureuses, malgré les enlèvements dévastateurs pratiqués systématiquement en Belgique et dans les régions envahies de la France, la famine menaçait les Empires du centre ; les privations, de plus en plus intolérables, diminuaient la résistance physique et surtout morale des peuples ennemis ; malgré la défection des bolcheviks, la Russie affamée elle-même par l'expérience folle du communisme n'apportait aucune ressource appréciable à ses vainqueurs du moment.

Quand à ces privations vinrent s'ajouter les tristesses et les angoisses de la défaite militaire sur le front de France et sur les fronts orientaux, la force de résistance des populations ennemies fut réduite à néant, et l'orgueil militariste de l'Allemagne succomba.

*<br>* *

Telles sont, résumées à grands traits, les phases de cette grande lutte économique entre deux groupes de puissances. Les unes avaient l'avantage de la cohésion ; fortement groupées en une bande de territoires ininterrompue, elles pouvaient facilement transporter leurs troupes sur les points menacés et c'est en grande partie à cet avantage qu'elles ont dû leurs succès militaires des premières années, ainsi que la prolongation de leur résistance stratégique. Les autres dispersées, séparées même par des océans, n'ont dû leur salut qu'à leur opiniâtreté, à leur commune abnégation et aussi au fait qu'elles possédaient la maîtrise de la mer.

Le présent exposé n'a pas la prétention d'être l'histoire du blocus, c'est une simple esquisse, forcément incomplète. Les études spéciales auxquelles sont consacrés les chapitres suivants, permettront au lecteur de prendre un aperçu de l'œuvre, que de nombreux et modestes ouvriers ont accomplie avec des moyens souvent bien insuffisants ; leur dévouement, leur discipline, leur abnégation ont suppléé à tout ce qui leur manquait. Tout en effet a été à imaginer et à créer pour une lutte qui n'avait pas été préparée et qui, disons-le, ne pouvait pas avoir été préparée. Rien dans ce que l'humanité avait connu dans les guerres antérieures ne pouvait faire prévoir l'amplitude que prendrait la lutte des peuples sur le terrain économique et commercial.

Ceux qui se consacrèrent à cette œuvre, débordés constamment par les événements, ont dû créer dans la fièvre les instruments de la victoire.

La paix a été signée, les peuples se sont remis au travail, brisés par leur effort, saignant de leurs blessures. Ils s'éveillent comme d'un cauchemar, traînant encore la fièvre et la courbature de l'insomnie. Mais ils sont d'autant plus attachés à la paix, qu'ils se rendent pleinement compte des souffrances qu'entraînent de si formidables guerres. Il est à souhaiter que le vœu universel se réalise et que la paix soit enfin et pour longtemps acquise à l'humanité.

Il importe toutefois que les leçons de cette guerre ne soient pas perdues et que l'on sache par quels moyens un blocus moderne peut être réalisé efficacement.

Dans le pacte de la Société des nations, les rédacteurs des traités ont très judicieusement prévu que le recours à l'arme économique serait un moyen efficace de prévenir les velléités belliqueuses de ceux qui, à l'avenir, seraient tentés de renier leurs engagements internationaux et de précipiter à nouveau le monde dans des catastrophes. Il est donc bon que le public ait au moins une connaissance sommaire du mécanisme auquel on pourrait avoir recours, pour mettre en œuvre cette arme préventive du blocus.

CHAPITRE II

# ÉTABLISSEMENT ET ORGANISATION
## DES SERVICES DE CONTROLE
## SUR LES CORRESPONDANCES TÉLÉGRAPHIQUES
## ET POSTALES AU COURS DE LA GUERRE

Par M. FOUQUES-DUPARC
Ministre plénipotentiaire.

Le service de contrôle télégraphique et téléphonique, ainsi que celui de contrôle postal, établis en France pendant la dernière guerre pour contribuer à l'organisation de la défense nationale, n'ont pas été sans apporter une aide efficace à l'installation et au fonctionnement du blocus. Ils ont constitué à ce point de vue, en effet, un élément dont l'importance allait croissant au fur et à mesure des années écoulées. Les renseignements de tous ordres qu'ils se trouvaient en mesure de fournir au gouvernement ont pu être des plus utilement mis à profit par les administrations compétentes et ont ainsi bien souvent servi de base à des mesures dont l'opportunité n'est plus à démontrer.

**Contrôle télégraphique.**

De ces deux services, celui qui a trait au contrôle des communications télégraphiques a pu être organisé dès les premiers jours de la guerre. Son fonctionnement se trouvait antérieurement préparé par des échanges de vues intervenus entre les différentes administrations intéressées à une époque où les études confiées à celles-ci pouvaient paraître quelque peu théoriques. Ces études avaient eu comme point de départ la Convention télégraphique internationale de Saint-Pétersbourg du 10/22 juillet 1875.

Aux termes des articles 7 et 8 de cet acte, les hautes parties contractantes s'étaient réservé « la faculté d'arrêter la transmission de tout télégramme privé pouvant paraître dangereux pour la sécurité de l'État ou contraire aux lois du pays, à l'ordre public ou aux bonnes mœurs », et aussi « de suspendre le service télégraphique international pour un temps indéterminé, jugé nécessaire, soit d'une manière générale, soit seulement sur certaines lignes et pour certaines natures de correspondance, à charge, pour le gouvernement intéressé, d'en aviser immédiatement les autres États contractants ».

Il avait été prévu, d'autre part (article 13) « que les dispositions qui précèdent seraient complétées par un règlement dont les prescriptions pourraient être à toute époque modifiées d'un commun accord par les administrations des Hautes Parties contractantes. »

Le règlement en question fit plus tard l'objet d'une révision qui fut élaborée en 1908 à Lisbonne et dont l'entrée en vigueur a été fixée au 1er juillet 1909.

Le nouvel acte ainsi intervenu, après avoir défini ce qu'il était convenu d'appeler, en matière télégraphique, langage clair ou secret, précisait, dans son article 45, qu'il ne devait être fait usage de la faculté, réservée par l'article 7 de la Convention de Saint-Pétersbourg, d'arrêter la transmission de tout télégramme privé dangereux, etc..., qu'à la charge d'en prévenir immédiatement le bureau d'origine et établissait une obligation similaire dans les cas prévus à l'article 8 de la même Convention, excepté toutefois si cet avis pouvait paraître dangereux pour la sécurité de l'État. Il était ajouté que « le contrôle prévu à l'article 7 serait exercé par les bureaux télégraphiques extrêmes ou intermédiaires, sauf recours à l'administration centrale qui prononcerait sans appel, et que la transmission des télégrammes d'État et des télégrammes de service se ferait de droit, les bureaux télégraphiques n'ayant aucun contrôle à exercer sur ces télégrammes. »

Entre temps, dès les années qui avaient suivi la Convention de Saint-Pétersbourg, les diverses administrations françaises s'étaient concertées entre elles, ainsi qu'il a été dit ci-dessus, en vue de formuler des règles concernant les conditions d'application, en cas de guerre, des principes établis par cette Convention. Les échanges de vues intervenus alors, et continués d'année en année non sans de longues intermittences, n'ont effectivement amené de résultat qu'en 1906. Les conclusions, qui ont pu être arrêtées à cette époque, ont été consignées en une Instruction interministérielle dont la teneur, inspirée de la Convention de Saint-Petersbourg, n'a pas eu à subir, dans la suite, de modification de principe du fait des précisions apportées par le règlement de Lisbonne, précisions auxquelles, bien qu'établie en vue d'une éventualité spéciale, ladite Instruction semblait s'être conformée par avance.

C'est donc sur la base des principes internationalement admis, et en accord avec cette Instruction interministérielle qu'a commencé à fonctionner en France, le 1er août 1914, l'organisme connu sous le nom de service du contrôle télégraphique et chargé d'examiner toutes communications télégraphiques privées empruntant le réseau français.

Aux termes de l'Instruction précitée, des Commissions régionales, devant siéger nuit et jour de façon permanente et composées d'éléments civils et militaires, étaient instituées dans les principales villes de France et des colonies. Celle qui siégeait à Paris à la direction du ministère des Postes, connue sous le nom de « Central télégraphique », avait parmi ses membres des fonctionnaires des ministères de la Guerre, de l'Intérieur, de la Marine. et aussi des Affaires étrangères, en raison non seulement de la variété et du nombre des télégrammes soumis à son examen, mais encore de la nature de ces télégrammes.

Indépendamment de ces organismes, une Commission supérieure, présidée par le directeur de l'Exploitation télégraphique représentant le ministère des Postes et Télégraphes et composée des délégués de sept ministères, prenait à Paris les décisions d'ordre technique. Son objet principal était de veiller à ce que le réseau télégraphique existant fût utilisé, d'une manière aussi parfaite que possible, suivant les opérations militaires et les besoins nouveaux de contrôle qui pouvaient en résulter.

Dans la suite, en raison du cours des événements, il parut nécessaire d'apporter à toute l'organisation ci-dessus décrite quelques modifications destinées principalement à faciliter le travail des Commissions régionales. Il sembla notamment désirable d'établir un lien constant entre les ministères représentés aux Commissions régionales et leurs délégués à ces Commissions. A Paris, le contact dont il s'agit était aisé à instituer, mais il ne pouvait en être de même en province. Là les Commissions régionales étaient contraintes de ne recourir qu'à un ministère, celui de la Guerre, qui seul était régulièrement représenté dans ces Commissions, et ceci faisait peser sur un unique service une charge trop considérable.

Pour parer aux inconvénients qui pouvaient en résulter, une Conférence interministérielle se réunit en décembre 1915 et élabora de nouvelles instructions qui constituèrent dès lors la charte définitive des services de contrôle.

La Commission supérieure ne subit aucune modification et continua à remplir sa mission d'ordre purement technique.

La commission régionale de Paris fut, quant à elle, divisée en trois sections : une dite de première lecture, une autre de deuxième lecture, et une troisième appelée : section spéciale.

La première examinait les télégrammes de langue française et renvoyait à la deuxième les télégrammes qu'elle jugeait suspects dans quelque ordre que ce soit, ainsi que tous ceux qui étaient rédigés en langue étrangère. La section spéciale connaissait en troisième lecture les télégrammes sur lesquels les deux précédentes sections n'avaient pas osé formuler d'avis, et examinait en sus les communications transmises par les Commissions de province et sur lesquelles celles-ci avaient cru devoir s'abstenir de statuer. Pour cet examen, elle possédait tous documents utiles et pouvait, le cas échéant, consulter directement telle ou telle administration dont elle désirait connaître le sentiment.

Cette dernière section constituait ainsi, en fait, l'organe dirigeant du contrôle.

Mais, en plus, une Commission dite centrale était créée pour être, en quelque sorte, en matière de contrôle télégraphique, l'organe législatif. Celle-ci avait également, en certains cas, des attributions exécutives. Elle faisait, en effet, des règlements d'organisation intérieure, donnait des instructions, statuait sur les réclamations issues de l'exercice du contrôle.

Quant aux télégrammes de presse, ils étaient soumis à un régime distinct. Leur examen était spécialement confié à une Commission unique, dite Censure de presse, qui fonctionnait à part, avec le concours de littérateures mobilisés, et sous la direction d'un fonctionnaire des Affaires étrangères.

### Télégrammes sans fil.

En ce qui concerne les radiotélégrammes, dont la surveillance s'imposait autant à une Puissance belligérante que toutes autres communications télégraphiques, l'émission et la réception en étaient contrôlées par des officiers se tenant, de façon permanente, en contact avec les différents postes de télégraphie sans fil, et les indications recueillies par ces officiers étaient consignées, par les soins du ministère de la Guerre, en des rapports qui, suivant leur teneur, étaient communiqués aux autres administrations.

### Communications téléphoniques.

Les communications téléphoniques privées, qui ne pouvaient d'ailleurs plus être échangées qu'à l'intérieur des villes, — les communications transurbaines ayant été supprimées dès le début de la guerre, — étaient également soumises à une surveillance confiée à des agents mêmes des bureaux téléphoniques munis à cet effet d'instructions spéciales.

Toute cette organisation de contrôle sur les communications par voie électrique devenue assez complexe tout au moins en apparence, en vue de concilier au mieux les nécessités de la défense nationale avec les intérêts des particuliers français ou étrangers et les besoins du commerce international, a continué à fonctionner ainsi jusqu'à la fin de la guerre.

Un des services les plus importants rendus par cette organisation au fonctionnement du blocus a consisté dans les renseignements qu'elle s'est trouvée en mesure de fournir pour aider à la répression de la contrebande de guerre et aussi pour faciliter l'établissement des listes dites listes noires, mentionnant les noms des personnes ou sociétés avec lesquelles il convenait de s'abstenir de tout commerce.

La Conférence économique des gouvernements alliés de mars 1916 a d'ailleurs porté, de façon toute particulière, son attention sur ce point. Elle a décidé que les lois et règlements interdisant le commerce avec l'ennemi seraient mis en concordance et qu'à cet effet, les Alliés interdiraient tout commerce non seulement avec les habitants des pays ennemis, quelle que soit leur nationalité, mais avec les sujets ennemis, en quelque lieu que ces sujets résident, ainsi qu'avec les personnes, maisons de commerce et sociétés dont les affaires sont contrôlées en tout ou partie par des sujets ennemis ou sous l'influence des ennemis et qui seront portées sur une liste noire (1).

Si le contrôle télégraphique peut être envisagé comme ayant fourni des renseignements utiles à l'établissement de ces listes, il n'en est pas moins manifeste que celles-ci une fois constituées lui apportaient, par contre, une aide des plus précieuses dans les décisions qu'il pouvait avoir à prendre. C'est ainsi que les autorités compétentes, tant aux frontières qu'en mer, ont pu parfois être avisées par avance de tentatives de contrebande dont elles se trouvaient alors en mesure de prévenir la nocivité.

Ce régime de contrôle se continua pendant la période d'armistice d'un commun accord entre les Puissances alliées qui pensèrent, à cette époque, utile de le maintenir, du moins en ce qui concernait uniquement les télégrammes privés d'ordre commercial, dans la pensée qu'il était nécessaire de ne pas se désintéresser de suite de tout ce qui pouvait toucher au ravitaillement des Puissances ennemies. Il fut supprimé dès la conclusion de la paix, et les différents services dont il avait nécessité la création tant au ministère de la Guerre qu'à celui des Affaires étrangères furent immédiatement dissous.

### Contrôle postal.

Avant 1914, l'établissement d'un contrôle sur la correspondance postale en cas de guerre n'avait pas été envisagé. Il avait semblé jusqu'alors que les communications normales par voies de terre ou de mer devant inévitablement, dans une telle éventualité, devenir plus lentes et difficiles, la nécessité d'une surveillance spéciale sur les correspondances par poste n'avait pas à s'imposer au même titre qu'en matière télégraphique. Aussi l'Instruction

---

(1) Sur la réglementation et le fonctionnement des listes, voir *infra* chap. VIII, p. 49-53.

interministérielle précitée de 1906 ne faisait-elle aucune mention des plis et envois postaux.

Mais, au cours même de la première année de la guerre, l'expérience des événements, le développement des hostilités, les prévisions possibles quant à leur durée, firent reconnaître que, pour conduire utilement les opérations d'une lutte jusqu'alors sans précédent et avoir raison de toute tentative d'espionnage militaire, politique ou commercial comme de toute infraction aux lois nécessitées par les circonstances, il convenait, dans l'intérêt de la défense nationale, de ne repousser aucun moyen d'investigation.

De bonne heure d'ailleurs, à l'étranger, le contrôle sur tout envoi relevant de l'Administration postale avait été pratiqué. Tout d'abord au point de vue du Blocus une première catégorie de ces envois devait retenir l'attention. Si, en France, les envois dénommés « colis postaux » sont considérés comme transportés en messageries et ne rentrent pas, par suite, dans la catégorie des objets dont l'administration des Postes a à assumer la responsabilité, il en est différemment en certains pays, et ces objets, circulant alors en des sacs postaux, s'imposaient au premier chef à une surveillance toute particulière de la part des belligérants. Parmi eux, en effet, pouvaient se trouver des objets de contrebande, et pour ceux-ci aucune mesure tendant à en suspendre l'envoi ne pouvait être contestée.

D'autre part, un décret pris en France comme en Angleterre en date des 13 et 11 mars 1915 avait prescrit l'arrêt en mer de toutes marchandises embarquées à destination de l'Allemagne ou en provenance de ce pays. A cet égard l'entente intervenue entre alliés a puissamment aidé à l'application des mesures prises, et c'est grâce à la liaison étroite et constante établie dès lors entre organismes français, anglais, italiens et plus tard américains que le résultat poursuivi a pu être atteint.

Les marchandises une fois saisies, qu'elles eussent été trouvées circulant en messageries ou dans des sacs postaux, étaient soumises dans les pays capteurs aux Cours des prises qui se trouvaient dès lors appelées à statuer sur la légitimité des captures à titre provisoire tout au moins. Dans la suite, le traité de Versailles (art. 297) a réglé définitivement le sort des marchandises ainsi arrêtées.

Par contre tous autres sacs postaux que ceux de la catégorie précédemment visée, qui se trouvaient embarqués pour des pays neutres ou alliés, étaient régulièrement acheminés à destination. Seules les correspondances destinées aux ports bloqués des territoires ennemis tombaient, conformément aux dispositions de la Convention XI de La Haye du 18 octobre 1907, sous le coup de mesures d'arrêt.

Quant aux correspondances adressées en France, il parut nécessaire, pour les motifs susindiqués, de les soumettre à un examen spécial.

Se fondant sur la loi du 9 août 1849 (art. 9) relative à l'état de siège, et qui transfère à l'Autorité militaire tous pouvoirs en matière judiciaire et de police, le ministère de la Guerre se chargea de constituer un service tendant à assurer le contrôle de ces correspondances. Il fut alors décidé de faire de cette catégorie de correspondances deux parts bien distinctes :

1° La correspondance de la zone des Armées, qui fut laissée exclusivement au contrôle du Grand Quartier Général ;

2° La correspondance de l'intérieur comprenant celle des prisonniers de guerre, celle qui était échangée entre pays neutres en transit par le territoire français, ou directement entre France et pays neutres, et celle qui était destinée aux zones frontières ou en provenance de ces mêmes zones. Le soin de contrôler cette dernière fut confié à des organismes spéciaux créés par une Instruction interministérielle en date du 31 juillet 1915.

Aux termes de cet acte, le territoire français fut divisé en zones géographiques dans chacune desquelles un centre fut choisi pour l'installation d'une commission de contrôle, chacune de ces commissions ayant à examiner exclusivement les correspondances dirigées sur la zone de son ressort. Ces diverses commissions, présidées par un officier supérieur, étaient composées d'officiers, sous-officiers et soldats dont le nombre était proportionné à l'importance des opérations à effectuer.

Elles comptaient chacune deux sections, l'une dite de première lecture, l'autre de deuxième lecture. La première voyait, autant que possible, la totalité des lettres qui lui étaient remises, elle laissait immédiatement passer celles qui ne pouvaient prêter à aucune suspicion ou ne contenaient pas de renseignements intéressants, et avait pour ordre de n'examiner, en quelque cas que ce soit, aucun pli adressé à des administrations publiques ou à de hauts fonctionnaires et aussi aucune correspondance destinée à des Légations ou Ambassades de pays neutres et alliés.

Quant aux lettres estimées suspectes et à celles qui pouvaient sembler rédigées en langage convenu ou écrites à l'encre sympathique, elle les marquait d'un signe spécial et les envoyait à la section de deuxième lecture.

Celle-ci avait alors à se prononcer sur les correspondances ainsi soumises à son examen et à en extraire, le cas échéant, les renseignements utiles afin de transmettre ceux-ci à l'un ou l'autre des services ministériels qu'ils étaient de nature à intéresser. Pour qu'aucune confusion ne pût être commise quant à la nature des renseignements qu'il s'agissait de capter, un tableau indiquant les différentes questions sur lesquelles devait se porter de façon spéciale l'attention des commissions était placé à la disposition de ces dernières. L'objet que ces commissions avaient à poursuivre était principalement d'empêcher la sortie de toute indication d'ordre militaire dont l'ennemi pût profiter, de renseigner les pouvoirs publics sur l'état d'esprit des populations, de faire obstacle, le cas échéant, à toute propagande ennemie, de rechercher et signaler les tentatives de commerce avec l'ennemi ou avec des maisons suspectes et de surveiller l'observation des lois touchant l'entrée ou la sortie des valeurs et marchandises tombant sous le coup d'une prohibition.

En tout état de cause, des formalités très strictes, inspirées par les dispositionsde l'article 16 de la Convention postale universelle, étaient édictées pour sauvegarder la responsabilité des Services postaux à l'égard des expéditeurs de lettres chargées ou recommandées et pour dégager également celle des commissions.

En dépit de la rigueur des règles adoptées et du soin avec lequel elles étaient appliquées, le retard inévitablement apporté à l'acheminement de quelques correspondances ne manqua pas parfois de faire l'objet de réclamations formulées par les intéressés soit directement, soit aussi par voie diplomatique.

Bien qu'il ne pût être question en cette circonstance de responsabilité de l'État, étant donné les garanties observées à l'égard du public et le caractère même des dispositions prises, celles-ci rentrant manifestement dans la catégorie de mesures de police et de défense nationale justifiées par l'intérêt vital du pays, le gouvernement français prescrivit une étude approfondie des méthodes suivies en vue de chercher, si possible, à les améliorer sans tarir la source d'informations souvent précieuses à la conduite des hostilités, et chargea de ce soin, à la fin de 1915, la Commission interministérielle déjà réunie à l'"occasion d'une étude similaire pour le contrôle télégraphique. Des séances spéciales de ladite Commission furent consacrées à cet objet ; elles aboutirent à l'élaboration d'une nouvelle Instruction interministérielle qui porte la date du 30 janvier 1916.

Aux termes de ce nouvel acte, une Commission centrale de contrôle siégeant à Paris et composée de délégués des ministères de la Guerre, de la Marine, de l'Intérieur, des Finances, du Commerce, des Postes, des Colonies et des Affaires étrangères, se trouvait désormais chargée d'établir entre les différentes commissions de contrôle postal et même entre les deux services de contrôle postal et télégraphique l'unité de vues nécessaire à l'exercice de ces contrôles.

En matière postale, elle devait statuer sur toutes questions d'ordre technique en ce qui concernait les rapports du service de contrôle avec ceux de l'administration des postes, examiner les conditions d'application du retard systématique à imposer, en certaines éventualités suivant la marche des opérations militaires, aux correspondances dirigées vers tel ou tel point, — délibérer sur les instructions données ou à donner aux commissions pour l'exercice journalier du contrôle — en assurer l'exécution et l'interprétation, — déterminer les règles destinées à garantir, le cas échéant, la conservation des objets de valeur et les conditions de leur restitution éventuelle, — centraliser et étudier les rapports périodiques des commissions locales, — se prononcer sur toutes réclamations émanant de qui que ce soit et relatives tant à la correspondance intérieure qu'à la correspondance échangée avec l'étranger.

A ces fins, la commission centrale pouvait appeler devant elle toute personne dont la compétence lui paraissait susceptible d'éclairer ses appréciations et d'inspirer les solutions à intervenir.

Le fonctionnement de cet organisme, maintenu jusqu'à la fin

de la guerre, rendit plus aisée la tâche des commissions locales qui, dès lors, se sentirent efficacement guidées. Il eut par suite pour résultat d'accélérer autant que possible, dans la pratique, les opérations de contrôle au grand profit des divers intérêts en cause. Lors de la conclusion de l'armistice, la suppression de toute cette organisation fut envisagée ; mais pour les mêmes motifs que ceux qui avaient prévalu en ce qui concerne le contrôle des télégrammes, les puissances alliées jugèrent prématuré de suspendre dès cette époque toute mesure de surveillance à l'égard des plis postaux. Toutefois les instructions envoyées dès lors aux commissions locales se trouvèrent modifiées de façon à tempérer, dans la mesure du possible, la rigueur de certaines des dispositions précédemment adoptées, et effectivement pendant la période écoulée entre l'armistice et la signature de la paix, le contrôle exercé ne souleva presque plus de réclamations.

La description qui vient d'être faite de toutes ces organisations de guerre, parfois rapidement improvisées au début, mais développées suivant le cours des événements et progressivement réglementées en vue de ménager tous intérêts ou même toutes susceptibilités, suffit, semble-t-il, à marquer combien elles ont pu, chacune en ce qui la concerne, contribuer à faciliter la tâche de l'Administration à qui incombait la direction du Blocus. Indépendamment de l'aide souvent apportée à la défense du pays au point de vue militaire, il est à constater en effet, comme il a été noté plus haut, que le contrôle tant postal que télégraphique a fréquemment servi à inspirer des mesures utiles pour entraver le ravitaillement de l'ennemi et déterminer aussi ce qui, dans les limites du possible, pouvait être nécessaire à celui des Puissances neutres. Sous ce rapport comme sous tous autres, il est, en conséquence, permis de conclure à l'efficacité des services que tous les organismes ci-dessus envisagés, fonctionnant en intime et plein accord avec ceux des pays alliés, se sont trouvés appelés à rendre, dans l'ensemble, à la conduite de la guerre.

# CHAPITRE III

# COMITÉ DE RESTRICTION DES APPROVISIONNEMENTS ET DU COMMERCE DE L'ENNEMI

Par Francis REY
Secrétaire général de la Commission européenne du Danube,
ancien Secrétaire général du Comité de Restriction des approvisionnements
et du commerce de l'ennemi.

## SECTION I

### ORIGINE ET CONSTITUTION DU COMITÉ

L'initiative de la création du Comité de restriction des approvisionnements et du commerce de l'ennemi revient au ministère des Affaires étrangères qui, dès le mois d'octobre 1914, proposa au gouvernement d'instituer une commission interministérielle à laquelle seraient renvoyées toutes les questions « concernant la restriction des approvisionnements et du commerce de l'ennemi et l'achat éventuel en pays neutres des marchandises et matières premières utilisables par les forces armées ennemies ».

## SECTION  II

### ORGANISATION ET FONCTIONNEMENT DU COMITÉ DE RESTRICTION

Les attributions du Comité de restriction sont fixées par l'article 2 du décret du 22 mars 1915, aux termes duquel : « Ce Comité reçoit et centralise tous renseignements et documents sur le commerce extérieur de l'ennemi, tant à l'importation qu'à l'exportation, sur les approvisionnements que les pays ennemis peuvent essayer de tirer de l'extérieur, sur les besoins et ressources de toute nature qui se manifestent chez eux, sur les produits dont l'exportation de France, des colonies françaises ou pays de protectorat français, doit être prohibée pour empêcher qu'ils ne soient utilisés par les pays ennemis, sur les produits que les divers départements français pourraient se procurer à l'étranger dans l'intérêt de la défense nationale ou pour faire face aux nécessités de la guerre... »

Le Comité de restriction des approvisionnements et du commerce de l'ennemi relevait du ministère des Affaires étrangères dont le représentant avait la vice-présidence, la présidence étant dévolue de droit au représentant du département de la Marine. Il comprenait à l'origine un délégué de chacun des ministères suivants : Marine, Affaires étrangères, Guerre, Finances, Justice, Travaux publics, Commerce et Industrie, Agriculture, Colonies. Un secrétaire général, désigné par le ministre des Affaires étrangères sur la proposition du ministre de la Marine, était chargé de la direction des services.

Pour donner plus d'autorité aux travaux du Comité et surtout pour donner plus d'effet à ses décisions, la présidence en fut confiée à un membre du gouvernement par le décret du 23 mars 1916, qui apporta quelques autres modifications dans sa composition. Le premier président du Comité reconstitué fut M. Denys Cochin, ministre d'État, qui donna à ses travaux une impulsion nouvelle (1).

Le décret du 23 mars 1916 donna accès dans le Comité à un représentant de la présidence du Conseil et, pour permettre d'y faire siéger des spécialistes pris hors des ministères, il donna au président le droit de désigner pour en faire partie des personnalités choisies parmi celles qui pouvaient lui apporter une compétence particulière.

Le Comité de restriction devait, d'après l'article 2 du décret du 22 mars 1915, communiquer, après analyse et examen des informations recueillies par lui, ses observations aux départements ministériels intéressés et leur soumettre, s'il y avait lieu, des

---

(1) Le Comité de Restriction fut successivement présidé par le contre-amiral Moreaux (23 mars 1915) ; le contre-amiral Lefèvre (2 septembre 1915) ; le contre-amiral Tracou (13 novembre 1915) ; M. Denys Cochin, ministre d'État, ensuite sous-secrétaire d'État aux Affaires étrangères (23 mars 1916) ; M. Albert Métin, sous-secrétaire d'État au Blocus (17 août 1917) ; M. Jonnart, ministre du Blocus et des Régions libérées (17 novembre 1917), et M. Lebrun, son successeur au même ministère (24 novembre 1917).

propositions notamment sur les mesures propres à entraver le commerce des pays ennemis.

Il tirait sa documentation de sources nombreuses et variées, rapports des croisières qui lui permettaient de connaître la nature et la destination des cargaisons visitées, du service de contrôle postal et télégraphique qui, par analyse des correspondances, fournissait aux autorités chargées d'interdire le commerce de l'ennemi, renseignements confidentiels des agents diplomatiques français dans les pays neutres, analyse de la presse ennemie et neutre, échange de documents avec les organismes similaires des pays alliés, statistiques douanières des pays neutres, etc...

Jusqu'en 1916, le rôle du Comité de restriction dans la lutte économique engagée entre les deux groupes de belligérants, resta assez effacé ; il avait fait des enquêtes sérieuses, préparé des études approfondies sur les questions intéressant le commerce de l'ennemi, mais ses décisions étaient dépourvues de toute force exécutoire et n'avaient que le caractère de simples vœux. M. Denys Cochin comprit tout l'intérêt qu'il y avait, au point de vue de la conduite de la guerre, à modifier cet état de choses. Le gouvernement avait délégué un de ses membres pour présider le Comité et chacun des ministres intéressés était représenté dans le Comité par un délégué ; on avait ainsi toutes les garanties que les intérêts des différents départements ministériels étaient sauvegardés. Pourquoi, dès lors, le Comité ne se transformerait-il pas et, au lieu d'être un organe purement consultatif, ne deviendrait-il pas un organe de décision dans certaines conditions mettant à l'abri la responsabilité ministérielle ?

M. Denys Cochin parvint à faire partager cette manière de voir au gouvernement et, par une décision du Conseil des ministres du 1er juillet 1916, il fut arrêté que les avis du Comité de restriction portant sur des questions d'espèce ou de procédure dont le Comité aurait été saisi par un ministère et qui seraient émis à l'unanimité des membres présents seraient exécutoires dans un délai de huit jours à compter de leur notification au ministre compétent si celui-ci n'avait soulevé aucune objection dans ce délai (1). Au cas d'objections il appartiendrait au Conseil des

______

(1) Le ministre des Finances, ayant estimé que, dans certains cas, le délai de

ministres de statuer. Les avis du Comité émis sur des questions de principe pouvant intéresser la politique générale du gouvernement, ceux relatifs à des questions se rattachant à des négociations diplomatiques ou pouvant engager les finances de l'État, conserveraient le caractère de simples vœux. Ils étaient transmis, suivant le cas, aux ministres intéressés ou aux délégués français dans les commissions internationales compétentes et le président était informé le plus tôt possible de la suite qui avait été donnée à sa communication.

C'est de ce jour, on peut le dire, que date l'influence considérable prise par le Comité de restriction dans la conduite de la lutte économique. Par la compétence de ses membres, l'activité de son secrétariat, la richesse de sa documentation, le Comité de restriction était à même de fournir aux divers ministères les avis les plus autorisés sur les affaires qui lui étaient renvoyées et pendant plus de deux ans toutes les grandes questions de principe soulevées par ce qu'on a appelé d'une expression impropre, mais aujourd'hui consacrée par l'usage, « la politique du blocus » firent l'objet de ses délibérations.

Le Comité de restriction se réunissait à l'origine une fois par semaine. Il délibérait, en présence de représentants des gouvernements anglais, russe et plus tard américain (1), sur toutes les questions de sa compétence. Mais, au fur et à mesure que les dispositions qu'il avait préconisées eurent été mises à exécution, sa tâche devint moins importante et ses séances s'espacèrent : dans le courant de l'année 1918, on en était arrivé à le réunir très irrégulièrement et à des intervalles très éloignés. Cette manière de procéder présentant certains inconvénients, un arrêté ministeriel du 1er octobre 1918 créa une section permanente sous la présidence du directeur du Blocus, comprenant les représentants des ministères les plus intéressés à la guerre économique, c'est-à-dire l'Armement, le Commerce, les Finances, la Guerre et la Marine (2), ainsi que le secrétaire général du Comité. Cette sec-

huit jours pouvait être insuffisant, il fut entendu que les services intéressés auraient le droit d'avertir le président du Comité, dans le délai prescrit, qu'ils avaient besoin d'un nouveau délai de huit jours pour se prononcer.

(1) Le gouvernement italien ne voulut jamais avoir de représentant permanent aux séances du Comité de restriction.

(2) Le directeur du Blocus y représentait les Affaires étrangères.

tion, chargée de l'expédition des affaires courantes, se réunissait d'une manière régulière. Cette transformation marquait elle-même le déclin du Comité de restriction dont la tâche devint inutile après l'acceptation par l'Allemagne des conditions d'armistice proposées par les Alliés le 11 novembre 1918. Dans les derniers jours de l'année 1918, le Comité de restriction fut supprimé.

## SECTION III

### ATTRIBUTIONS ET RÔLE DU COMITÉ DE RESTRICTION

Si l'on admet que la chute de l'ennemi fut déterminée autant par les mesures de restriction de ses approvisionnements et de son commerce prises par les gouvernements alliés et associés que par les succès des armées de l'Entente, il faut reconnaître l'importance du rôle joué par le Comité de restriction pendant la guerre.

L'activité du Comité à cet égard fut double, car elle s'est manifestée à la fois par les décisions prises par le Comité, soit de sa propre initiative, soit sur les questions qui lui étaient soumises par le gouvernement, et par les travaux de son secrétariat. Il convient donc de l'étudier sous ces deux aspects.

### § I. — RÔLE DU COMITÉ DE RESTRICTION

Dans tous les domaines où l'action des Alliés pouvait se manifester pour paralyser le commerce de l'ennemi ou empêcher son ravitaillement on trouve l'intervention du Comité de restriction. Qu'il s'agît d'arrêter les listes de contrebande de guerre ou de prohibition de sortie, d'intercepter le commerce de l'ennemi, de rationner les pays neutres, d'acheter dans ces pays des denrées alimentaires ou des matières premières dont il importait de priver l'ennemi, d'établir des listes noires ou de prendre des mesures de restriction financière, toujours le Comité de restriction fut consulté lorsque l'initiative de ces mesures ne vint pas de lui-même et presque toujours ses propositions furent adoptées, comme un rapide examen de ces différentes mesures permettra de s'en rendre compte.

1º *Inscriptions sur les listes de contrebande de guerre et de prohibition de sortie* (1). L'inscription de marchandises sur les listes de contrebande de guerre a pour corollaire la prohibition d'exportation de ces marchandises, car si, en interdisant la sortie du territoire, le gouvernement se propose généralement de réserver ces produits pour la consommation intérieure, cette mesure a également pour effet, lorsqu'il s'agit d'articles recherchés par l'ennemi, d'empêcher qu'ils ne parviennent à celui-ci au moyen d'intermédiaires neutres.

A mesure que les Puissances centrales, gênées dans leur ravitaillement par le blocus des Alliés, cherchaient à substituer à ceux qui leur manquaient des produits de remplacement, les gouvernements de l'Entente devaient veiller à porter ces nouveaux produits, dès que l'utilisation leur en était signalée, sur leurs listes de contrebande et sur leurs listes de prohibition de sortie avec cette différence que, pour ces dernières listes, surtout dans la deuxième partie de la guerre, il devait être tenu compte des besoins de l'approvisionnement du pays.

Non seulement on fut amené à inscrire sur ces listes tous les métaux en raison de leur utilisation militaire, mais la plupart des produits qui sont employés dans la chimie de guerre (fabrication d'explosifs, de bombes incendiaires, de fusées éclairantes, de gaz asphyxiants, etc...), tous les corps gras d'origine animale ou végétale parce qu'on peut en extraire la glycérine, le miel comme remplaçant le sucre, les diamants en raison de leur emploi industriel, etc.

C'est aux services dépendant du secrétariat du Comité de restriction qu'il appartenait d'établir l'utilisation pour les besoins militaires des produits dont l'inscription sur les listes de contrebande était proposée ou l'emploi pour le ravitaillement de l'ennemi des articles qu'on supposait recherchés par lui et dont il convenait d'empêcher l'exportation.

Le Comité eut ainsi à examiner de nombreuses demandes d'inscription sur ces listes et l'avis qu'il donnait sur ce point était toujours adopté par le gouvernement. Mais il avait en outre la

---

(1) Sur la réglementation applicable en matière de prohibitions de sortie, voir *infra* chap. v, p. 85 et suiv.

tâche délicate d'assurer la concordance des listes de contrebande de guerre et de prohibition de sortie des Alliés, car si l'ennemi avait pu trouver une fissure dans la politique des Alliés il se serait empressé d'en profiter. Aussi le Comité de restriction avait-il des rapports étroits avec le *War Trade Advisory Committee* en Angleterre, et, plus tard, avec le *Comité permanent interallié d'action économique* qui avait reçu précisément pour mission de mettre de l'harmonie dans les mesures arrêtées par les divers gouvernements des États de l'Entente.

2º *Arrêt du commerce de l'ennemi* (1). — A la suite d'une entente intervenue entre les gouvernements de Londres et de Paris, les Alliés, par l'Ordre en Conseil britannique du 11 mars 1915 et le décret français du 13 mars suivant, frappèrent d'une interdiction de passage les marchandises de destination, provenance ou propriété allemande qui devaient être arrêtées et débarquées dans des ports français ou anglais. Le territoire occupé par les armées allemandes était à cet égard assimilé au territoire allemand. Le décret du 13 mars fixait les modalités d'application de cette interdiction ainsi que les mesures transitoires qu'elle comportait. Il prévoyait également que des dérogations pourraient être accordées, dans des conditions déterminées, à la rigueur de ses dispositions.

C'est le Comité de restriction qui fut chargé de donner un avis sur les demandes de dérogation au décret du 13 mars 1915, ainsi que sur celles proposées à la loi du 17 août 1915, qui interdit l'entrée par voie de terre des marchandises originaires ou provenant des pays neutres. Le Comité statuait sur chaque espèce par une décision séparée rendue sur le rapport du représentant du ministre des Finances. Les décisions sur ces questions peuvent être groupées en trois catégories :

1º *Marchandises provenant de la partie de la Belgique occupée par l'ennemi ou d'Alsace-Lorraine;*

2º *Marchandises d'origine ou de provenance ennemie;*

3º *Marchandises de provenance neutre avec une proportion de travail ou de matériaux ennemis.*

I. — Les Alliés se sont préoccupés dès l'origine d'avantager

(1) Sur l'origine du décret du 13 mars 1915, voir chap. ᵉʳ, p. 8 et suiv.

les marchandises d'origine belge ou alsacienne-lorraine tout en prenant les mesures nécessaires pour ne pas favoriser par une voie détournée le commerce de l'ennemi. A cet égard, la procédure suivante fut instaurée sur l'initiative du Comité : les demandes d'exportation de marchandises destinées à la France devaient être présentées par le gouvernement belge ; les envois devaient être accompagnés d'un certificat d'origine délivré par les autorités communales du lieu de production visé par le consul d'une Puissance neutre ; les fonds provenant du paiement de ces marchandises devaient être déposés à la Caisse des dépôts et consignations, jusqu'à la fin des hostilités (séance du 24 juillet 1915). Le gouvernement britannique accordant aux exportateurs britanniques des facilités plus grandes, le Comité fut amené à prendre des dispositions analogues et à décider que la consignation exigible serait limitée à une partie de la valeur, l'autre partie, qui pouvait aller jusqu'aux quatre cinquièmes, pouvant être remise aux intéressés à condition qu'elle fût affectée notamment à subvenir aux dépenses personnelles des réfugiés belges en France ou en Angleterre, aux entreprises belges en France ou en Angleterre, etc. De plus, le choix de la banque était laissé au déposant pourvu que cette banque fût agréée par le gouvernement et s'engageât à conserver le dépôt pendant toute la durée de l'occupation belge, sauf autorisation du gouvernement. Enfin, le déposant, au lieu d'opérer la consignation préalable, disposait d'un délai d'un mois après réception de la marchandise (séances des 5 et 17 avril 1916).

Pour les produits dont l'introduction en France était désirable pour les besoins de la Défense nationale et pour ceux de l'industrie et du commerce français, une procédure simplifiée fut même introduite à l'effet de diminuer les délais et de réduire les frais de transport et de magasinage (séance du 17 mai 1916).

Lorsque les marchandises belges étaient introduites dans l'intérêt de la Défense nationale ou dans des cas exceptionnels déterminés, le Comité proposait même au ministre des Finances la dispense totale de consignation.

La même procédure s'appliquait aux marchandises alsaciennes-lorraines que le gouvernement français désirait faire bénéficier d'un régime aussi favorable que les marchandises belges.

II. — Pour les marchandises d'origine ou de provenance ennemie, le Comité de restriction fut d'abord chargé d'accorder les délais nécessaires pour la mise en vigueur du décret du 13 mars 1915 sur les justifications produites par les intéressés que la marchandise avait été commandée ou était devenue régulièrement propriété neutre antérieurement à la promulgation du décret.

Ensuite, comme il y avait des produits qu'on ne pouvait se procurer que dans les pays ennemis et comme on ne pouvait, sans soulever de graves difficultés internationales, en priver les neutres, le Comité fut chargé d'examiner chaque demande d'autorisation de transit par la Suisse et par terre à travers le territoire français ou par la Hollande et par mer de produits d'origine ou de provenance ennemie. Il se préoccupa toujours de savoir si les neutres qui demandaient l'autorisation de transit ne pouvaient se procurer chez les Alliés le produit recherché ou un produit susceptible de le remplacer et si la quantité demandée était en rapport avec les besoins de leur consommation intérieure afin d'empêcher l'ennemi de constituer des stocks de marchandises ou de favoriser son commerce en lui permettant de se créer des crédits à l'étranger. Certains produits pharmaceutiques, des graines de betteraves et des aiguilles à tricoter, furent notamment les produits ennemis dont le transit fut presque toujours autorisé à destination de l'Espagne ou des pays d'Amérique comme étant considérés comme indispensables à la vie économique du pays d'importation.

III. — Les pays neutres voisins de l'ennemi pouvaient demander des autorisations de transit d'objets fabriqués chez eux à destination des neutres d'outre-mer. Lorsque le produit était entièrement neutre, il était facile d'établir sa provenance par un certificat d'origine, mais, dans certains cas, la question était plus délicate lorsqu'il s'agissait d'industries de transformation comme il en existait beaucoup en Suisse où les matières premières et le charbon étaient souvent fournis par l'Allemagne, l'industrie suisse transformant ces matières en produits manufacturés. A cet effet, une décision interministérielle du 25 mai 1916 fixa à 20 pour 100 la proportion du transit ou des matériaux ennemis que pouvait comprendre un produit fabriqué ou obtenu en pays neutre sans qu'il fût considéré comme d'origine ennemie. C'est également au

Comité de restriction qu'il appartenait d'instruire les demandes
de cette nature et d'émettre des avis, au cours de l'année 1917.
Le Comité, s'inspirant d'une pratique inaugurée par la Grande-
Bretagne, proposa d'abaisser de 25 pour 100 à 5 pour 100 le pourcentage de valeur ennemie autorisée pour l'importation en France
des marchandises fabriquées ou obtenues en pays neutre (séance
du 18 avril 1917) et cette proposition fut accueillie favorablement
par le gouvernement.

3º *Rationnement des pays neutres.* — Le Comité de restriction
suivit avec intérêt les mesures prises par les Alliés pour le rationnement des neutres voisins de l'ennemi au moyen de la fixation
de contingents d'importation. Il fut tenu au courant des négociations entamées en Hollande avec le N. O. T., en Suisse avec
la S. S. S. et transmit au cours des pourparlers ses observations
au gouvernement français. Lorsque le gouvernement britannique
eut passé des accords avec des associations danoises et norvégiennes, il approuva l'adhésion de la France à ces accords.

Mais les contingents fixés par convention dans les différents
pays du Nord n'ont jamais été considérés par le Comité que
comme assurant un minimum de rationnement qu'il convenait
de rendre de jour en jour plus réduit. Aussi suivait-il le mouvement des importations dans les pays du Nord, en Hollande et en
Suisse, proposant aux Alliés, lorsqu'il constatait des abus, soit
d'inscrire de nouveaux articles sur la liste des contingents, soit
de diminuer les contingents qui, à l'usage, lui avaient paru exces-
sifs, en dehors des révisions périodiques qu'il réclamait. En raison de leur importance pour l'ennemi, un certain nombre de produits attirèrent spécialement l'attention du Comité : tels furent
les pyrites et le cuivre en Hollande, les denrées fourragères et
graines oléagineuses en Suisse, les corps gras en Suède, les tourteaux au Danemark, etc.

Ayant constaté que les accords passés avec les neutres voisins
de l'Allemagne, malgré les retouches qui y avaient été apportées
à plusieurs reprises, laissaient encore à ces pays les moyens de
ravitailler l'ennemi, le Comité de restriction, après un examen
approfondi des mesures nécessaires pour obtenir le resserrement
du blocus, demanda au gouvernement « d'inviter les Alliés à

prendre sans délai toutes les mesures qui peuvent renforcer le blocus de l'ennemi et d'insister auprès d'eux pour que les pays neutres voisins de l'Allemagne soient invités à choisir entre la liberté de leurs exportations ou la privation de leurs importations » (séance du 25 avril 1917).

4° *Achats dans les pays neutres.* — Un certain nombre de produits échappaient à l'action directe des Alliés et les neutres voisins de l'ennemi pouvaient en toute liberté les lui céder, en vertu même des règles de la neutralité, contribuant ainsi dans une large mesure à son ravitaillement. Il s'agit des produits que ces neutres tiraient de leur propre sol ou des mers qui les entourent. L'agriculture est, en effet, une des principales sources de richesse de la Roumanie, de la Hollande et du Danemark ; la pêche est florissante dans les pays du Nord de l'Europe ; d'autre part, le sol norvégien renferme d'abondants gisements de cuivre. Ces pays exportaient en temps de paix l'excédent de leur production sur leur consommation. Les besoins de l'ennemi, dont les sources de ravitaillement ordinaires étaient taries, devaient provoquer des demandes nombreuses à des prix élevés. Pour empêcher les denrées alimentaires ou les matières premières exportées par les neutres de prendre le chemin de l'Allemagne, les Alliés n'avaient qu'un moyen, c'était de concurrencer l'ennemi sur les marchés neutres.

Le Comité de restriction comprit vite l'utilité d'une politique d'achats chez les neutres. Au lendemain même de sa constitution, préoccupé d'empêcher le ravitaillement de l'Allemagne en acide sulfurique, il recommandait l'achat par les fournisseurs de la guerre d'une partie des pyrites de fer que la société italienne de Montecatini avait renoncé à envoyer en Allemagne (séance du 16 avril 1915), et la substitution du marché norvégien au marché espagnol pour l'approvisionnement des usines de la guerre en pyrites (séance du 30 avril 1915). Quelques jours plus tard, il se faisait même plus pressant et demandait « que l'administration de la Guerre fût invitée à demander à ses fournisseurs d'acide sulfurique d'entrer *immédiatement* en rapports avec les mines de pyrites de Norvège pour s'assurer par contrats la plus grande partie possible de leur production et que des prix spéciaux fussent consentis » pour l'acide sulfurique fabriqué avec ces pyrites (séance du 14 mai 1915). Des recommandations analogues furent faites pour l'acquisition en Suisse de l'acide azotique en quantités égales à celles dont le gouvernement helvétique autorisait la sortie pour l'Allemagne (séance du 16 avril 1915).

En ce qui concerne les denrées alimentaires, le Comité de restriction ne se montra pas moins vigilant : ayant appris que la récolte de blé en Roumanie pour l'année 1915 s'annonçait comme supérieure à la moyenne et considérant l'intérêt capital qu'il y avait à priver l'Allemagne et ses alliés des ressources en blé d'un pays qui était exportateur de céréales en temps normal, il proposa la mise à l'étude par les Alliés de l'achat de la récolte roumaine en recommandant en même temps d'engager le gouvernement roumain à ne pas en permettre l'exportation en Allemagne (séance du 11 juin 1915).

L'année suivante, il étudia la question des achats à effectuer par les Alliés chez les neutres voisins de l'ennemi dans son ensemble et recommanda un certain nombre de mesures qui, si elles avaient été prises, auraient eu incontestablement une grande influence sur la durée de la guerre. Le Comité émit à cet égard l'avis qu'il y avait lieu, afin de restreindre les approvisionnements de l'ennemi, de faire acheter par les Alliés dans les pays neutres qui communiquent librement avec l'ennemi ceux de leurs produits disponibles qui, par leur nature, peuvent contribuer à son ravitaillement ; d'arrêter à cet égard un plan commun d'action quant au programme d'ensemble aussi bien qu'aux mesures d'exécution, de fixer pour chaque Puissance une zone d'achats dans laquelle elle aurait à opérer. Il était en outre proposé, en ce qui concerne la France, la création d'un *Comité des achats à l'étranger* sous la présidence du sous-secrétaire d'État du Ravitaillement et de l'Intendance (séance du 27 avril 1916). Cette proposition ne reçut aucune suite de la part du gouvernement, le ministre des Finances ayant manifesté des inquiétudes sur les conséquences financières d'une politique d'achats d'une portée aussi large.

Le Comité de restriction n'en continua pas moins à recommander aux Alliés les achats chez les neutres. En 1916, il insistait pour l'acquisition à frais communs par les Alliés de la partie à exporter de la récolte roumaine de 1916, et, au cas où les gouvernements de l'Entente auraient trouvé la dépense excessive, il proposait de limiter l'acquisition aux céréales fourragères (maïs, orge, avoine) de préférence aux céréales à pain (séance du 29 mai 1916). Il proposait également l'achat de bétail en Hollande (séance du 19 février 1916), de cuirs et peaux en Suisse (séance du 9 août 1916), de fruits en Italie (séance du 16 août 1916), et demandait qu'au lieu d'acheter dans les pays d'outre-mer les produits alimentaires nécessaires au ravitaillement des habitants des départements envahis dont la dépense était à la charge de la France, le Comité américain de secours se les procurât en Hollande (séance du 5 juillet 1916). Ces vues finirent par prévaloir dans les conseils des Alliés : il ne s'agissait pas d'acheter la totalité de la production des neutres disponible pour l'exportation, car ceux-ci, par crainte de représentations des États ennemis, auraient sans doute refusé d'entrer dans cette voie. Mais on pouvait réserver aux Alliés par convention une quote-part déterminée des produits exportés, limitant par ce moyen la part qui pouvait revenir à l'ennemi.

C'est ainsi qu'en Hollande des accords ont été conclus avec des syndicats de pêcheurs pour l'achat du poisson, avec des associations agricoles pour l'acquisition du bétail et des produits de la ferme ; qu'en Suisse, les syndicats de producteurs ont signé avec les Alliés une convention relative à la vente de produits agricoles ; qu'en Norvège, les Alliés se sont fait réserver par convention une partie importante de la pêche et des huiles et la presque totalité de la production des pyrites ; qu'au Danemark, il a été convenu que l'Angleterre recevrait une proportion déterminée des produits agricoles exportés et une partie des laines, peaux, poissons, huiles et moutons d'Islande ; qu'en Roumanie, l'Angleterre avait, en 1916, acheté une partie de la nouvelle récolte de céréales qui, dans l'impossibilité où elle se trouvait de la transporter hors de Roumanie, fut emmagasinée pour son compte sur le territoire roumaine et détruite par ses soins lors de l'invasion de la Roumanie par les armées allemandes. Enfin, dans les derniers jours de l'année 1917, un bureau d'achat franco-américain, auquel devaient adhérer l'Angleterre et l'Italie, fut installé en Espagne et réalisait ainsi dans la dernière année de la guerre la politique préconisée deux ans auparavant par le Comité de restriction.

5º *Établissements des listes noires.* — La conférence économique de Paris du mois de juin 1916 avait prescrit l'inscription sur une liste spéciale des « personnes, maisons de commerce et sociétés dont les affaires sont contrôlées, en tout ou en partie, par des sujets ennemis ou soumis à l'influence de l'ennemi ». Le Comité de restriction fut saisi de la question et la mit à l'étude.

Le décret du 27 septembre 1914 interdisait le commerce avec les sujets des Empires centraux et celui du 7 novembre 1915, avec les sujets bulgares. Ces dispositions, qui trouvaient leur sanction dans la loi du 4 avril 1915, étaient d'une application difficile car les commerçants français n'avaient pas les moyens de connaître les maisons étrangères situées hors des pays ennemis et dans lesquelles des sujets de ces pays étaient intéressés. Le gouvernement, au contraire, disposait de moyens d'information lui permettant d'établir deux catégories de maisons, celles avec lesquelles tout commerce est interdit aux nationaux et celles qui ont un caractère suspect. Le Comité recommanda donc au gouvernement d'établir deux listes des maisons étrangères : la liste A comprenant les personnes, maisons de commerce et sociétés dont les affaires étaient contrôlées, en tout en ou partie, par des sujets ennemis ou soumises à l'influence de l'ennemi, cette liste devant être publiée au *Journal officiel* et le fait pour un Français de faire du commerce avec une personne inscrite sur cette liste constituant une infraction à l'interdiction du commerce avec l'ennemi ; la liste B comprenant les personnes ou maisons que leurs attaches financières avec les Empires centraux et leurs relations commerciales avec eux désignaient comme notoirement suspectes, cette liste ne devant pas être publiée mais communiquée seulement aux administrations intéressées à titre d'information. Le Comité proposait de faire établir ces listes par une commission réunie sous la présidence d'un de ses membres (séance du 21 juin 1916). Adoptant cette suggestion, le gouvernement constitua cette commission dès la fin du mois de juin 1916. Elle fut l'origine des listes noires en France.

6º *Restrictions financières* (1). — Une partie importante du commerce ennemi aurait échappé à l'action des Alliés si les opé-

---

(1) Voir *infra* chap. IV, une étude approfondie sur le Blocus financier.

rations financières n'avaient, au même titre que les transactions commerciales, été l'objet de mesures spéciales de restriction. Dès l'année 1915, le Comité de restriction, appréciant l'importance de la surveillance des opérations de banque, avait demandé au ministre des Finances et obtenu qu'un conseiller financier fût attaché à ses services. L'année suivante une section spéciale fut créée au secrétariat pour s'occuper des questions de finances et de statistique.

Le Comité avait été appelé à délibérer sur la circulation et le transport vers les pays neutres voisins de l'ennemi des monnaies et des métaux précieux (séances des 13 novembre 1915 et 26 avril 1916). Ce n'était là qu'un aspect particulier et restreint du problème des moyens employés par l'ennemi pour se procurer du crédit à l'étranger qui prenait pour les Puissances centrales une importance croissante avec la prolongation de la guerre.

A l'effet d'empêcher des Français de participer à des opérations financières profitables à l'ennemi, il y avait lieu de surveiller les opérations réalisées avec les pays neutres voisins de l'ennemi et spécialement les ouvertures de crédit et les transferts de fonds demandés aux banques françaises par leurs correspondants de ces pays. Le Comité de restriction mit cette question à l'étude, avec la préoccupation d'empêcher les États ennemis ou leurs sujets de profiter des opérations financières réalisées entre Français et neutres, sans cependant porter atteinte aux droits des nationaux, des Alliés ou des neutres. Il proposa au gouvernement de donner aux banques des instructions qui, combinées avec les mesures déjà prises par la Chambre syndicale des agents de change, devaient empêcher ces établissements d'ouvrir à des neutres des crédits pouvant profiter à l'ennemi, mettre obstacle au paiement par les Alliés des titres et coupons provenant de l'ennemi par voie indirecte, et rendre difficile la vente de titres aux neutres par l'ennemi (séance du 7 juin 1916). Ces mesures, adoptées par le gouvernement, eurent pour conséquence la création, le 9 septembre 1916, d'une commission financière qui fut chargée d'étudier et de proposer les mesures propres à empêcher la réalisation d'opérations financières profitables à l'ennemi.

§ II. — ACTIVITÉ DU SECRÉTARIAT.

La modification apportée en 1916 à l'organisation et au fonctionnement du Comité de restriction entraîna une transformation de son secrétariat. Celui-ci fut, dès lors, divisé en quatre services fonctionnant sous la haute direction du secrétaire général et à la tête de chacun desquels fut placé un officier spécialiste.

1º *Le service des traductions*, chargé, d'une part, de traduire les documents diplomatiques et administratifs émanant des gouvernements étrangers ; d'autre part, de dépouiller les revues et articles de presse étrangère nécessaires à la documentation des organes du blocus ;

2º *Le service de statistique*, qui examinait et coordonnait les documents transmis par les divers départements ministériels et relatifs aux importations et exportations des pays ennemis et neutres voisins de l'ennemi, ainsi qu'aux ressources et à la situation économique tant des neutres que des ennemis ;

3º *Le service technique*, qui étudiait tous nouveaux procédés qui lui etaient signalés comme servant à l'ennemi à remplacer un produit qui lui manquait par un produit tiré de son sol, en accompagnant ces études de recherches de laboratoires dans le cas où des vérifications étaient nécessaires ;

4º *Le service administratif*, qui mettait en œuvre les documents fournis par tous les autres services et publiait les diverses études et notices résultant de l'utilisation de ces documents.

Les travaux du secrétariat furent aussi nombreux que divers, allant de la simple traduction d'un document jusqu'à des études approfondies d'ordre économique et financier. Dès la création du Comité, le secrétariat publia un *bulletin hebdomadaire* qui parut régulièrement sans interruption pendant toute la durée du Comité. Ce bulletin contenait les renseignements d'ordre économique parvenus au secrétariat de différentes sources et dont la valeur variait d'après leur origine.

Le *Bulletin du Comité de restriction* fut pendant longtemps la seule publication périodique permettant de suivre la situation économique des ennemis et des neutres. Jusqu'au milieu de l'année 1917, la publication du *Bulletin* et la préparation des séances du Comité ainsi que l'exécution de ses décisions suffisaient à alimenter l'activité du secrétariat.

Lorsque les réunions du Comité devinrent moins fréquentes, le président utilisa le personnel du secrétariat à la préparation de travaux et publications d'ordre économique. Le moment était opportun pour cette évolution, car si de nombreux comités publics ou privés étaient constitués pour l'étude des questions économiques, aucun de ces organismes n'avait la tâche de coordonner les renseignements recueillis au jour le jour, d'étudier d'une manière suivie la situation économique des pays ennemis, de faire la critique des statistiques officielles publiées par les pays neutres, etc.

Dans la pensée du président du Comité, M. Denys Cochin, le secrétariat, préparé à cette mission par la compétence technique de son personnel et par ses travaux antérieurs, en état de la remplir grâce à la riche documentation de ses archives et de sa bibliothèque, devait constituer l'organe officiel d'informations en matière économique et fournir des notes et des rapports sur un point donné au Comité, au ministre et à ses services, au gouvernement et aux diverses administrations publiques qui s'adresseraient à lui.

Pour exécuter ce programme, le secrétariat entreprit de compléter les renseignements déjà fournis par son bulletin hebdomadaire en publiant plusieurs séries de travaux sur la situation intérieure des pays ennemis, sur les différents moyens mis en œuvre par ces pays pour échapper à l'étreinte du blocus des alliés, puis, comme conséquence, sur la situation intérieure des pays neutres, sur les mesures prises par l'ennemi pour préparer les clauses économiques du traité de paix, sur l'après-guerre, etc.

De là la publication :

1° des notices mensuelles sur la situation économique de l'Allemagne, trimestrielles sur celles de l'Autriche-Hongrie, semestrielles sur celles de la Bulgarie et de la Turquie ;

2° des monographies sur des questions alimentaires et industrielles en Allemagne ;

3° des notes sur la situation économique des pays neutres voisins de l'ennemi ;

4° des accords entre les Alliés et les pays neutres pour assurer le blocus de l'ennemi ;

5º des statistiques du commerce extérieur des pays neutres ;

6º des listes de prohibition de sortie et d'entrée dans les différents pays, des listes de contrebande de guerre des belligérants, etc.

Mais les travaux publiés ne devaient pas rentrer dans un cadre fixe et immuable. Il convenait de faire porter les recherches du secrétariat sur les questions qui, par suite des circonstances, étaient passées au premier rang des préoccupations du gouvernement et de l'opinion publique. Dans cette catégorie rentraient, notamment, la question des matières premières, celle du resserrement des contingents par suite de l'entrée en guerre des États-Unis et celle des traités de paix des Puissances centrales avec la Russie et la Roumanie.

Elles donnèrent lieu aux séries de publications suivantes :

1º les monographies sur les matières premières pouvant constituer une arme économique pour les Alliés ;

2º les travaux sur un certain nombre de produits minéraux (étain, antimoine, pyrites, petits métaux, phosphates) ;

3º les études sur les besoins et les ressources alimentaires des pays neutres voisins de l'ennemi (Suisse, Danemark, Pays-Bas, Norvège et Suède) ;

4º les recherches sur les ressources que pourraient apporter au ravitaillement de l'ennemi les pays de l'est de l'Europe, après la conclusion de la paix entre les Puissances centrales, la Russie et la Roumanie (Russie, Finlande, provinces Baltiques, Roumanie) ;

5º le texte des traités de paix et de commerce conclus par les Puissances centrales avec la Russie, l'Ukraine, la Finlande et la Roumanie ;

6º l'examen des conséquences économiques de ces traités de paix.

Le *bulletin hebdomadaire* lui-même dut se transformer.

La prolongation de la guerre au delà de toute prévision avait donné aux questions de ravitaillement une importance capitale. Les services des ministères spéciaux, qui suivaient avec intérêt la publication du *bulletin*, demandèrent qu'on y donnât une place plus large aux questions de restriction, à l'ordre du jour dans tous les pays, afin de pouvoir puiser dans la pratique en usage chez les belligérants et chez les neutres des enseignements utiles pour les restrictions nouvelles à établir en France. De son côté, l'armée avait besoin de connaître d'une manière précise les récupérations obtenues chez l'ennemi de matières premières usagées ou de produits incomplètement utilisés, ainsi que les succédanés employés pour combler la pénurie d'un grand nombre de produits.

Pour répondre à ces demandes, le secrétariat publia des Notes sur les restrictions en vigueur dans les divers pays et sur les succédanés en usage chez l'ennemi. Mais, afin de tenir d'une manière constante les services intéressés au courant de ces questions, il fut amené à développer la part réservée aux Empires centraux dans le *bulletin*, qui fut désormais exclusivement consacré aux pays ennemis et neutres, et à publier en un supplément bi-mensuel, sous le titre d'*Informations économiques*, les renseignements relatifs aux pays alliés.

Au 31 août 1918, le secrétariat avait publié plus de 350 études et mémoires sur les questions rentrant dans sa compétence, sans compter son bulletin hebdomadaire, qui eut près de 200 numéros, ni les comptes-rendus des séances du Comité lui-même ainsi que ceux du Comité anglais similaire.

Un des plus importants travaux du secrétariat est le mémoire constatant les résultats du blocus auquel il a été procédé au cours de la guerre. Au mois de février 1916, fut publiée par ses soins une première *Étude sur l'effet des mesures restrictives prises par les Alliés sur le commerce allemand pendant les quatorze premiers mois de la guerre*. Au mois de juin 1917, parut la suite de ce travail pour la période comprise entre le 1er octobre 1915 et le 31 décembre 1916. Enfin une troisième publication fut préparée pour l'année 1917 : elle parut en fascicules séparés par matières, mais la suppression du Comité à la fin de l'année 1918 ne permit pas de condenser ce travail pour le publier en volume comme les précédents.

Ces publications sur les résultats du blocus furent particulièrement appréciées par les gouvernements alliés. Elles permettaient de constater par des chiffres les effets des mesures prises par les Alliés à l'égard du commerce et du ravitaillement de l'ennemi et, en montrant les points sur lesquels le blocus se révélait insuffisant, elles fournissaient aux gouvernements de l'Entente des renseignements précieux sur les mesures nouvelles nécessaires pour le compléter, resserrement des contingents accordés aux pays neutres, inscription de nouveaux articles sur les listes de contrebande de guerre et de prohibition de sortie, perfectionnement des accords avec les neutres pour obtenir la livraison aux Alliés d'une plus grande part de leurs produits agricoles ou industriels recherchés par l'ennemi, etc.

## CONCLUSION

Comme on a pu le voir par l'exposé qui précède, la création du Comité de restriction, au moment où elle a eu lieu, répondait à un besoin réel, comme cela résulta également du fait que dans la plupart des pays alliés des Comités semblables furent ultérieurement créés. Coordonner l'action des divers ministères intéressés au côté économique de la guerre en empêchant chacun d'eux, par une action séparée, de contrarier l'activité des autres et peut-être de nuire aux intérêts supérieurs de la France, tenir presque au jour le jour le gouvernement au courant de la situation économique de l'ennemi, lui permettre ainsi de connaître les points sur lesquels il devait renforcer son action, signaler le concours apporté par les neutres au ravitaillement des Puissances centrales en indiquant les moyens de limiter ce concours, tel fut le rôle assigné dès son origine au Comité de restriction : on peut dire qu'il l'a largement rempli.

# CHAPITRE IV

## LE BLOCUS FINANCIER

Par M. Jean TANNERY

Directeur général de la Caisse des dépôts et consignations.

Dans le réseau extraordinairement complexe des relations économiques entre les peuples, les banques jouent un rôle essentiel ; c'est par leur intermédiaire que se nouent et se dénouent la plupart des opérations, quelle qu'en soit la nature, qui mettent en cause le marché de l'argent, et qui doivent aboutir, à un moment quelconque, à un règlement de compte exprimé en monnaie.

Mais dans la conception moderne des affaires, l'argent est une chose si fluide, les mouvements de fonds s'effectuent avec une telle facilité, presque sans intervention matérielle, il est si facile de dissimuler l'origine et l'objet des opérations à exécuter, que des obstacles presque insurmontables s'opposent à leur surveillance.

Il était donc très tentant de chercher à réaliser le blocus des Empires centraux par des moyens financiers ; mais il était clair en même temps que l'organisation de cette forme de blocus se heurterait à des difficultés extrêmement graves.

Les Alliés, cependant, se sont efforcés d'utiliser les moyens dont ils disposaient pour bloquer l'Allemagne financièrement. Il était évident en effet, qu'en empêchant l'Allemagne d'opérer des règlements à l'extérieur, on aurait arrêté plus sûrement que par les croisières l'importation des marchandises dont elle avait besoin ; qu'en arrêtant les remises sur l'Allemagne, on pouvait gêner sérieusement ses exportations, et précipiter la chute du mark, d'où aurait résulté encore une réduction de son pouvoir d'achat à l'étranger ; qu'en privant les maisons allemandes établies dans les pays neutres du moyen d'effectuer aucune opération financière, on aurait ruiné les sources de la prospérité allemande dans le monde.

Les premières mesures prises ont été des mesures intérieures.

En Angleterre, dès le 23 décembre 1914, une disposition a été introduite dans le règlement du Stock Exchange d'après laquelle aucune valeur ne pourrait désormais être négociée si elle n'était pas restée détenue matériellement dans le Royaume-Uni depuis le 30 septembre 1914, et si elle n'était pas accompagnée de l'attestation d'un banquier que depuis le début des hostilités, elle n'avait pas été propriété ennemie.

En vertu, d'autre part, de l'ordonnance royale du 9 septembre 1914 sur le commerce avec l'ennemi, tout présentateur de coupons ou obligations remboursables au porteur a été invité à fournir aux banquiers de Londres un certificat établissant qu'aucun ennemi n'avait un intérêt quelconque dans le paiement des coupons ou dans le remboursement des obligations.

Enfin une circulaire de la Trésorerie britannique du 18 juin 1915 avait pour objet d'empêcher : *a*) l'emploi de crédits ouverts à Londres pour financer des importations en pays ennemis, et des exportations de ces pays ; *b*) l'emploi de crédits ouverts à Londres pour aider au transfert de fonds des pays neutres (spécialement d'Amérique du Sud) en pays ennemi. A cet effet, les banquiers devaient fournir au gouvernement britannique des renseignements détaillés sur les crédits concernant le commerce des pays neutres limitrophes de l'Allemagne, de l'Espagne et du Portugal, de façon à pouvoir rapprocher ces renseignements de ceux que le gouvernement possédait d'autre part, et notamment par le contrôle postal ou le contrôle télégraphique ; ils devaient en outre exiger des consignataires des marchandises expédiées par mer vers les pays neutres d'Europe une attestation que les marchandises qui donneraient lieu à un tirage de traite ne seraient vendues que dans un pays neutre et ne seraient pas réexportées dans un pays ennemi. A partir de janvier 1916, les consignataires devaient non seulement délivrer une attestation, mais s'engager à fourni dès qu'elle leur serait demandée la justification complète des opérations qu'ils auraient effectuées.

Des dispositions analogues, mais moins complètes, ont été prises en France, notablement plus tard qu'en Angleterre.

Une circulaire de la Chambre syndicale des Agents de change a décidé en janvier 1916 que serait seule libre en principe la négociation de valeurs dont le propriétaire serait Français et domicilié en France, si rien ne faisait suspecter l'origine du titre.

En décembre 1915, le ministère de la Guerre a organisé, d'accord avec les banques françaises, la surveillance des crédits ouverts à des neutres et susceptibles d'être utilisés par l'ennemi ; un service spécial constitué à l'état-major de l'armée recevait des banques des relevés de tous les crédits et paiements concernant certains pays neutres, et les rapprochait de ses propres informations, suivant une méthode semblable à celle qui était observée en Angleterre. Par contre, la demande d'attestations ou de justifications aux consignataires neutres n'a jamais fonctionné en France ; cette mesure n'avait pas paru indispensable en raison de la moindre importance du marché de Paris, comparé à celui de Londres, en ce qui concernait les opérations du commerce international.

A la fin de 1915 également le contrôle des introductions de titres et de coupons en France par la poste a été organisé par le ministère de la Guerre ; à la suite d'un accord avec le gouvernement fédéral, les envois de Suisse ont été autorisés pourvu qu'ils fussent accompagnés d'une déclaration de l'expéditeur attestant que les titres ou les coupons étaient la propriété exclusive de clients connus de lui pour n'être ni sujets d'aucune des nations en guerre avec la France, ni domiciliés dans les pays ennemis de la France ou de ses alliés, ni en résidence dans les territoires envahis, et qu'en conséquence leur produit ne ferait l'objet d'aucune remise dans les pays ennemis ou envahis ; déclarant en outre avoir constaté que les titres expédiés ou ceux dont les coupons avaient été détachés étaient la propriété de ses clients depuis une date antérieure au 4 août 1914. — Les envois des autres pays étaient soumis à une vérification par cas d'espèce. — Outre la vérification des titres envoyés par la poste, des mesures ont été prises pour contrôler les titres et coupons expédiés par colis postaux ou par pèlerins, les points d'entrée pour les valeurs étant limités à des gares frontières près desquelles siégeaient les Commissions de contrôle postal qui examinaient les envois que leur remettait l'administration des Douanes.

Les dispositions ainsi prises au début de 1915 en Grande-Bretagne, à la fin de la même année en France ne pouvaient toutefois avoir effet qu'en ce qui concernait les opérations financières traitées par l'intermédiaire des banques des deux pays alliés dont il s'agit, ou au moyen de correspondances qui transitaient sur leurs territoires.

Une extension importante de ces mesures a été réalisée en 1916.

Par circulaire du 8 juillet 1916, le ministre britannique du Blocus a demandé à toutes les banques anglaises de faire souscrire par leurs correspondants en Danemark, Grèce, Hollande, Norvège, Roumanie, Espagne, Suède et Suisse un engagement de ne pas utiliser les comptes que ces correspondants auraient chez elles, au bénéfice direct ou indirect d'un ennemi de la Grande-Bretagne, ou d'une maison inscrite sur la liste noire officielle.

Un engagement semblable a été demandé par les banques françaises à leurs correspondants dans les pays neutres d'Europe, à la suite d'une circulaire du ministre français du Blocus, du 1er octobre 1916.

Ces dispositions ont été étendues en 1917 aux relations avec les banques de l'Amérique centrale et de l'Amérique du Sud (circulaire du 10 mai 1917).

D'autre part, à la date du 7 décembre 1916, le ministre français du Blocus avait prié toutes les banques françaises d'avertir leurs correspondants dans les pays neutres d'Europe que désormais les titres et les coupons ne seraient payés que s'ils étaient accompagnés d'une déclaration attestant que leur produit ne ferait l'objet d'aucune remise dans les pays ennemis ou envahis, et que les valeurs en question n'étaient pas, au moment de la déclaration de guerre et n'avaient été à aucun moment depuis, la propriété de sujets d'une nation en guerre avec la France.

Les établissements neutres ont été avertis également dans le courant de 1916 que les ordres de payement ou d'encaissement adressés par eux aux banques françaises et anglaises ne seraient exécutés que s'ils indiquaient le nom du tiers sur les instructions ou pour le compte de qui l'opération serait demandée, et, dans le cas d'un versement ou virement à faire à une autre banque, le nom du bénéficiaire ultérieur.

Les banques neutres devaient ainsi se faire les collaboratrices des banques anglaises et françaises pour empêcher qu'aucune opération profitable à l'ennemi ne fût effectuée par l'intermédiaire de ces dernières.

C'est à la même époque que les Alliés ont pris l'une des mesures qui, du point de vue du blocus financier, ont été particulièrement efficaces, lorsqu'ils ont déclaré contrebande absolue, d'abord le 13 avril 1916, « l'or, l'argent, le papier-monnaie, et tous les instruments de crédit négociables et titres réalisables », puis le 23 novembre, « les titres, les effets négociables, les chèques, les traites, les mandats, les coupons, les lettres de crédit, de délégation ou d'avis, les avis de crédit ou de débit, ou autres documents qui, soit par eux-mêmes, soit une fois complétés ou mis en usage par le destinataire, autorisent, confirment ou rendent effectif le transfert de fonds, de crédits ou de titres ».

Cette formule permettait la saisie de toute correspondance financière suspecte, et non seulement de celle qui transitait par les territoires alliés, mais des courriers neutres, arrêtés par les croisières britannique et française, sur toutes les mers soumises à leur surveillance.

Un accord particulier est intervenu toutefois à la date du 17 juillet 1916, entre le gouvernement britannique et le trust néerlandais d'outre-mer en ce qui concerne les expéditions de titres et coupons de Hollande dans les pays d'outre-mer en transit par l'Angleterre, le trust se chargeant de contrôler l'origine des valeurs et la censure anglaise s'engageant à laisser passer les titres accompagnés de la certification du N. O. T.

Il y a lieu de signaler enfin les dispositions prises pour empêcher les placements à l'étranger et surveiller les opérations de change à la fois dans l'intérêt direct des finances alliées et dans l'intérêt du blocus financier.

Les opérations de change ne pouvaient donner lieu qu'à des recommandations générales données aux banques.

En ce qui concerne les placements à l'étranger, les gouvernements n'ont procédé d'abord que par recommandations également (circulaire du 12 avril 1916 en Angleterre, du 1er octobre 1916 en France). Puis des interdictions formelles sont intervenues, pour prohiber, sauf exceptions justifiées, les transferts de fonds au dehors qui n'auraient pas pour objet le règlement d'importation de marchandises (ordre en Conseil du 27 novembre 1917 pour la Grande-Bretagne, loi du 3 avril 1918 pour la France).

Les formules inspirées par la France et la Grande-Bretagne ont été successivement adoptées plus tard par la plupart des pays alliés, à la suite des résolutions votées par le Comité permanent international d'action économique, tant en 1916 qu'en 1917.

Telles sont les principales dispositions prises pour organiser le blocus financier, par les ministres du Blocus, avec la collaboration, en Angleterre, de Comités de banquiers, et en particulier du Cornhill committee ; en France, de la Commission financière interministérielle, présidée par M. Sergent, alors sous-gouverneur de la Banque de France.

La mise en œuvre de ces dispositions a cependant été extrêmement lente, puisqu'une organisation précise n'est intervenue que dans la deuxième partie de 1916.

Le système adopté n'avait d'ailleurs, sauf une exception importante, d'autre objet que d'empêcher les ennemis et les neutres disposés à servir d'intermédiaire aux ennemis, d'utiliser les marchés financiers de Londres et de Paris pour leurs opérations financières, transferts de fonds, négociations de titres, paiement de coupons ou d'obligations.

Il est vrai que ces marchés, et celui de Londres surtout, avaient une telle importance dans les transactions internationales que son interdiction devait causer une gêne sérieuse aux Puissances centrales et aux intermédiaires de leurs affaires.

Cependant l'organisation du blocus financier n'a jamais été aussi loin que celle du blocus des importations allemandes ; si, pour ces dernières, il a été possible de limiter même l'effort de la production nationale des neutres limitrophes, les Alliés n'ont pas tenté d'empêcher les relations financières directes entre l'Allemagne et ses voisins. Le projet en a été conçu en Grande-Bretagne et en France au milieu de 1917 ; mais il n'a pas été réalisé.

Par contre le blocus des voies postales et télégraphiques que les Alliés contrôlaient pratiquement à peu près intégralement leur a permis de ne pas borner leur action aux relations financières des Puissances centrales qui avaient besoin de l'intermédiaire de Londres et de Paris.

Grâce à l'organisation perfectionnée des contrôles alliés, à leur liaison étroite, à leur action commune, qui a été exposée en détail dans un autre chapitre, les relations financières de l'Allemagne avec les pays d'outre-mer ont été rendues extrêmement difficiles, tous les câbles, toutes les lettres qui transmettaient des ordres, à quelque point qu'ils fussent dissimulés, se trouvant arrêtés.

A partir de la fin de 1916, sauf quelques rares ordres qui franchissaient le réseau de la surveillance alliée, soit par les courriers ordinaires, soit par des courriers secrets qui ont échappé à la vigilance des croisières, les relations bancaires entre l'Allemagne d'une part, l'Espagne, l'Amérique et l'Asie d'autre part n'ont pu s'effectuer par l'intermédiaire de la poste ou du télégraphe.

Les Puissances centrales ont alors développé considérablement l'usage de la télégraphie sans fil pour leurs opérations financières et elles ont réussi par cette voie à mener à bien des transactions très importantes.

Pratiquement, jusqu'à l'entrée en guerre des États-Unis, le marché de New-York s'est trouvé, en conséquence des mesures prises à Londres et à Paris, le grand centre de compensation des affaires allemandes avec les pays d'outre-mer ; l'activité de ce marché, à cet égard, a été d'autant plus facilitée que l'Allemagne disposait d'importantes balances à New-York, résultant soit d'affaires antérieures à la guerre, soit des énormes dépôts ou des ventes de titres américains qui y ont été effectués pour compte allemand dès le début de 1915, lorsqu'il est apparu que la guerre serait longue. Ces avoirs en dollars ont été utilisés d'abord pour régler les importations allemandes d'Amérique antérieures à l'organisation du blocus des neutres limitrophes, ensuite au règlement des achats chez ces derniers eux-mêmes.

Il n'en reste pas moins que l'interdiction faite aux banques neutres d'utiliser les places de Londres et de Paris pour les opérations intéressant les Puissances centrales a restreint considérablement le champ de ces opérations, et gêné gravement les relations financières de l'Allemagne avec l'extérieur.

Les correspondances saisies, les communications radiotélégraphiques interceptées en ont donné des preuves nombreuses.

Les banques neutres ont dû, en effet, rapidement constater que si elles voulaient poursuivre leurs affaires avec l'étranger, il était nécessaire qu'elles souscrivissent les engagements qui leur étaient demandés, et en observassent l'esprit et la lettre avec une scrupuleuse exactitude.

Quelques inscriptions sur les listes noires britannique et française ont produit à cet égard un effet considérable. L'une des meilleures preuves de l'efficacité des mesures prises par les Alliés, dans le cercle relativement restreint où elles agissaient, se trouve précisément dans ce fait que plusieurs banques neutres, d'une importance considérable puisque leur capital atteignait l'équivalent de plusieurs centaines de millions de francs, se sont trouvées menacées de ruine et obligées de souscrire aux conditions qui leur étaient imposées pour ne pas déposer leur bilan.

Il est remarquable également qu'à New-York en particulier, déjà au début de 1916, les valeurs étrangères revêtues du timbre allemand cotaient des cours inférieurs de 5 à 20 pour 100 à ceux du marché officiel.

Enfin l'effondrement progressif du mark, s'il n'est pas dû uniquement au blocus financier, puisque l'interdiction des exportations allemandes vers les pays d'outre-mer y a aussi largement contribué, n'en est pas moins une des preuves les plus tangibles de l'efficacité des mesures prises contre les remises sur l'Allemagne et les négociations de titres ou de coupons provenant des Puissances centrales.

En perte sur le pair de 20 pour 100 à la fin de 1915, de 34 pour 100 en décembre 1916, de 50 pour 100 en novembre 1917, la devise allemande a pu remonter notablement, après l'armistice sur le front russe, jusqu'à ne plus perdre que 30 pour 100 en janvier 1918 ; mais la chute a recommencé à ce moment pour dépasser à nouveau 50 pour 100 à la fin de la même année, après l'armistice général.

Les efforts des Alliés, malgré les difficultés considérables auxquelles devait se heurter forcément toute tentative de surveillance des transactions financières, malgré les limitations qu'ils se sont imposées à eux-mêmes, malgré enfin l'époque tardive à laquelle ils ont donné au blocus financier une organisation cohérente, ont donc produit d'importants résultats ; il n'est pas douteux qu'utilisée à un degré plus élevé de perfectionnement, et simplement dans la mesure même de l'action poursuivie en ce qui concerne les importations et exportations de marchandises, l'arme financière aurait singulièrement renforcé les effets du blocus économique, et hâté encore davantage la déconfiture des pays ennemis.

# CHAPITRE V

## L'EFFORT DOUANIER

### Par M. DE MONTARDY
Docteur en droit.

On croyait généralement peu, en 1914, à une longue guerre. Si quelques publicistes insistaient pour qu'on s'organisât dans un ensemble de mesures économiques durables et concertées ensemble, la plupart des gens jugeaient la chose impraticable. D'où des tâtonnements et des incertitudes.

Il s'agissait, dès le début, de conserver uniquement les produits qui pouvaient être nécessaires à la défense ou à l'alimentation nationale, de les empêcher d'aller soit directement, soit indirectement vers l'ennemi. Puis, ce fut la grande guerre économique organisée par le blocus.

L'interruption de toute relation entre la France et l'Allemagne, autrement dit le blocus de l'Allemagne par la France, a été établi par divers textes législatifs ou réglementaires ayant pour but d'empêcher l'Allemagne de se ravitailler en France et de commercer avec le monde. Ces textes visent soit les relations personnelles avec l'ennemi, soit la marchandise ennemie, ou de provenance ou de destination ennemie. Ils édictent deux sortes de mesures prohibitives qui sont, d'une part, l'interdiction du commerce avec l'ennemi, d'autre part, les prohibitions de sortie.

L'application de ces mesures a été, pour la plus grande partie, l'œuvre de l'Administration des douanes, à qui revenait la charge de surveiller nos frontières maritimes et terrestres et de faire respecter tout cet ensemble de défenses.

I

### INTERDICTION DU COMMERCE AVEC L'ENNEMI

Le texte fondamental en cette matière est le décret du 27 septembre 1914. Il a une portée très générale et combine la législation du *jus soli* et du *jus sanguinis*. A l'inverse de la législation anglaise, qui considère comme critérium du caractère ennemi le domicile en pays ennemi, ce décret interdit tout acte de commerce avec l'Allemagne et les Allemands. Cette interdiction s'adresse à toute personne résidant en Allemagne, quelle que soit sa nationalité. Elle porte sur tout acte de commerce conclu non seulement avec les Allemands et personnes résidant en Allemagne, mais avec les Allemands résidant en territoire neutre et même avec les neutres, qui joueraient le rôle de personne interposée pour le compte de l'ennemi.

Quant aux actes interdits, ce sont tous actes ou contrats de nature commerciale quels qu'ils soient : achats, ventes, opérations d'assurances, opérations financières, commissions, transports, etc.

Une distinction était faite entre les opérations effectuées avant et après la déclaration de guerre. Les opérations postérieures à l'état de guerre étaient entachées de nullité et déclarées non avenues ; celles d'avant-guerre valablement contractées à l'origine ne se trouvaient pas condamnées. Pour leur exécution pouvant bénéficier à l'ennemi, elles étaient interdites pendant la durée des hostilités et jusqu'à une date qui devait être ultérieurement fixée.

Les sanctions attachées à ces dispositions étaient de deux sortes : une sanction d'ordre civil, tout d'abord, consistant dans la nullité absolue comme contraire à l'ordre public des actes accomplis au mépris des prescriptions du décret. En second lieu, une sanction d'ordre pénal qui fut édictée par la loi du 4 avril 1915.

Tout acte de commerce ou toute convention passée soit avec un sujet d'une puissance ennemie ou avec une personne résidant sur son territoire, soit avec un agent de ce sujet ou de cette personne, sera puni d'un emprisonnement d'un an à cinq ans de prison et d'une amende de 500 francs à 20 000 francs ou de l'une de ces peines seulement.

Seront réputés complices de l'infraction tous les individus tels que préposés, cautions, commissaires, assureurs, voituriers, armateurs qui, connaissant la provenance et la destination de la marchandise ou de toute autre valeur ayant fait l'objet de l'acte de commerce ou de la convention, auront participé à un titre quelconque, pour le compte de l'une des parties contractantes, à l'opération prévue et réprimée par le paragraphe précédent.

La confiscation de la marchandise ou valeur du prix, ainsi que des chevaux, voitures, bateaux et autres objets ayant servi au transport, pouvait être prononcée par le tribunal.

Le détournement ou le recel des biens appartenant à des sujets d'une puissance ennemie, et placés sous séquestre, étaient passibles des mêmes peines.

Enfin, les condamnations prononcées contre les auteurs ou complices de ces délits entraînaient de plein droit privation pendant dix ans des droits civils et civiques énumérés par l'article 42 du Code pénal.

On conçoit qu'une mesure aussi générale ait eu besoin d'être complétée par d'autres dispositions particulières destinées à en assurer l'efficacité. Il était, en effet, évident que l'Allemagne, par tous les moyens, chercherait à tourner la loi française. Les pratiques du commerce international moderne lui en donnaient le moyen. Il était si facile de recourir à des intermédiaires neutres qui effectueraient en leur nom les opérations que les Allemands ne pouvaient réaliser eux-mêmes.

On pouvait si bien maquiller en produits neutres les produits d'origine allemande. Il fallait déjouer tous ces subterfuges et mettre sur pied un système de contrôle et de surveillance permettant de découvrir la personne interposée et le produit allemand camouflé en marchandise neutre. Il fallait également s'assurer que les produits expédiés de France eussent pour destinataire réel un neutre établi en pays neutre.

Pour arriver à ces fins, de nombreuses précautions furent prises. Elles consistaient principalement dans la production des certificats, dans la prise en consignation des marchandises exportées par des organismes neutres, dans l'établissement des listes noires. Ces dernières contenaient les noms des maisons suspectes. Il en sera parlé plus loin (chap. VI).

Quant aux autres précautions prises pour rendre effective l'interdiction du commerce avec l'ennemi, on peut les grouper en trois ordres d'idées :

1º Celles qui ont trait aux importations en France ;

2º Celles qui ont trait au transit par la France ;

3º Celles qui concernent les exportations venant de France. On remarquera, d'ailleurs, que de telles précautions se rapportent aussi bien aux personnes avec qui le commerçant français entre en relations qu'aux produits qui font l'objet des transactions. Ces deux espèces de garanties se complètent et se renforcent mutuellement pour aboutir à un même résultat : la restriction du commerce de l'ennemi.

### IMPORTATION EN FRANCE DE MARCHANDISES ENNEMIES

La question des exportations allemandes exige une solution plus rigoureuse encore que celle des importations, à raison de ce fait que toute exportation allemande est une cause d'enrichissement pour l'Allemagne, tandis que certaines importations (produits de luxe ou inutiles), loin de servir à l'Allemagne, contribuent à l'appauvrir. Il a donc fallu porter une attention toute spéciale sur le mouvement des exportations allemandes en France ou en transit à travers la France pendant la guerre. Par le décret du 27 septembre 1914 ces exportations étaient bien interdites, car elles constituaient des actes de commerce évidents avec l'ennemi. De même en était-il pour les exportations transitant par la France, car le transport par voie ferrée de marchandises ennemies était considéré comme une opération de commerce avec l'ennemi.

Toutefois, si le décret du 27 septembre frappait les opérations d'exportations, il avait surtout pour objet de combattre les actes conclus avec telles ou telles personnes ennemies ou personnes interposées, indépendamment des produits sur lesquels portaient ces actes. Il y avait donc utilité à ce qu'il soit complété de façon à atteindre les marchandises d'origine et de provenance ennemie, fussent-elles expédiées en France ou à travers la France après avoir été dénationalisées même par les neutres de bonne foi. C'est ainsi que sur les instances du Comité de restriction, le gouvernement fit voter par le Parlement la loi du 17 août 1915. Cette loi constitue pour les importations effectuées par toutes les frontières françaises l'équivalent du décret du 13 mars 1915 pour le commerce maritime international.

Elle ne contient que des sanctions. Toutes marchandises d'origine ou de provenance allemande sont interdites dans leur entrée en France. Ces marchandises sont déclarées soumises à toutes les dispositions pénales des lois douanières concernant les marchandises prohibées, sans préjudice, le cas échéant, des peines édictées par la loi du 4 avril 1915.

En outre, on prévoit la possibilité de dérogations qui seront accordées par décision du ministre des Finances, sur proposition du ministre intéressé.

En résumé, interdiction d'introduire en France des marchandises d'origine ou de provenance ennemie, application des sanctions douanières, et, en outre, si l'infraction constitue un acte de commerce avec l'ennemi conformément au décret du 27 septembre 1914, pénalités de la loi du 4 avril 1915, tel était le régime auquel étaient soumises les importations en France des produits allemands ou d'origine allemande.

Mais, bien avant la promulgation de cette loi, dont le rôle était surtout pénal, les administrations françaises compétentes s'étaient préoccupées d'assurer, en ce qui concerne les exportations allemandes en France, le respect du décret du 27 septembre.

Dès 1914, les Allemands s'étaient, en effet, mis en devoir de continuer leur commerce avec la France sous le couvert des neutres. La Direction générale des douanes française avait appris, par exemple, que dans certains pays neutres, en fait la Suisse, la dénationalisation des produits allemands s'opérait avec facilité. Pour rendre méconnaissable l'origine ennemie d'un produit, la réglementation douanière de ces pays ne s'opposait pas au stratagème consistant à dépouiller dans les entrepôts neutres ce produit de tous ses emballages et marques ennemis, pour y substituer des emballages et marques neutres.

Dans ces conditions, après entente avec les services du blocus et des douanes, il fut décidé, le 19 décembre 1914, que les produits en provenance de Hollande, de Suisse, d'Italie et d'Espagne, devraient, pour leur admission en France, être accompagnés d'un certificat d'origine et, dans certains cas, d'un certificat de nationalité.

A partir du 1er juin 1915, les mêmes conditions furent imposées aux importations en provenance du Danemark, de la Norvège, de la Suède. Des certificats de nationalité furent également délivrés par les autorités diplomatiques et consulaires françaises dans les autres pays neutres, aux États-Unis, notamment, mais seulement quand demande en était faite. Dans ces pays, le certificat était donc facultatif.

Le certificat d'origine devait attester que la marchandise était réellement d'origine neutre et qu'elle n'était pas exportée à la décharge d'un acquit à caution de transit ou de sortie d'entrepôt, d'un passavant ou d'une consignation de droits. Il était délivré par les autorités douanières ou locales neutres, sans avoir à être légalisé par les consuls français. Toutes importations devaient être accompagnées de ce certificat.

Le certificat de nationalité ne visait pas la marchandise, mais l'exportateur neutre avec qui le Français entrait en relations. Il avait pour objet d'établir la réalité de la nationalité neutre de l'exportateur neutre ou de celui se prétendant tel. Il y avait deux sortes de certificats de nationalité. L'un, exigé depuis le 19 décembre 1914, des seuls transitaires ou sociétés de transport établis en pays neutres, était délivré par les consuls français aux transitaires qui n'étaient ni Allemands ni Autrichiens, et aux sociétés de transport dont le conseil d'administration n'était pas en majorité composé d'Allemands. En novembre 1915, l'obligation du certificat de nationalité fut étendu à tous les exportateurs neutres, et un second modèle de certificat fut établi pour ceux qui n'étaient ni transitaires, ni sociétés de transport.

L'obligation de se faire délivrer un certificat de nationalité dont on avait dispensé tout d'abord les expéditeurs de colis postaux s'appliqua, à partir du 1er février 1917, à toutes les expéditions, en France, de marchandises quelle que soit leur forme, y compris les colis postaux qui n'étaient pas expédiés par des particuliers ou qui n'avaient pas un caractère commercial. Cette mesure avait été rendue nécessaire par les abus constatés. On avait, en effet, remarqué que des commerçants établis en pays neutre, pour éviter la formalité gênante pour eux du certificat de nationalité, avaient adopté le système du colis postal comme mode d'envoi exclusif de leurs marchandises. Nos représentants diplomatiques et consulaires avaient, d'ailleurs, la latitude de décider si les certificats de nationalité seraient valables pour six mois ou devraient être renouvelés à chaque envoi de marchandises.

A ces deux certificats d'origine et de nationalité, fut joint dans la suite un troisième certificat dit de vérification, établi par nos autorités consulaires. Ce document avait pour rôle, en somme, de constater l'exactitude des énonciations contenues dans le certificat d'origine, lequel était délivré par les autorités neutres locales.

Le certificat de vérification était délivré après examen du certificat d'origine et enquête de l'autorité consulaire.

Grâce à ces diverses formalités, il était à peu près impossible à une marchandise ennemie de pénétrer en France et à un Français de faire avec l'ennemi du commerce d'importation. Ainsi, se trouvait facilitée pour les Français l'observation du décret du 27 septembre 1914. D'autre part, si l'obtention de ces certificats causait une gêne au commerce neutre, le commerce neutre licite y gagnait de pouvoir se poursuivre en toute sécurité avec la France.

On se méprendrait, toutefois, si de tout ce qui précède on concluait qu'aucune marchandise ennemie n'a pénétré en France pendant la guerre. Il faut, pour se rendre compte de la portée réelle de l'interdiction des importations ennemies et d'origine ennemie, se référer à diverses règles qui ont précisé sur plusieurs points le principe général adopté.

### Qualification ennemie de la marchandise.

Le décret du 27 septembre 1914 et la loi du 17 août 1915 interdisaient l'entrée en France non seulement des produits entièrement allemands ou d'origine allemande, mais aussi de ceux qui sont composés pour portion d'éléments venant de l'ennemi. Des tolérances s'établirent pourtant à cet égard, tolérances rendues nécessaires par ce fait que beaucoup d'industries employaient et cela, par la force des choses, des matières premières, des combustibles, des pièces d'origine étrangère. Il était donc impossible, sous peine d'anéantir certains commerces français d'importation, de mettre obstacle à l'entrée en France de certains produits dans la fabrication desquels il entrait une proportion variable de matière première venant de l'ennemi.

On s'est alors décidé à fixer un pourcentage au delà duquel l'importation serait interdite. On a admis tout d'abord que les marchandises obtenues en pays neutre et comprenant 25 pour 100 de leur valeur, soit en travail ennemi, soit en matière ou matériaux d'origine ennemie seraient considérées comme marchandises neutres et pourraient entrer en France. Puis, à la suite d'un vœu du Comité permanent d'action économique du 4 mai 1917, en vue de restreindre encore davantage le commerce ennemi, le pourcentage d'éléments ennemis tolérés a été abaissé à 5 pour 100 seulement de la valeur de la marchandise importée en France (1).

Pour les marchandises contenant plus de 25 pour 100 ou de 5 pour 100 d'éléments ennemis, il a été accordé, conformément à la loi du 17 août 1915, *des dérogations*, soit générales, soit spéciales. Le ministre des Finances statuait sur celles-ci après entente avec les départements ministériels intéressés. Le Comité de restriction était toujours appelé à donner son avis. En fait, on accordait rarement des dérogations, sauf quand elles s'appliquaient à des besoins de la défense nationale.

Des régimes spéciaux étaient établis pour les marchandises belges, alsaciennes et en provenance des pays envahis.

### 2° TRANSIT PAR LA FRANCE DES MARCHANDISES ENNEMIES

Du régime des importations il convient de rapprocher celui du transit par la France des produits d'origine ennemie à destination d'un pays neutre. En principe, le transit par la France était soumis aux mêmes règles et formalités que les importations (certificats d'origine, de nationalité et de vérification, règles relatives au pourcentage de matière première ennemie).

Signalons cependant, en ce qui concerne les dérogations, un élément nouveau. Tandis que les importations en France mettent en cause surtout les intérêts de la consommation française, la restriction du transit par la France affecte plus particulièrement

---

(1) Décision ministérielle du 11 avril 1917, étendue aux colonies et protectorats, par décret du 10 octobre 1917.

les besoins des pays neutres destinataires. Cette différence s'est traduite en mars 1918, par une sorte de décentralisation de l'instruction des demandes de dérogations, au profit de l'administration des douanes s'il s'agissait d'importation, au profit du Blocus s'il s'agissait de transit. Mais la décision définitive appartenait au ministre des Finances en vertu de la loi du 17 août 1915. Cette procédure n'empêchait pas, du reste, la consultation du Comité de restriction en toute hypothèse.

Le transit des marchandises interdites à destination des neutres a été accordé à raison de diverses considérations. Les demandes étaient transmises par la légation du pays destinataire aux services du Blocus. Le Comité de restriction examinait la demande et donnait son avis. Il le faisait en cherchant à ne pas priver les neutres des produits nécessaires dont l'Allemagne était seule à même de les approvisionner : aiguilles à tricoter, produits chimiques et pharmaceutiques, etc. La dérogation était accordée lorsque le produit était d'une utilité incontestable et ne pouvait pas être fourni par les Alliés, ni par les neutres. On autorisait également le transit de certains produits dans l'intérêt de la France, par exemple, des machines ou pièces de machines à destination d'une industrie neutre travaillant pour la France.

L'avis du Comité de restriction était étudié par le « blocus » qui transmettait son opinion au ministre des Finances pour décision définitive.

Il y a lieu de signaler le régime spécial appliqué au transit à destination de la Suisse et de l'Espagne. Le transit vers la Suisse était de la compétence de la Commission des dérogations, car il intéressait au premier chef l'approvisionnement de l'Allemagne par l'intermédiaire de la Suisse. D'où, en cette matière, l'importance énorme du contingentement. Quant au transit vers l'Espagne et quant à son ravitaillement par l'Allemagne, un organisme nouveau intervenait : la Commission permanente internationale des contingents était chargée de fixer les contingents pour l'Espagne.

### 3° RÉGIME DES EXPORTATIONS FRANÇAISES

Enfin, un *régime particulier des exportations françaises* était établi. Pour que le décret du 27 septembre 1914 soit fidèlement appliqué en ce qui concerne les exportations de France à l'étranger, il était nécessaire de prendre certaines mesures destinées à éviter que les commerçants français envoient leurs produits à des sujets ennemis établis en pays neutres.

Tout exportateur résidant en France et voulant expédier des marchandises en pays neutre devait fournir à la douane une déclaration indiquant avec précision l'identité du destinataire définitif de la marchandise et sa nationalité. La douane vérifiait la sincérité et l'exactitude de cette déclaration et consultait notamment les « listes noires », afin d'arrêter les envois adressés aux maisons inscrites sur ces listes.

Il va de soi que les exportations à destination de la Suisse, de la Hollande, du Danemark, devaient se conformer aux accords passés avec les associations de ces pays et être accompagnées d'un certificat de prise en consignation émanant des associations (N. O. T.-S. S. S., etc.). En outre, si la marchandise était prohibée à la sortie, un exemplaire de l'autorisation de sortie devait être présenté à la douane.

Ces mesures furent complétées en 1918 par l'obligation imposée aux exportateurs residant en France de s'assurer que le destinataire de la marchandise était admis au bénéfice du certificat de nationalité délivré par le consul français (Avis inséré au *Journal officiel* le 31 mars et le 13 avril 1918). Le certificat de nationalité obligatoire, jusque-là seulement pour les opérations d'importation, fut donc étendu à partir de cette date aux exportations de France à destination des pays neutres.

Pour apprécier en toute connaissance de cause le régime des exportations françaises pendant la guerre, au point de vue du blocus, il ne faut pas s'en tenir aux règles se rattachant à l'interdiction du commerce avec l'ennemi. Il faut aussi porter son attention sur ce fait que tous les produits intéressant à un titre quelconque l'approvisionnement de l'ennemi ont été « prohibés » à la sortie. Mais les prohibitions de sortie sont une question différente de celle de l'interdiction que nous allons étudier dans la seconde partie de ce chapitre.

## II

### LES PROHIBITIONS DE SORTIE

Telles qu'elles ont été édictées et pratiquées pendant la guerre en France, les prohibitions de sortie consistaient dans l'interdiction de faire sortir certains produits du territoire national, soit par voie d'exportation proprement dite, soit par voie de réexportation à la suite d'entrepôt, de dépôt, de transit, de transbordement et d'admission temporaire.

Les prohibitions de sortie sont une mesure de législation interne. Chaque État est libre de prendre telles mesures douanières ou commerciales qu'il estime utiles, à condition, bien entendu, que cet État ne soit lié par aucune convention contraire.

Deux raisons ont motivé pendant la guerre les prohibitions de sortie : 1º la nécessité de réserver à la consommation nationale les produits qui se trouvent dans le pays en quantité suffisante ou inférieure aux besoins ; 2º l'obligation de renforcer le blocus de l'Allemagne, en empêchant nos produits de lui parvenir indirectement par le canal des neutres.

Les prohibitions de sortie ont été à la fois une mesure de protection douanière et une arme de blocus économique contre l'Allemagne. Ces deux principes dominent toute la matière des prohibitions ; elle peut ainsi se résumer :

La première liste des prohibitions date du 31 juillet 1914. Elle a été sans cesse remaniée au cours de la guerre, c'est-à-dire qu'on n'a pas cessé d'y faire de constantes additions.

Ces prohibitions ont été influencées par le caractère de plus en plus industrialisé de la guerre. On a cherché à priver l'ennemi, non seulement des produits utiles à ses industries militaires, mais aussi de ceux qui étaient nécessaires à la consommation de la population civile. Il y a là un mouvement analogue à celui qui aboutit à l'extension de plus en plus grande des listes de contrebande.

D'où prohibition des produits de plus en plus nombreux : matières premières, produits d'usines, machines ou pièces de machines dont on avait intérêt à priver l'Allemagne.

Comme les prohibitions de sortie, mesures graves, étaient susceptibles de causer un grave préjudice au commerce français en privant celui-ci des bénéfices de l'exportation pour les produits prohibés, il était nécessaire d'agir à bon escient et de bien voir si la mesure prise serait vraiment effective dans les pays ennemis. Donc, avant d'inscrire sur les listes les produits condamnés, on se rendait compte, par une enquête sérieuse, de l'état d'approvisionnement de l'Allemagne, où en était l'état de la fabrication, le rendement des usines, les facilités qu'elle aurait à se procurer ces mêmes produits ailleurs ou de les remplacer par des produits équivalents.

Et ce n'est qu'après une semblable investigation montrant la pénurie en Allemagne de tel ou tel produit que l'on se décidait à des inscriptions nouvelles sur les listes de prohibition.

Il faut ajouter que pour se conformer au vœu émis par la Conférence des représentants alliés, tenue à Paris en juin 1915, on décida qu'à partir de cette date l'inscription d'un produit sur les listes de contrebande entraînerait, par ce fait même, son inscription sur les listes des prohibitions de sortie.

Désormais, la marchandise ainsi mise à l'index ne pouvait plus quitter le territoire français.

C'était aux douanes qu'il appartenait de veiller au respect des prohibitions décrétées en exerçant aux frontières un contrôle rigoureux sur les marchandises exportées de France.

Les infractions aux prohibitions étaient frappées de pénalités assez sévères par une loi du 17 août 1915 qui, dans son article 1er, s'exprimait ainsi :

« Quiconque aura commis ou tenté de commettre une infraction aux dispositions législatives ou réglementaires portant prohibition de sortie ou de réexportation en suite d'entrepôt de dépôt, de transit, de transbordement, ou d'admission temporaire de certains produits ou objets, sera puni d'un mois à 2 ans d'emprisonnement et d'une amende de 100 francs à 5 000 francs, ou de l'une de ces deux peines seulement. Les marchandises et objets saisis seront confisqués, ainsi que les moyens de transport. »

L'article 2 prévoyait la possibilité de la publication dans les journaux du jugement de condamnation et de l'application des circonstances atténuantes.

## Atténuations au régime des prohibitions de sortie.

Il était nécessaire d'atténuer la rigueur de ce droit commun vraiment trop rigoureux pour un commerce aux prises avec les plus grandes difficultés.

Des dérogations permanentes et des dérogations individuelles étaient apportées à la rigueur de ces étroites prescriptions. D'une façon générale, il faut dire qu'on se montra modéré dans l'application des prohibitions et qu'elles furent réduites dans les cas seulement où l'exigeaient les besoins de la consommation nationale et la restriction nécessaire des approvisionnements ennemis.

D'où, difficultés extrêmes à organiser, à développer, ce réseau de décisions très complexes permettant d'établir un régime de faveur pour les neutres éloignés de l'ennemi ou qui offraient des garanties sérieuses relatives à la non-réexportation des produits importés de France.

Les atténuations que l'on a été ainsi amené à prendre étaient d'autant plus désirables que ce système de prohibition très développé entravait dans une grave proportion le commerce et les industries nationales déjà si lourdement grevées par la mobilisation, les achats considérables à l'étranger, la situation du change.

Pour remédier à cette balance si défavorable de notre commerce, on en arriva à l'adoption de dérogations permanentes et de dérogations individuelles.

## Les dérogations permanentes.

Dès la fin de 1914, on comprit qu'il était dangereux d'appliquer en bloc pour tous les produits, quelle que soit leur destination, les mêmes règles de prohibition de sortie.

La Commission des dérogations chargée de préparer une liste refondue des produits condamnés, soumit au ministre des Finances un projet de décret divisant les prohibitions en trois catégories ; certaines marchandises étaient prohibées pour toute destination, à l'exception des pays alliés ; d'autres enfin pouvaient être exportées, en dehors des pays alliés, à destination des États de l'Amérique et des pays neutres qui avaient donné des garanties certaines de non-réexportation.

Cette classification fut approuvée par le ministère des Affaires étrangères, le 23 décembre 1914. Le ministère des Finances fit toutefois l'observation qu'un tel état de choses pouvait bien ne plus être compatible avec les stipulations de certains traités de commerce passés par la France avec les pays étrangers. Dans une lettre du 5 janvier 1915, il en exposait les raisons.

Par diverses conventions, la France s'était engagée, à titre réciproque, à n'établir aucune dérogation aux prohibitions d'entrée, de sortie ou de transit qui ne soit applicable à toutes les nations (Traité avec la Roumanie du 6 mars 1907, art. 5) ; traité avec la Suède et la Norvège du 30 décembre 1881, art. 11).

A l'inverse de certains traités qui prévoyaient des exceptions à cette clause pour le temps de guerre (convention avec la Suisse, 21 novembre 1906, art. 22 par exemple), les conventions citées ou prévoyaient l'application de la clause en cas de guerre (convention roumaine) ou restaient muettes sur le cas de guerre (convention suédo-norvégienne). Ces conventions ne s'opposaient-elles pas à ce qu'il fût établi en faveur de certaines destinations des dérogations permanentes aux prohibitions de sortie ?

Le ministère des Affaires étrangères estima que ces conventions ne s'opposaient pas aux mesures proposées. En effet, en ce qui concerne la convention roumaine, il n'était pas vraisemblable que le gouvernement élèverait une protestation contre une mesure qui ne pouvait en rien léser les intérêts roumains ; d'autre part, la Roumanie nous avait précédé dans la voie indiquée par la Commission des dérogations en prenant des mesures analogues à celles qui étaient proposées. Quant au traité avec la Suède et la Norvège, du fait qu'il ne visait pas le temps de guerre, on pouvait supposer légitimement que la clause en question était seulement applicable au temps de paix. Du reste, les accords que les Alliés avaient conclus avec ces deux gouvernements pendant la guerre enlevaient toute actualité à la clause invoquée par le ministère des Finances et rendaient improbable toute réclamation de la part des gouvernements scandinaves.

Dans ces conditions, la classification des marchandises prohibées, préparée par la Commission des dérogations, fut adoptée en 1915 et maintenue avec des modifications durant toute la guerre.

D'après les circulaires des douanes des 26 décembre 1916 et 3 décembre 1917, voici comment était organisée la classification des produits prohibés qui bénéficiaient d'un privilège spécial appelé *privilège de l'astérisque*, parce que dans les listes des prohibitions le nom de ces produits était précédé d'un astérisque.

Un certain nombre des produits prohibés pouvait être exporté ou réexporté sans autorisation spéciale lorsque l'envoi avait pour destination un pays allié ou ses colonies, à l'exception de l'Italie et du Portugal.

Dans cette catégorie figuraient seulement des produits prohibés pour raison de blocus. Ceux qui étaient prohibés à cause des besoins de la consommation française ne jouissaient pas du bénéfice de l'astérisque.

D'autres produits dits *de double astérisque* pouvaient être exportés et réexportés sans autorisation spéciale en Italie, en Portugal, en Espagne et dans les pays extra-européens.

D'autres produits dits de *triple astérisque* pouvaient être exportés et réexportés sans autorisation dans tous les pays alliés et neutres, à l'exception de la Suisse.

Donc, grâce à ce système à la fois large et souple, susceptible d'être modifié à chaque instant suivant les circonstances, la rigueur des prohibitions de sortie se trouvait graduée suivant le danger plus ou moins probable que tel ou tel produit rencontrerait, d'être acheminé vers l'Allemagne après être sorti de France. Et ainsi se trouvaient, dans bien des cas, éloignées les lourdes entraves imposées au commerce national.


**Les dérogations individuelles.**

Il a été indiqué chapitre I<sup>er</sup>, pages 17 à 19, qu'une Commission spéciale avait été créée en novembre 1914, avec mission de statuer sur les demandes de dérogation aux prohibitions de sortie.

Les principales garanties exigées par le Comité des dérogations pour l'octroi des dérogations étaient les suivantes : il y avait d'abord des garanties relatives au destinataire, sur lequel le Comité pouvait se renseigner et qui notamment ne devait pas figurer sur les listes noires.

Il y avait aussi des garanties générales comme les garanties de non-réexpédition vers l'ennemi, provenant de ce que le produit dont on sollicitait la sortie était prohibé par les pays neutres destinataires ; il y avait la nécessité de la consignation des produits aux trusts et associations constitués dans certains pays neutres pour veiller à la consommation dans ces pays des produits qui y entraient. Il y avait enfin le système du contingentement.

### Le contingentement.

En outre, de toutes les mesures prises d'accord avec les neutres, restaient celles à prendre pour les pays qui, quoique neutres, s'étaient refusés à constituer chez eux des organismes de surveillance. Comment les empêcher de créer des stocks considérables pouvant se déverser un jour ou l'autre vers les pays ennemis? De sa propre initiative, la Commission des dérogations prit, au début de 1915, la résolution d'accorder des dérogations seulement dans la limite des exportations normales. La France proposa la généralisation de cette pratique à ses alliés.

En juin 1915, à Paris, on posa au cours des conférences la question de ce contingentement. A Londres, en août 1915, les principes organisant le fonctionnement de contingentement furent arrêtés. Les tribunaux de prises anglais les appliquèrent et ils ne cessèrent pas d'être observés par les croisières franco-anglaises de la mer du Nord et par les services de surveillance de la Manche et du Pas de Calais.

Contingenter une marchandise consiste à limiter à l'avance les quantités de cette marchandise qu'une nation belligérante exportera à destination d'un pays neutre pendant une période déterminée. La fixation de ces contingents est particulièrement délicate. Elle s'opère en tenant compte des données fournies par les statistiques douanières. En général, le chiffre attribué au contingent représente le montant annuel des importations globales du pays bénéficiaire tel qu'il résulte de la moyenne des importations d'un certain nombre d'années normales antérieures, déduction faite des exportations de ce même produit effectuées au cours des mêmes années par le pays à contingenter à destination des nations ennemies. Il se pouvait, cependant, qu'on modifiât ce mode de taxation, car les propres besoins des belligérants, les risques de réexportation ou encore des conditions d'opportunité rendaient parfois légitime une réduction du chiffre des exportations consenties.

De quelque manière qu'il ait été déterminé, le contingentement fixait par avance une proportion maxima qui ne pouvait pas être dépassée et limitait ainsi les réexportations en pays neutres. On ne saurait contester ses réels avantages, à la condition toutefois que le *chiffre du contingent ait été judicieusement calculé*. Ce chiffre pouvait, d'ailleurs, être lui-même convenablement réduit, il suffisait de fractionner les contingents. Au lieu d'autoriser l'exportation immédiate du montant annuel des contingents, on suivait, par exemple, les opérations par trimestre (quart de contingent). Ces sorties se trouvaient ainsi limitées aux besoins immédiats et l'on évitait la constitution de stocks et les tentatives de réexportation en pays ennemi qui pouvaient en découler.

La Commission des dérogations veillait, en liaison avec la Commission internationale des contingents, à ce que les crédits concédés à tel ou tel pays ne soient pas dépassés. Quand la Commission signalait, par exemple, que la Suisse avait reçu son contingent trimestriel de cuivre, les autorisations d'exporter du cuivre en Suisse étaient arrêtées tant par la Commission de dérogation française que par les organismes parallèles italien et britannique.

Les demandes de dérogations devaient être faites dans une certaine forme et suivre une certaine procédure.

Les gares de départ n'acceptaient pas l'expédition si l'autorisation d'exportation ayant la valeur d'une licence ne leur était pas remise. Les autorisations étaient personnelles et ne pouvaient pas être cédées. Dans le cas de manquement à ces règles, on tombait sous le coup des pénalités prévues par la loi du 17 août 1915.

Les licences portant sur des quantités de 10 000 kilogs et au-dessus ne pouvaient pas être concédées sans un avis favorable du 4e bureau de l'état-major chargé des transports et réunissant sous son autorité tous les services d'utilisation des voies ferrées.

Enfin, les autorisations de sortie étaient seulement valables pendant un délai de cent vingt jours à compter de la date de l'autorisation de l'administration des finances, ou, en cas d'intervention du 4e bureau de l'état-major, de la date du bon de transport. Mais la marchandise expédiée au cours du délai de validité ne pouvait pas être retenue à la douane de sortie sous le prétexte qu'à l'arrivée à la gare frontière le délai était expiré.

La Commission des dérogations autorisait, le cas échéant, des modifications aux points de sortie sur la demande des titulaires de licences et prescrivait, à titre général, d'autoriser les exportations lorsque le poids reconnu à la frontière ne dépassait pas de plus de 5 pour 100 le poids des marchandises requis sur l'autorisation délivrée. Il va de soi que, pour les produits contingentés, le poids reconnu à la sortie était seul imputé au contingent.

Enfin, dans le cas où un décret prohibait un produit qui n'était pas soumis antérieurement à restriction, le service des douanes laissait exporter librement les envois qui se trouvaient en cours de route à la publication du décret de prohibition.

### Unification des listes alliées de prohibition de sortie.

Il y avait le plus grand intérêt à ce que régnât dans tous les pays une égale conformité de listes fixant l'ensemble des marchandises prohibées. En effet, cette unification s'imposait pour rendre vraiment efficaces les mesures de blocus contre le ravitaillement ennemi, et aussi pour déterminer quels produits par faveur spéciale pouvaient être exportés de France sans autorisation. Les mêmes marchandises prohibées devaient l'être, non pas dans un seul pays, mais dans l'ensemble des pays ; sans quoi, on créait des avantages pour certains qui posséderaient ainsi de véritables monopoles d'exportation leur assurant, outre des bénéfices considérables, la conquête assurée de nouveaux débouchés commerciaux.

Mais cette unification des listes composées et publiées dans un même moment rencontrait d'autres sérieux obstacles. Ainsi, un État qui possède des stocks considérables de certains produits dont il ravitaille les neutres hésitera beaucoup à consentir pour ceux-ci des mesures de prohibition qui peuvent causer sa ruine.

Ces difficultés apparurent très nettes dans les rapports franco-anglais. Les deux pays, au début de la guerre, se communiquèrent les listes, mais c'était plutôt à titre de renseignement. D'où des différences de régime fort choquantes. C'est ainsi que la France, à plusieurs reprises, fut saisie par l'Angleterre de demandes de transit de lingots d'étain expédiés d'Angleterre, alors que l'exportation de ce métal était rigoureusement interdite en France. De même en était-il pour le caoutchouc.

Les inconvénients si graves d'un pareil système finirent par déterminer les gouvernements à convoquer une conférence interalliée où se réunirent à Paris, le 5 juin 1915, la France, l'Angleterre, la Russie et l'Italie. On y a adopté un vœu aux termes duquel les produits figurant sur les listes de contrebande de guerre absolue ou conditionnelle devraient être également inscrits sur les listes de prohibition, comme étant ceux qui étaient présumés les plus nécessaires à l'ennemi.

Pour les autres produits, elle exprimait le souhait que les listes de prohibition de sortie soient unifiées le plus tôt et dans la plus large mesure possible. Elle invitait, en conséquence, les gouvernements alliés à se mettre en rapport et à étudier en commun cette unification.

Une autre étape dans cette voie fut franchie grâce au Comité permanent international d'Action économique. Fondé en juin 1916, il s'occupa aussitôt de cette question, comparant dans un examen minutieux les listes alliées, les coordonnant et s'efforçant d'arriver à une entente.

Le 18 août 1916 le Comité votait la résolution suivante :

1° La liste de prohibition ci-jointe, comprenant les catégories de marchandises qu'il importe de prohiber dans un intérêt militaire, est recommandée à l'attention des grands alliés ;

2° Les Alliés sont priés de s'assurer que toutes les espèces renfermées dans les catégories de marchandises de la présente liste sont bien portées sur leurs listes de prohibition d'exportation ;

3° Le cas échéant, des prohibitions seront édictées pour les espèces de marchandises que l'étude ci-dessus recommandée révélerait comme restées encore libres ;

4° Les prohibitions recommandées ne portent pas atteinte au droit pour chaque gouvernement d'accorder des dérogations lorsqu'il n'y a pas à craindre des réexportations en pays ennemi.

L'activité du Comité ne s'est point bornée à cela. Il a, suivant les circonstances, recommandé aux Alliés l'inscription de tel ou tel produit déterminé sur les listes de prohibition.

Ainsi, grâce à la liaison opérée par le Comité permanent, grâce aux communications directes entre alliés, l'unification des listes de prohibition s'opérait dans la plus large mesure possible, surtout en ce qui concerne la France et l'Angleterre, et arrivait à des résultats sinon entièrement satisfaisants, du moins suffisants pour entraver très efficacement les ravitaillements de l'ennemi.

Divers autres organismes ont également collaboré à l'établissement et au fonctionnement des prohibitions de sortie, mais leur rôle fut surtout celui d'indication ou de consultation. Dans l'ensemble, ils éclairaient les organes principaux dont il vient d'être question.

# CHAPITRE VI

# LES NEUTRES ET LE BLOCUS
## Par M. Jean TANNERY

Dès le début des hostilités, les gouvernements alliés se sont rendu compte de la nécessité de prendre les mesures nécessaires pour empêcher le ravitaillement de l'Allemagne par les pays neutres limitrophes, la Suisse, la Hollande et les Pays scandinaves, dont l'intervention, s'il n'y avait pas été mis obstacle, aurait pu rendre inutiles toutes les dispositions prises d'autre part. La difficulté était de trouver une formule conciliant le respect de la neutralité de ces puissances et les nécessités de la guerre, en limitant au minimum les dommages que les mesures à prendre pourraient causer au commerce international.

Les dispositions prises ont varié suivant les pays considérés ; elles ont été au surplus modifiées peu à peu en tenant compte des leçons de l'expérience. Dans l'ensemble, après des négociations qui ont été forcément lentes parce que les mesures proposées heurtaient des intérêts importants, il a été possible d'aboutir sans conflit sérieux à un système de rationnement qui, pendant les deux dernières années de la guerre, a pu réduire dans d'importantes proportions le ravitaillement de l'Allemagne et provoquer chez nos ennemis, au point de vue alimentaire, et en ce qui concerne les fabrications militaires, des difficultés extrêmement graves, sur la marche des hostilités, dont l'influence a pu, à certains égards, être considérée comme décisive.

## I

### LES ORGANISATIONS CRÉÉES EN PAYS NEUTRES POUR LUTTER CONTRE LA CONTREBANDE ET L'APPROVISIONNEMENT DE L'ENNEMI

Le principe essentiel de l'organisation adoptée par les Alliés pour arrêter le ravitaillement de l'Allemagne par l'intermédiaire des neutres limitrophes a été fondé sur l'idée de concentrer l'importation des marchandises de contrebande destinées aux neutres entre les mains d'associations de commerçants ou d'armateurs ressortissants de ces pays, à qui les cargaisons seraient consignées et qui garantiraient qu'elles ne seraient pas expédiées vers les pays ennemis.

### A. LE TRUST NÉERLANDAIS D'OUTRE-MER

Le premier organisme de ce genre a été constitué en Hollande sous le nom de Trust néerlandais d'Outre-Mer (Netherland-Oversee Trust ou N. O. T.), le 24 décembre 1914 ; le N. O. T. était une Société anonyme, au capital de 2 400 000 florins, fondée par les principales Banques et Sociétés de navigation hollandaises.

D'après l'article 2 des statuts, « la Société est fondée dans le but d'agir comme intermédiaire en faveur des commerçants néerlandais ou des compagnies de commerce néerlandaises, afin de rendre possible le transport des marchandises d'outre-mer qui ont été ou qui pourront être déclarées contrebande absolue ou conditionnelle par les États belligérants ».

Suivant l'article 11, « en consentant l'intervention de la Société, le Conseil et le Comité seront guidés par les considérations suivantes : l'auteur de la demande devra être un commerçant néerlandais, faisant le commerce ou étant intéressé dans l'importation des marchandises attendues d'outre-mer ; il ne pourra être un agent ou l'associé d'un agent d'un gouvernement étranger ; il devra s'engager à n'importer les articles dits de contrebande que pour la consommation aux Pays-Bas, pour l'exportation aux colonies néerlandaises ou aux Pays neutres, et en vue de la seule consommation dans ces pays. L'engagement sera consigné dans un contrat écrit passé entre la Société et l'auteur de la demande ; il énumérera en outre les conditions dans lesquelles la Société accorde son intervention. »

L'importateur devait fournir une garantie de l'observation des engagements pris dans son contrat avec le N. O. T. Cette garantie était d'une façon générale égale à la valeur de la marchandise, du double de cette valeur pour les huiles et les graisses, et de deux fois et demi pour le caoutchouc. Il était stipulé dans le contrat passé avec le N. O. T. qu'en cas d'inobservation de ces dispositions, le contrevenant serait frappé d'une amende égale à la valeur des marchandises dans le cas de réexportation, et, dans les autres cas, à 2 pour 100 de cette valeur.

Le contrôle du N. O. T. s'exerçait dans trois ordres d'idées différentes : 1º vérification de la moralité de l'importateur ; 2º vérification des besoins de la consommation en Hollande au moyen des statistiques ; 3º vérification de l'observation des contrats avec le concours de quatre vérificateurs des douanes et d'inspecteurs de la Société chargés de contrôler les livres des commerçants.

Le Trust néerlandais intervenait non seulement pour garantir la non-réexportation vers les pays ennemis des marchandises importées d'outre-mer, mais pour les exportations par mer autorisées par les gouvernements alliés, et même pour l'importation par terre des produits en provenance de l'Allemagne, à qui le N. O. T. donnait la même garantie qu'aux Alliés.

Divers arrangements sont intervenus au cours de la guerre entre le trust, d'une part, les gouvernements britannique et français d'autre part, pour préciser les conditions de fonctionnement de la Société néerlandaise.

Les premiers, qui datent de décembre 1914, avril et juillet 1915, se bornaient dans leur ensemble à donner une forme contractuelle aux dispositions générales, analysées ci-dessus, qui figuraient dans les statuts du N. O. T.

Mais l'expérience des trois premiers trimestres de 1915 a démontré aux gouvernements alliés qu'il était nécessaire de préciser leurs conventions avec le trust et de ne pas se borner à formuler, dans leurs relations réciproques, des règles générales.

La caractéristique de la combinaison adoptée était en effet de chercher des garanties dans un arrangement avec une organisation privée, sans demander au gouvernement néerlandais d'intervenir, de façon à ne pas compromettre sa neutralité.

La garantie donnée par le trust ne pouvait pas, dans ces conditions, être appuyée par l'action gouvernementale. Des prohibitions d'exportations étaient bien édictées ; mais elles avaient en vue les besoins du pays et non pas l'observation des engagements pris par le trust ; de sorte que des dérogations étaient accordées ou des levées provisoires d'interdiction prononcées qui permettaient aux commerçants d'exporter librement, même les marchandises consignées au trust à l'origine sans que ce dernier, avec les quatre vérificateurs de douane dont il disposait, pût y mettre sérieusement obstacle, et sans que bien souvent il en fût même informé.

C'est ainsi que de janvier à juin 1915, l'importation en Hollande d'huile de coco atteint 7 117 tonnes, que le trust déclare en avoir consigné 7 487, et que la réexportation atteint 7 437 tonnes dont l'Allemagne reçoit 4 898. Pendant la même période, il est importé en Hollande 8 127 tonnes de peaux et cuirs dont une partie importante est consignée au trust et il en est exporté 2 214 en Allemagne.

Des quantités extrêmement considérables de marchandises, consignées ou non au trust, sont importées en Hollande et réexportées en Allemagne ; parfois même, grâce à des stocks constitués antérieurement, les exportations en Allemagne sont plus élevées que les importations. Voici quelques exemples :

**JANVIER-JUIN 1915**

| | IMPORTATION<br>en Hollande.<br>Tonnes. | EXPORTATION<br>en Allemagne.<br>Tonnes. |
|---|---|---|
| Huile de lin........ | 29 600 | 85 000 |
| Coton.............. | 103 800 | 92 900 |
| Café .............. | 137 000 | 80 700 |
| Coprah............ | 140 000 | 95 000 |
| Chanvre........... | 14 500 | 5 700 |
| Étain ............. | 2 100 | 4 700 |
| Thé............... | 11 000 | 2 600 |

C'est à la suite de constatations de ce genre que le gouvernement britannique a inauguré, par un arrangement du 5 novembre 1915, un système de rationnement limitant les importations en Hollande d'un certain nombre de marchandises dont le transport n'était autorisé que moyennant leur consignation au N. O. T.

La liste était la suivante :

| | TONNES<br>par trimestre. |
|---|---|
| Maïs et seigle.................................. | 225 000 |
| Graines de lin................................. | 50 000 |
| Tourteaux ................................... | 70 000 |

|  | TONNES<br>par trimestre. |
|---|---|
| Graines oléagineuses (d'après leur rendement en huile).. | 18 265 |
| Graisses et huiles végétales......................... | 20 500 |
| Graisses et huiles animales......................... | 12 810 |
| Saindoux ...................................... | 3 000 |
| Huiles minérales lubréfiantes...................... | 5 000 |
| Pétrole raffiné................................. | 41 000 |
| Benzol, gazoline, etc............................. | 12 000 |
| Laine brute.................................... | 3 000 |

D'une façon générale ces chiffres étaient basés sur les importations moyennes de la Hollande avant la guerre (1911-1913), déduction faite des réexportations, c'est-à-dire sur la consommation normale.

Mais ils ne tenaient pas compte de la production nationale. Or, il est évident que la formule adoptée risquait de libérer une partie de cette production pour l'exportation vers les pays ennemis.

D'autre part, la liste ci-dessus comportait d'importantes omissions. Elle ne prévoyait par exemple de limitation que pour deux espèces de céréales fourragères, et laissait les autres de côté, ainsi que les céréales à pain. Elle ne mentionnait pas, d'autre part, un assez grand nombre de produits dont l'Allemagne avait besoin et dont plusieurs avaient pour cette puissance une utilité incontestable au point de vue militaire, les métaux, le caoutchouc, les peaux, la gomme, le chanvre, l'amiante, etc.

Quelques exemples permettront d'apprécier l'importance des lacunes de la formule adoptée.

La liste de contingentement comprenait 20 510 tonnes de graines et huiles végétales. Or, la Hollande produisait en temps normal 9 500 tonnes d'huile de lin et d'huile de noix de plus qu'elle n'en consommait. La méthode adoptée pour la fixation du contingent, qui ne tenait pas compte de cette production nationale, avait pour résultat de la libérer pour l'exportation vers les pays ennemis.

Le chiffre de 70 000 tonnes pour les tourteaux était très supérieur à la consommation d'avant-guerre (57 000 tonnes). Il ne tenait pas compte de la production locale en fourrages, et par exemple de la pulpe de betteraves, dont la Hollande exportait normalement plus de 18 000 tonnes. Cependant le cheptel hollandais, à la suite d'exportations considérables en Allemagne au début de 1915, avait fortement diminué. Il est donc clair qu'un contingent aussi élevé ne pouvait que libérer pour l'exportation une partie importante de la production nationale en fourrages, et développer la production de viande pour le ravitaillement des pays ennemis.

Le rationnement n'atteignant que le maïs et le seigle, il en est résulté que l'importation de l'orge et de l'avoine a presque quintuplé pendant plusieurs mois, ce qui a pratiquement annulé les effets des mesures prises.

Ces lacunes du rationnement au point de vue alimentaire ont eu pour résultat que la Hollande a pu exporter en Allemagne une part importante de sa production nationale au début de la guerre. Il a été possible de calculer que de juillet 1915 à juillet 1916, les exportations autorisées de cette catégorie, mentionnées dans les statistiques officielles hollandaises, ont dépassé 1 250 000 tonnes, soit trois semaines au moins de subsistance pour l'ensemble de la population allemande, ce qui a largement contribué à assurer la soudure du printemps de 1916, et permis la campagne de 1916-1917, malgré la récolte désastreuse de 1916.

On a vu plus haut quelles avaient été les exportations de la Hollande vers l'Allemagne en étain, coton, chanvre. Les omissions de la liste de novembre 1915 laissaient subsister la possibilité pour l'Allemagne de se ravitailler en produits essentiels pour la conduite de la guerre.

Aussi, dès le début de 1916, des négociations nouvelles ont-elles été entreprises avec le N. O. T. pour augmenter la liste des produits contingentés, en y ajoutant notamment les produits suivants :

CONTINGENTS TRIMESTRIELS

|  | Tonnes. |
|---|---|
| Riz | 32 500 |
| Café (balles) | 276 000 |
| Fèves de cacao | 5 000 |
| Kapok | 500 |
| Amiante | 500 |
| Matières tannantes | 2 775 |
| Étain | 525 |
| Chanvre | 1 250 |
| Cire de paraffine | 1 100 |

CONTINGENTS TRIMESTRIELS

|  | Tonnes. |
|---|---|
| Coton ................... | 5 750 |
| Cuirs .................. | 920 |
| Jute.................. | 2 500 |
| Liège ................. | 475 |
| Térébenthine .......... | 500 |
| Tannin ............... | 13 400 |
| Carbure de calcium....... | 1 500 |

et quatorze articles divers, les articles contingentés s'élevant au total à 37.

L'adaptation des contingents aux besoins réels de la consommation, en tenant compte de la production nationale, malgré des négociations qui se sont poursuivies pendant plus d'un an, à partir du milieu de 1917, à la suite de la proclamation de l'embargo sur les importations dans les Pays du Nord, n'a cependant jamais été réalisée.

Le système des contingents a été amélioré à la vérité par l'application de la notion des produits similaires, à laquelle s'était particulièrement attachée la Légation de France aux Pays-Bas, qui permettait d'éviter le remplacement d'articles contingentés par des produits analogues non inscrits sur les listes des marchandises consignées obligatoirement au N. O. T.

Mais, dans l'impossibilité d'arriver à un accord avec le trust et le gouvernement néerlandais, les Alliés ont dû pratiquement maintenir, jusqu'à la fin des hostilités, l'embargo sur les importations en Hollande prononcé en octobre 1917 (sauf une levée partielle, pour certains produits de luxe, décidée en août 1918).

C'est dans les mêmes conditions que les gouvernements des États-Unis, de France et de Grande-Bretagne durent, en mars 1918, réquisitionner 667 000 tonnes de navires hollandais qui se trouvaient dans leurs ports, le gouvernement des Pays-Bas posant à son accord des conditions que les Alliés ne pouvaient accepter.

Sous le régime de l'embargo, les disponibilités hollandaises se raréfièrent de telle sorte que le ravitaillement de l'Allemagne par les Pays-Bas se trouva réduit au minimum pendant la dernière année de la guerre. La tension des rapports entre les deux pays devint même très vive dans le courant de 1918 et le renouvellement des arrangements antérieurs qui comportaient l'échange de charbon allemand contre des denrées alimentaires hollandaises rendu d'autant plus difficile que par suite du blocus le rationnement de la population hollandaise avait dû être porté à peu près aussi loin que celui de la population allemande.

Aussi, ainsi qu'il sera montré dans le dernier chapitre de cet ouvrage, les effets du blocus sur l'Allemagne se sont-ils fait sentir avec une force particulière, pendant la dernière année des hostilités, les mesures concordantes prises vis-à-vis des autres pays neutres limitrophes ayant suivi une marche analogue.

### B. LA SOCIÉTÉ SUISSE DE SURVEILLANCE ÉCONOMIQUE (S. S. S.)

La S. S. S. a été fondée à Berne le 27 octobre 1915, soit un an environ après le N. O. T., mais sur un plan, qui tout en procédant de principes analogues, était notablement différent.

Comme pour le N. O. T. le but de la Société suisse est de « représenter et de favoriser les intérêts économiques nationaux en face des difficultés que la guerre crée à la vie économique de la population dans tous les domaines, notamment dans ceux de l'Agriculture, du Commerce, de l'Industrie » (art. 2 des statuts).

De même que le trust, la S. S. S. s'engage à « veiller à ce que les marchandises fournies par son intermédiaire ne soient réexportées, aussi bien à l'état brut que travaillées, qu'aux conditions posées par le gouvernement étranger qui en a rendu possible l'importation en Suisse » (art. 4).

Mais une différence essentielle distinguait les deux organisations : une collaboration étroite était instituée entre la Société suisse et le gouvernement fédéral, alors que le N. O. T. ne pouvait compter que sur lui-même pour assurer l'observation des engagements qu'il avait pris.

Le gouvernement fédéral fournit un fonds de roulement à la S. S. S. ; il en agrée les membres ; la Société collabore avec les autorités fédérales pour élaborer les mesures assurant l'application des interdictions d'exportation et la surveillance des frontières, pour réunir des renseignements statistiques, pour réprimer la contrebande par l'ouverture d'actions judiciaires.

L'organisation de la S. S. S. différait de celle du N. O. T. à trois autres points de vue :

1º Elle comportait la surveillance du trafic de perfectionnement qui n'avait pas été prévu en Hollande, parce que l'industrie hollandaise ne le pratiquait pas ; il s'agit de certaines industries suisses, qui livrent à la main-d'œuvre autrichienne ou allemande, pour contribuer à la fabrication, certaines matières premières ou certains produits demi-finis, le produit fini rentrant en Suisse lorsque la contribution étrangère à la fabrication a pris fin ;

2º D'autre part, l'article 6 du règlement intérieur de la S. S. S. disposait que cette Société userait de son influence pour faire grouper, en syndicats ou en associations, les différentes industries suisses ; elle s'engageait, une fois les syndicats formés, à ne fournir qu'à eux, à l'exclusion d'autres preneurs. Les syndicats envisagés devaient grouper les industries suivantes : la métallurgie, les produits chimiques, les matières colorantes, les textiles, les denrées alimentaires. Cette formule avait l'avantage de faciliter la vérification des garanties présentées par les importateurs, les groupement spécialisés connaissant nécessairement plus particulièrement les industriels de leur compétence. Sauf circonstances exceptionnelles, les seules maisons inscrites au registre du commerce avant le 1er août 1914, pouvaient d'ailleurs faire partie des syndicats ;

3º Enfin, il était admis en principe que tous les produits figurant sur les listes de prohibition de sortie britannique, française et italienne ne pourraient être importés en Suisse que consignés à la S. S. S. La liste des produits contingentés s'est trouvée en conséquence très étendue, à la différence de celle qui figurait dans les arrangements avec le N. O. T.

L'arrangement des alliés avec la S. S. S. comportait une dérogation assez importante au principe suivant lequel les marchandises importées en Suisse sous la responsabilité de la Société et les produits fabriqués dans ce pays au moyen des matières importées ne pouvaient pas être exportés dans des pays ennemis. Cette dérogation était consentie en faveur de certaines industries qui jouaient un rôle particulièrement important dans l'activité économique de la Suisse.

Elle comportait l'autorisation d'exporter du chocolat dans la limite des quantités qui sortaient normalement avant la guerre ;

certaines catégories de soies, les montres, horloges, instruments de chirurgie ; les tissus brodés ne dépassant pas 8 kilogrammes les 100 mètres carrés avec un minimum de 15 pour 100 en poids de broderies ; les tissus de coton pesant de 6 à 13 kilogrammes selon le nombre de fils aux 5 millimètres carrés ; le lait condensé ; les cigares et les cigarettes ; divers articles de modes.

A côté de l'arrangement relatif à la S. S. S., les gouvernements alliés avaient enfin passé avec le gouvernement fédéral un accord spécial relatif à des stocks de produits alimentaires importés, constitués avant la constitution de la Société ; ces stocks, dont le total atteignit environ 38 000 tonnes, et qui étaient devenus, avant le 30 juin 1915, la propriété des gouvernements allemand et autrichien, étaient laissés à la libre disposition du gouvernement suisse pour procéder à des échanges par compensation.

En somme, dès le début du fonctionnement de la S. S. S. les arrangements passés avec les gouvernements alliés étaient beaucoup plus stricts que ceux qui etaient en vigueur à la même époque avec le N. O. T. et les moyens de contrôle obtenus par les Alliés leur donnaient des garanties infiniment supérieures.

Toutefois l'expérience, et une connaissance plus approfondie de l'utilisation de certains produits par les Empires du centre pour leurs fabrications de guerre, ont conduit ulterieurement à améliorer l'organisation initiale.

Les Alliés se sont tout d'abord efforcés de limiter le plus possible l'apport alimentaire que la production nationale suisse fournissait à l'Allemagne et à l'Autriche, notamment sous forme de bétail, de lait, de fromage, de beurre, et, en outre, par l'application même de la dérogation inscrite dans l'arrangement avec la S. S. S. au sujet du chocolat.

Par un accord du 12 mai 1917, en contre-partie de la fourniture de tourteaux, ils ont obtenu la limitation des exportations de la Suisse dans les Empires du centre, jusqu'au 15 mars 1918, pour le bétail, à 30 000 têtes, pour le lait condensé à 20 pour 100 de la production, pour le beurre et le fromage aux trois quarts de l'exportation d'avant-guerre vers ces pays.

Quant à l'exportation de chocolat dans les Empires centraux, elle a été limitée à 15 000 quintaux par an, en vertu d'un accord du 1er septembre 1917.

Des accords passés au début de 1917 ont apporté d'autre part des restrictions à certaines autorisations d'exportation vers l'Allemagne ou l'Autriche que comportait l'arrangement primitif avec la S. S. S. Ces restrictions concernaient spécialement les tissus de coton, les quantités de cuivre contenues dans les machines fabriquées en Suisse et livrées aux Empires du centre, les broderies, et la soie. L'utilité militaire de ces divers produits n'était pas contestable et il avait pu être constaté que sous le couvert de la dérogation inscrite dans le règlement de la S. S. S., et insuffisamment précisé, des quantités importantes de coton et de soie notamment avaient pu être importées en Allemagne, où la pénurie extrême de ces matières gênait sérieusement les fabrications de guerre ; or, il avait été reconnu que les tissus de coton dont l'exportation en Allemagne avait été autorisée au début avaient pu être utilisés pour la fabrication d'enveloppes de dirigeables, et que les soies pouvaient servir à la fabrication de gargousses. Les accords de 1917 ont permis de mettre fin, dans une large mesure, à ce ravitaillement des Empires centraux.

Il n'est pas douteux que la possibilité de négocier avec le gouvernement fédéral de concert avec la S. S. S. a largement contribué au succès des mesures prises par les Alliés pour arrêter le ravitaillement de l'Allemagne par la Suisse, et que pour ce motif, cette voie est assurément celle qui a pu être la mieux contrôlée.

L'un des meilleurs indices de ce succès se trouve dans les accords économiques passés entre l'Allemagne et le gouvernement fédéral, dont le premier a été signé le 2 septembre 1916, et qui en contrepartie des charbons livrés par l'Allemagne, dont la Suisse avait un besoin urgent, stipulaient sans doute la livraison de produits agricoles suisses, dans la mesure du possible, mais surtout des crédits en argent, destinés à servir de fonds de soutien au change allemand.

### C. LA GHILDE DES NÉGOCIANTS DE COPENHAGUE ET LA CHAMBRE DANOISE DES INDUSTRIELS

La Ghilde des négociants, fondée au début du dix-neuvième siècle, comprend tous les négociants en gros de Copenhague. Elle élit un Comité de dix-sept membres, représentant toutes les branches du commerce de gros. Ce Comité correspond aux Chambres de commerce, et agit comme bureau consultatif du gouvernement pour l'étude de toutes les questions concernant le commerce de gros. La corporation est propriétaire de la Bourse de Copenhague, et jouit d'une autorité et d'une influence considérables.

La Chambre danoise des industriels est un syndicat d'associations d'industriels de diverses catégories, telles que l'association de l'Industrie textile, celle du fer et de l'acier, celle des huiles, etc.

Des arrangements inspirés de ceux qui étaient intervenus avec le N. O. T. ou la S. S. S. ont été passés avec la Ghilde des négociants et la Chambre des industriels.

Le premier, négocié par le gouvernement britannique, est du 19 novembre 1915. Le gouvernement français en a négocié un semblable le 17 mars 1916.

Ces conventions, comme celle qui a été passée avec le N. O. T. à la même époque, ne comportent pas d'accord avec le gouvernement danois, à la différence de ce qui s'est passé, ainsi qu'il a été montré plus haut, lorsque est intervenu un arrangement avec la S. S. S. et le gouvernement fédéral.

Elles comportent d'autre part, certaines dispositions qui ne se trouvent pas dans les arrangements avec le N. O. T. et la S. S. S., et qui tiennent à la situation spéciale dans laquelle se trouvait le Danemark.

La première de ces dispositions avait pour objet de ne pas entraver le rôle d'intermédiaire que le Danemark jouait dans le commerce de la Suède et de la Norvège avec les pays d'outre-mer, et de profiter même de cette situation particulière pour obtenir indirectement des garanties de non-réexportation hors de ces pays chez lesquels des trusts d'importation n'avaient pas pu être constitués.

Il avait donc été stipulé que certaines marchandises telles que le café, le cacao, le fer, l'acier, les machines, les fruits frais et secs, le thé, le tabac, le vin, les bois de luxe, les graines fourragères, les biscuits et macaronis, etc., pourraient, dans la limite de contingents fixés à l'avance, être réexportés sur la Suède et la Norvège, dans l'état même où ils auraient été importés, et pourvu que l'acheteur suédois ou norvégien produisît une garantie semblable à celle donnée par l'importateur danois.

De même pour les marchandises destinées aux succursales, en Suède et en Norvège, de maisons danoises, nommément désignées, et pour les articles fabriqués avec des matières premières importées, sous la réserve que ces produits fabriqués ne figureraient sur aucune liste de contrebande de guerre, que les éléments constitutifs n'en pourraient pas être rétablis et que la garantie prescrite aurait été fournie par l'acheteur suédois ou norvégien.

D'autre part, certains produits manufacturés (eaux-de-vie, porcelaines, faïences, jouets, encre d'imprimerie, colorants pour fromages et certaines machines), fabriqués avec des matières premières importées en vue de la réexportation, pouvaient être exportés même à destination des puissances centrales. Toutefois la matière première importée ne devait ni avoir une valeur supérieure à 20 pour 100 de celle des produits manufacturés, ni figurer sur les listes de contrebande de guerre, les éléments constitutifs du produit exporté ne devaient pas pouvoir être rétablis, et les exportations autorisées ne devaient pas dépasser la moyenne des exportations d'avant-guerre.

Enfin divers produits (bière, allumettes, articles en cuir obtenus avec des peaux danoises, malt, café, chocolat de fabrication danoise, thé, fruits frais et secs, objets pour l'habillement des femmes et des enfants, dans lesquels le coton, le caoutchouc et la laine ne constitueraient pas l'élément dominant, les horloges et les montres ordinaires) pouvaient être exportés, même à destination des pays ennemis, en échange de certains autres produits que le Danemark ne pouvait se procurer que dans les Empires du centre.

Restaient en dehors de l'arrangement principal, le charbon et le coke britannique, le coton, le pétrole, le fer-blanc et les tôles, les pneumatiques et chambres à air pour automobiles, l'or, l'argent et les matières destinées à la fabrication du papier-monnaie qui devaient faire l'objet d'arrangements ou de réglementation distincts.

Il était formellement stipulé que l'importation des produits auxquels les gouvernements alliés attacheraient une importance particulière serait limitée aux besoins de la consommation intérieure danoise.

Dès avant l'arrangement du 19 novembre 1915 ou peu de temps après, des dispositions ont été prises en ce sens en ce qui concerne certains produits importants, tels que le cacao, le cuivre, les huiles et graisses animales et végétales, les graines oléagineuses, le liège, le chanvre et le jute, le caoutchouc, la laine, les peaux, la térébenthine, la résine, les matières tannantes, l'étain, le nickel, l'antimoine, les alliages ferro-métalliques, l'orge, le malt, le houblon, le café, le thé, les fruits frais et secs.

La préoccupation du gouvernement britannique, en négociant des contingents pour ces produits, a été, d'une part, de limiter les importations aux quantités consommées en Danemark avant la guerre, d'autre part, de ne pas libérer, pour l'exportation vers l'Allemagne, la production nationale danoise, notamment en ce qui concerne le beurre, les peaux, la viande, et par contre, d'assurer la reprise des exportations de certains de ces produits, et notamment du beurre et du bacon vers la Grande-Bretagne, dans les mêmes conditions qu'avant les hostilités.

Il avait pu être constaté en effet, dans le courant de 1915, que les importations avaient dépassé de beaucoup la consommation normale d'avant-guerre.

En voici quelques exemples :

| PRODUITS | IMPORTATIONS | | POURCENTAGE |
| --- | --- | --- | --- |
| | destinées à la consommation intérieure. Moyenne annuelle d'avant-guerre. | de 1915. | |
| | 1 000 tonnes. | 1 000 tonnes. | |
| Fourrages............ | 914 | 1 345 | 146 |
| Graisses animales... | 2 | 8 | 400 |
| Margarine........... | 4,5 | 7 | 155 |
| Graines oléagineuses. | 95 | 213 | 223 |
| Huiles végétales.... | 7 | 12 | 171 |
| Cacao ............. | 2, 7 | 21 | 777 |
| Café.............. | 20 | 38 | 190 |
| Coton ............. | 6 | 22 | 356 |
| Cuivre............ | 2 | 3,2 | 160 |

On voit que le besoin de rationnement se faisait sentir.

Les négociations avec les associations au début de 1916 ont

conduit cependant à la fixation de contingents notablement plus élevés que ceux qui auraient résulté de l'application stricte des statistiques d'avant-guerre. Le motif en est sans doute que pour aboutir à une entente, qui paraissait désirable en raison des garanties que les Alliés espéraient obtenir, il a fallu accorder une prime aux engagements pris par les associations ; dans certains cas toutefois, les majorations sont dues à des besoins qui ont pu être justifiés avec précision.

Quoi qu'il en soit, le tableau suivant montre comment les premiers contingents applicables au trimestre janvier-mars 1916, ont dû être fixés, dans bien des cas, au-dessus des besoins de la consommation intérieure, tels qu'ils résultaient des statistiques d'avant-guerre ; on a mis en regard les contingents arrêtés en 1918 par accord entre le War Trade Board américain et les associations danoises :

| PRODUITS | IMPORTATIONS pour la consommation intérieure ; moyenne trimestrielle d'avant-guerre (1911-13). | CONTINGENTS | |
| --- | --- | --- | --- |
| | | fixé pour le 1er trimestre 1916. | fixés en 1918. |
| | Tonnes. | Tonnes. | Tonnes. |
| Cacao | 682 | 1 000 | 500 |
| Cuivre (1) | 1 089 | 1 500 | 875 |
| Liège | 656 | 900 | 300 |
| Graphite | 81 | 120 | 25 |
| Chanvre | 925 | 1 500 | 750 |
| Jute | 276 | 300 | 105 |
| Nitrate de soude (2) | 35 000 | 33 000 | 33 000 |
| Caoutchouc | 350 | 350 | 195 |
| Peaux | 1 000 | 1 200 | 750 |
| Cuirs | 346 | 360 | 320 |
| Matières tannantes | 1 630 | 1 500 | 1 500 |
| Étain | 109 | 160 | » |
| Cire de paraffines | 96 | 200 | » |
| Résine | 387 | 500 | » |
| Nickel | 2 | 6 | 3,5 |
| Antimoine | 8 | 12 | 6,5 |
| Ferro-alliages | 32 | 53 | » |
| Malt | 750 | 750 | » |

(1) Y compris les alliages de cuivre.
(2) Année entière.

| PRODUITS | IMPORTATIONS pour la consommation intérieure; moyenne trimestrielle d'avant-guerre (1911-13). | CONTINGENTS | |
| --- | --- | --- | --- |
| | | fixé pour le 1er trimestro 1916. | fixés en 1913. |
| | Tonnes. | Tonnes. | Tonnes. |
| Café ........................ | 5 125 | 5 000 | 4 000 |
| Fruits frais................. | 2 400 | 3 500 | 750 |
| Fruits secs................. | 1 750 | 2 100 | 750 |
| Huiles, graines et fruits oléagineux d'après leur teneur en huile ...................... | 12 684 | 18 000 | 1 500 (1) |

On voit quelles importantes réductions dans les contingents primitifs l'expérience a conduit à réaliser, à l'initiative des États-Unis, lorsqu'ils ont été partie aux mesures prises pour resserrer le blocus de l'Allemagne.

Il était d'autant plus important d'imposer au Danemark une fixation serrée des contingents d'importation d'outre-mer que l'Allemagne exerçait sur les producteurs danois de denrées alimentaires et sur le gouvernement danois lui-même une pression extraordinaire pour se ravitailler.

Les efforts du gouvernement britannique ont tendu constamment pour ce motif à réclamer, en échange des facilités qui étaient données aux associations, l'expédition en Angleterre de beurre et de lard dans la même proportion qu'avant la guerre.

Malgré tout, le Danemark a fourni à l'Allemagne, en 1916, au moins 560 000 tonnes de produits alimentaires, sans compter plus de 10 000 chevaux (chiffres des statistiques officielles), soit la moitié environ de ce qu'a fourni la Hollande, ou la nourriture de la population entière de l'Allemagne pour une dizaine de jours, ce qui porte la contribution de ces deux pays aux besoins de l'Allemagne en produits alimentaires à plus d'un mois pour la population entière.

Les expéditions de bétail vers les Empires du centre ont continué à être considérables en 1917, en raison de la réduction des importations de fourrage imposée par les Alliés, et des difficultés que les agriculteurs danois trouvaient à nourrir leurs troupeaux avec la seule production indigène. Mais il avait paru aux Alliés qu'il valait

(1) Huile de lin.

mieux laisser l'Allemagne profiter de l'importation d'un stock important d'animaux qui serait effectué dans un temps limité et absorbé de même, et qui ne pourrait pas se renouveler, le troupeau ne pouvant pas être entretenu à son effectif antérieur.

Cette politique a d'ailleurs produit son effet dès la fin du premier trimestre de 1917. Le recensement des porcs montre une réduction considérable du troupeau.

| | |
|---|---|
| Juillet 1914 | 2 496 706 |
| Mai 1915 | 1 918 627 |
| Février 1917 | 1 980 727 |
| Juillet 1917 | 1 650 623 |

Ce qui prouve bien que cette réduction est déterminée par le manque de fourrages, c'est que le nombre des truies a diminué de 51 pour 100, de 1914 à 1917, et celui des verrats de 29 pour 100, alors que la diminution des porcs engraissés n'atteint que 25 pour 100. C'est donc les reproducteurs qui sont frappés. Concurremment, l'exportation des porcs en Allemagne a passé de 7 000 tonnes en 1916 et pendant les trois premiers mois de 1917 à 4 800 tonnes ; celle de la graisse a passé de 6 000 tonnes à 4 000.

Le rationnement produit son effet également en ce qui concerne le beurre. La réduction des importations d'arachides et d'huiles diminue les disponibilités du pays en margarine, le marché indigène se trouve privé de graisse de porc, et la population doit se rabattre sur le beurre, d'où une réduction des exportations mensuelles en Allemagne de 4 000 tonnes en 1916 et les premiers mois de 1917 à 3 200 tonnes environ. Au total la diminution des exportations en Allemagne par rapport à 1916 s'élève approximativement à 35 pour 100.

Le concours des États-Unis après leur entrée en guerre et l'intervention du War Trade Board ont singulièrement contribué à améliorer la situation.

Il est remarquable que cette intervention a permis d'obtenir le concours officiel du gouvernement danois à l'exécution des arrangements pris avec les associations de négociants et industriels.

Il est vrai que l'accord avec le gouvernement danois date du 18 septembre 1918, et par conséquent d'une époque où l'Allemagne était déjà pratiquement vaincue. Mais outre que l'embargo mis en août 1917 sur les importations des neutres du Nord avait dès longtemps produit son effet, il est intéressant d'analyser sommairement l'accord de 1918, parce qu'il marque le dernier stade, et avec celui qui a été conclu avec la Suède, le plus perfectionné, des dispositions prises pour resserrer le blocus économique, en précisant ou développant les mesures adoptées progressivement par la France et la Grande-Bretagne au cours des années précédentes pour limiter les importations d'outre-mer en Danemark sous la garantie des Associations danoises, et pour obtenir la limitation des exportations en Allemagne des produits de l'élevage ou de l'agriculture nationale, par des interventions directes ou indirectes auprès du gouvernement.

Trois arrangements simultanés ont donc été passés le 18 septembre 1918; l'un avec les associations danoises, analogue à ceux de 1915 et de 1916 avec la Grande-Bretagne et la France, tendant à rationner les importations d'outre-mer dans les conditions qui ont été mentionnées plus haut, dans le tableau de comparaison avec les contingents arrêtés au début de 1916; le second avec le Comité spécial maritime danois, relatif à l'affrétement de tonnage pour 285 000 tonnes deadweight aux États-Unis et pour 200 000 tonnes à la Grande-Bretagne, afin de combler les vides causés par la guerre sous-marine dans la flotte marchande des Alliés; le troisième enfin, avec le gouvernement danois, limitant le montant des exportations de produits du sol danois en Allemagne, et garantissant que, sauf pour les quantités autorisées, les prohibitions d'exportation resteraient effectives.

Le tableau suivant compare les contingents d'exportation en Allemagne, autorisés par l'arrangement, avec les exportations effectives de 1916.

| PRODUITS ALIMENTAIRES | CONTINGENTS ANNUELS accord-dano-américain 1918 | EXPORTATIONS de Danemark en Allemagne en 1916. |
|---|---|---|
| | Tonnes. | Tonnes. |
| Beurre, lard, œufs, lait et fromage. | 24 200 | 169 700 |
| Poissons........................ ... | 25 000 | 103 700 |
| Bétail ou équivalent en viande...... | 73 000 | 210 000 |
| Chevaux (têtes)................... | 30 000 | » |
| Bière (hectolitres)................ | 37 000 | 26 000 |
| Choux ......................... | 15 000 | 18 000 |
| Légumes secs.................... | 1 000 | » |

On voit que pour les produits les plus importants la réduction obtenue est considérable. Il était d'ailleurs stipulé que sur l'excédent exportable de la production la Suède, la Norvège et la Grande-Bretagne devaient d'abord être servies jusqu'à concurrence d'une proportion variable selon les produits.

L'exportation en Allemagne de tous autres produits alimentaires était rigoureusement interdite.

En dehors des produits alimentaires énumérés ci-dessus, des contingents d'exportations autorisées en Allemagne étaient également fixés pour diverses matières premières et pour des machines agricoles, ainsi que pour des peaux lourdes, dans la limite du nombre de têtes de bétail correspondant aux quantités de viande exportée conformément aux autorisations données.

Les autorisations données étaient évidemment dans une certaine mesure la contre-partie de l'accord sur le tonnage.

Il n'en reste pas moins que les accords avec les États-Unis représentaient dans leur ensemble une amélioration considérable sur les premiers passés au début avec la France et l'Angleterre et qu'ils marquent un degré de perfectionnement élevé dans l'emploi de l'arme économique.

### D. LES ACCORDS AVEC LA NORVÈGE

La politique suivie vis-à-vis de la Norvège comporte des différences notables avec celle qui a été pratiquée vis-à-vis de la Hollande, de la Suisse et du Danemark.

On a vu précédemment que dans chacun de ces pays une société privée d'importateurs (ou deux dans le cas du Danemark) a passé un arrangement avec les gouvernements alliés, et que, dans le seul cas de la Suisse, le gouvernement neutre a été partie à l'arrangement dès l'origine.

En Norvège, il n'a pas été constitué de grand trust d'importation.

Dans le courant de 1915, des accords ont été passés avec la plupart des compagnies de navigation norvégienne, tendant à empêcher que ces dernières ne transportent des marchandises suspectes de destination ennemie.

Puis en 1916, divers accords ont été passés avec des associations, assez nombreuses, de marchands, d'importateurs ou d'industriels, et le gouvernement norvégien est intervenu pour approuver ces accords et pour assurer le contrôle de leur exécution.

Un arrangement spécial est intervenu avec la Commission norvégienne de ravitaillement.

Enfin deux accords ont été passés avec le gouvernement norvégien lui-même, l'un au sujet du jute, et des emballages de tissus, l'autre au sujet du cuivre.

1. *Accords avec les Compagnies de navigation.* — Ces accords consistaient essentiellement dans la garantie inscrite sur le connaissement que la marchandise transportée serait consommée dans le pays de destination et ne serait pas réexportée. Les consignataires devaient s'engager à payer le double de la valeur de la marchandise si les marchandises étaient exportées de Norvège.

2. *Accords avec les associations.* — Quatorze accords ont été passés avec les fabricants de margarine et les importateurs d'huiles lubrifiantes.

D'autres intéressaient la fabrication de l'acide sulfurique, les fabricants de conserves, les importateurs de pneumatiques, les tanneurs, l'industrie textile du coton, les importateurs de produits alimentaires divers, les fabricants de chocolat, l'industrie du liège, l'industrie de la pâte à papier.

Sauf l'accord relatif au coton, signé le 31 août 1915, ces arrangements n'ont été appliqués que dans le courant de 1916, assez longtemps même en général avant leur ratification officielle, qui a été retardée fréquemment pour des motifs de politique générale.

Dans l'ensemble, les associations agissent comme consignataires des produits importés de leur compétence. Des contingents sont fixés pour les divers produits qui peuvent être importés en Norvège, soit par l'intermédiaire des associations soit par le gouvernement norvégien ou des particuliers ; ces contingents sont fixés en fonction des besoins de la consommation intérieure. Les importateurs doivent s'engager à ce que les articles importés soient consommés exclusivement en Norvège et à prendre à cet effet les dispositions nécessaires vis-à-vis de leurs acheteurs, notamment en exigeant d'eux la signature d'une déclaration identique à celle qu'ils auront fournie eux-mêmes à l'Association. Les maisons suspectes, que la suspicion ait été signalée par les gouvernements alliés, ou qu'elle résulte de constatations opérées par l'Association elle-même, doivent être exclues du bénéfice de l'accord.

Le gouvernement norvégien garantit de son côté qu'aucune dérogation aux prohibitions de sortie édictées en Norvège ne sera donnée pour les produits et denrées couverts par l'accord, à moins que cette dérogation ne soit recommandée par l'Association qui ne pourra le faire sans un consentement écrit de la Légation britannique à Christiana.

Des relevés trimestriels des produits importés devront être communiqués aux gouvernements alliés.

3. *L'arrangement du 7 novembre* 1916 *avec la Commission de ravitaillement* avait pour objet de donner à cette dernière les facilités accordées aux associations spécialisées dans l'importation des produits alimentaires, avec lesquelles elle devait s'entendre pour la répartition du contingent. Des garanties semblables à celles qui étaient réclamées des Associations étaient fournies par la Commission qui s'engageait à obtenir du gouvernement norvégien l'approbation de l'accord dans les mêmes conditions que pour les arrangements avec les Associations.

4. *L'arrangement relatif au cuivre* (du 31 août 1916) stipulait que le gouvernement norvégien interdirait l'exportation du cuivre, du minerai de cuivre, des pyrites, et du minerai de fer contenant du cuivre, sous certaines conditions.

Des dérogations pouvaient être accordées : en ce qui concerne les exportations de cuivre vers les Empires du centre pourvu que des articles en cuivre ou en contenant la même quantité (sauf une tolérance de 5 pour 100) soient réimportés du pays de destination en Norvège dans le délai de deux mois ; en ce qui concerne les exportations de cuivre vers la Suède, le Danemark et la Hollande, dans la limite des besoins intérieurs de ces nations ; en ce qui concerne les exportations de pyrites en Suède et Danemark, dans la limite de 110 000 et 20 000 tonnes par an respectivement (moyenne des années 1912-1915).

De son côté le gouvernement britannique s'engageait à laisser entrer en Norvège, en échange de cuivre exporté de Norvège, 8 000 tonnes par an de cuivre ou d'articles en cuivre destinés à la consommation intérieure.

5. *L'arrangement relatif au jute brut*, aux articles de jute et aux emballages en jute ou autres produits textiles avait pour objet d'interdire l'utilisation d'emballages en jute ou en coton pour les exportations vers les Empires du centre, si ces emballages ne provenaient pas des pays destinataires des produits exportés.

6. *Un arrangement relatif à la limitation des exportations de poisson* en Allemagne et à des achats correspondants par l'Angleterre (18 août 1916) sera analysé plus loin dans le paragraphe relatif à la politique des achats dans les pays neutres.

Les arrangements qui viennent d'être résumés répondaient à une nécessité urgente pour le succès du blocus économique. S'il n'y avait pas été paré, la Norvège pouvait devenir, en effet, une source importante de ravitaillement pour l'Allemagne, soit à titre de transitaire, soit en lui fournissant l'excédent de sa production nationale.

Il est remarquable en effet, si on compare les exportations de Norvège en Allemagne au cours de chacune des années 1913 et 1915 que la part de l'Allemagne dans les exportations totales de Norvège a passé :

```
Pour les produits alimentaires de..............  1/6 à 1/3
Pour les matières grasses de..................  1/3 à 2/3
Pour les matières minérales brutes de........  1/4 à 1/3
Pour les métaux bruts et demi-façonnés de....  1/3 à 1/2
Pour les produits chimiques de..............  1/5 à 1/4
```

Le tableau ci-après indique les quantités exportées en Allemagne pour les principaux articles, tant en 1915 qu'en 1916 :

EXPORTATIONS DE NORVÈGE EN ALLEMAGNE

| PRODUITS | MILLIERS DE TONNES | |
|---|---|---|
| | 1915 | 1916 |
| Poissons | 146 000 | 181 000 |
| Autres produits alimentaires | 800 | 900 |
| Matières grasses | 16 000 | 3 700 |
| Peaux | 300 | 1 900 |
| Guano et farine d'os | 23 700 | 12 500 |
| Colle résineuse | 1 200 | » |
| Cellulose | 2 350 | » |
| Minerai de fer et briquettes de minerai de fer | 123 000 | 152 000 |

|  | MILLIERS DE TONNES | |
|---|---|---|
| PRODUITS | 1915 | 1916 |
| Pyrites contenant du cuivre............. | 211 000 | 84 000 |
| Minerai de molybdène................... | 20 | 53 |
| Nitrate de chaux....................... | 19 000 | 19 800 |
| Cyanamide............................. | 5 314 | » |
| Ferro-silisium........................ | 3 290 | 9 000 |
| Carbure de calcium.................... | 19 836 | 30 000 |
| Nitrite de soude...................... | 4 852 | 3 000 |
| Nitrate d'ammoniaque.................. | 4 495 | 500 |
| Fer brut............................. | 10 510 | |
| Ferro-chrome ........................ | 25 | 11 |
| Cuivre raffiné....................... | 1 823 | 1 200 |
| Zinc fin............................. | 16 083 | 6 700 |
| Nickel .............................. | 727 | 721 |

On voit qu'en 1916 encore, s'il y a une forte diminution sur les matières grasses, le guano, les pyrites, le cuivre raffiné, le zinc fin, et s'il y a arrêt complet en ce qui concerne la colle, la cellulose, la cyanamide et le fer brut, l'augmentation des exportations vers l'Allemagne est considérable. pour le poisson, les peaux, le minerai de fer, le minerai de molybdène, le ferro-silicium, et le carbure de calcium.

C'est que les accords n'ont été conclus que dans le courant de 1916. Ils ont d'ailleurs commencé immédiatement à produire leur effet, visible dans les statistiques ci-dessus pour les pyrites de cuivre, moins visible pour le poisson puisque le chiffre de 1916, 181 000 tonnes, est supérieur de 50 000 tonnes à celui de 1915 ; mais il convient de remarquer que les trois quarts des exportations de poisson de 1916 ont eu lieu dans la période janvier-août, et par conséquent avant la conclusion de l'accord du mois d'août 1916.

Les résultats ont été beaucoup plus sensibles en 1917, pour les produits visés par les accords, comme le montre le tableau suivant qui compare les exportations en Allemagne du premier semestre 1917 avec les exportations moyennes de six mois en 1916 :

|  | EXPORTATIONS EN ALLEMAGNE | |
|---|---|---|
| PRODUITS | Six mois 1916. | 1er semestre 1917. |
|  | Tonnes. | Tonnes. |
| Poisson...................... | 90 000 | 61 000 |
| Peaux ....................... | 954 | 128 |
| Pyrites ..................... | 42 000 | 4 100 |

| PRODUITS | EXPORTATIONS EN ALLEMAGNE | |
| --- | --- | --- |
| | Six mois 1916. | 1er semestre 1917. |
| | Tonnes. | Tonnes. |
| Cuivre | 600 | 10 |
| Huile de poisson | 7 000 | 800 |
| Nitrite de soude | 1 500 | 300 |
| Nitrate d'ammoniaque | 250 | 0,1 |
| Nitrate de chaux | 9 900 | 8 366 |

Il en est naturellement autrement pour les produits extraits ou fabriqués sous le contrôle de l'Allemagne :

| PRODUITS | EXPORTATIONS EN ALLEMAGNE | |
| --- | --- | --- |
| | Six mois 1916. | 1er semestre 1917. |
| | Tonnes. | Tonnes. |
| Minerai de fer | 76 226 | 78 855 |
| Carbure de calcium | 14 911 | 14 670 |
| Ferro-silicium | 4 498 | 5 816 |
| Nickel | 360 | 303 |
| Minerai de molybdène | 26 | 95 |
| Minerai de chrome | » | 43 |
| Mica | » | 7 |

A la suite de l'entrée en guerre des États-Unis et de l'embargo général sur les importations des Pays du Nord qui fut décidé au milieu de 1917 pour obtenir un resserrement du blocus, une réduction nouvelle des exportations de Norvège en Allemagne put être obtenue ; toutefois l'accord définitif ne fut signé que le 30 avril 1918, après des négociations difficiles.

Le gouvernement norvégien, en échange de l'importation des produits nécessaires à sa consommation intérieure, conformément à des contingents déterminés, s'engageait d'une part à interdire absolument l'exportation aux puissances centrales des animaux, de l'antimoine, du bismuth, du mica, des petits métaux, des pyrites et des nitrates (sauf 8 000 tonnes de nitrate de chaux de Norvège), d'autre part à limiter l'exportation d'un certain nombre de produits dont ci-après les principaux.

| | TONNES |
| --- | --- |
| Poisson | 48 000 |
| Carbure de calcium | 10 000 |

|                      | TONNES       |
| -------------------- | ------------ |
| Nitrate de chaux     | 8 000        |
| Ferro-silicium       | 2 000        |
| Minerai de fer       | 40 000 (1)   |
| Zinc                 | 1 000 (1)    |
| Aluminium            | 40           |
| Cuivre               | 200 (2)      |

Il était stipulé que l'accord passé entre les gouvernements des États-Unis et de la Norvège pourrait être combiné avec le système d'arrangements passés entre les gouvernements britannique ou français et les associations norvégiennes, décrit plus haut, dont la plus grande partie avait été dénoncée dans l'intervalle en vue de permettre la conclusion de nouvelles dispositions tenant compte des clauses de l'accord américano-norvégien.

## II

### LES ACCORDS PARTICULIERS POUR RESTREINDRE LES APPROVISIONNEMENTS DES NEUTRES A LEURS BESOINS RÉELS

Les mesures prises par les Alliés pour empêcher les neutres limitrophes de l'Allemagne de ravitailler cette puissance et restreindre leurs importations aux besoins de leur consommation intérieure ont été exposées plus haut en ce qui concerne la Hollande, la Suisse, le Danemark et la Norvège.

La méthode adoptée consistait à centraliser les importations entre les mains d'une Société ou de plusieurs Associations privées qui garantissaient la consommation sur place.

Cette procédure n'a pu, jusqu'à une époque qui n'a précédé que de peu de mois la fin de la guerre (mai 1918), être appliquée aux importations en Suède, le gouvernement de ce pays ayant constamment invoqué sa neutralité pour refuser à des associations privées conçues sur le type du N. O. T. ou de la Ghilde des mar-

---

(1) Sauf autorisation à titre de compensation pour les produits en fer et en zinc livrés par les Puissances Centrales, d'augmenter les exportations de minerai de fer ou de zinc norvégien pour un montant équivalent jusqu'à concurrence des quantités réalisées en 1917.

(2) A titre de compensation pour une importation équivalente d'Allemagne.

chands, le droit de prendre des engagements envers les gouvernements alliés.

Il a donc fallu recourir à d'autres moyens.

D'autre part, jusqu'à l'entrée en guerre des États-Unis, la surveillance du commerce entre cette dernière puissance et les neutres d'Europe risquait de soulever des questions difficiles.

Enfin, pour certains produits particulièrement importants, et notamment pour le pétrole, il a paru aux gouvernements alliés, même en ce qui concernait les importations dans les pays où des associations d'importateurs avaient été constituées, préférable de recourir à une autre procédure que la consignation pure et simple à ces associations, ou de combiner cette procédure spéciale avec la consignation.

C'est dans ces conditions que des accords particuliers ont été passés avec un certain nombre de compagnies importantes, et que le système des lettres d'assurances a été créé.

L'un des principaux accords est celui du 29 décembre 1915, passé entre le gouvernement britannique et la Danske Petroleums Aktieselskab, qui agissait tant en son nom propre qu'en celui de compagnies affiliées du Danemark, de Norvège et de Suède.

La Compagnie s'engageait à se soumettre à toutes les mesures de contrôle qu'exigerait le gouvernement britannique, et à prendre les dispositions nécessaires pour que le pétrole importé par elle en Scandinavie ne parvint pas aux Empires du centre. Elle devait à cet égard obtenir de ses acheteurs des engagements de non-réexportation comportant une sanction en cas de non-observation. Le contrat stipulait une limite aux stocks à constituer par la Compagnie, et aux importations annuelles dans chacun des trois pays scandinaves.

Des arrangements analogues ont été conclus à la même époque avec une série de sociétés importatrices de pétrole ou de produits dérivés en Scandinavie.

Les mêmes principes ont présidé à la rédaction d'un accord du 3 août 1916, avec la maison Bloch et Behrens de Gothenburg, relatif aux importations de laines de l'Amérique du Sud en Scandinavie, à la conclusion des arrangements du 3 août 1916 avec la Corn Products Refining Cy pour l'huile de blé, du 28 août 1916 avec l'International Harvester Corporation pour les machines agricoles, les liens et fibres d'agave, du 13 avril 1916 avec les grands fabricants de conserves de viande de Chicago.

Des arrangements d'un ordre un peu différent ont été d'autre part conclus dès le début de la guerre avec diverses maisons des États-Unis : celui du 29 mars 1915 avec près de sept cents industriels traitant le caoutchouc qui s'engageaient à n'exporter le caoutchouc brut ou les produits manufacturés en caoutchouc qu'en Grande-Bretagne, France et Russie, et à prendre des mesures pour que leurs acheteurs n'exportent pas à destination des Empires du centre ; celui du 5 février 1916 avec la Textile alliance qui, en contre-partie de l'autorisation donnée par la Grande-Bretagne d'importer aux États-Unis les laines d'Australie, contractait l'obligation d'empêcher l'exportation des produits importés ; celui du 29 juin 1915, relatif à l'étain, qui n'autorisait l'importation de ce métal de l'Empire britannique aux États-Unis que moyennant l'engagement de ne pas réexporter et de se soumettre au contrôle de l'Ambassade britannique ; ceux du 29 juillet 1915 relatifs au plomb de Ceylan, du 15 décembre 1915, relatifs aux peaux importées des possessions de l'Empire britannique, du 19 février 1916, relatifs à l'antimoine, ceux relatifs aux métaux, aux matières tannantes, au mica, conçus dans des termes analogues ; l'accord de janvier 1915 avec les producteurs de cuivre qui s'engageaient à n'exporter dans les pays scandinaves que pour la consommation intérieure, à des maisons agréées par le gouvernement britannique.

Ces divers arrangements ont été signés par plusieurs milliers de maisons américaines.

D'autre part, le gouvernement britannique a organisé pour les exportations des États-Unis à destination des puissances neutres d'Europe, le système des lettres d'assurances, qui facilitaient le passage des marchandises à travers la croisière et qui n'étaient délivrées que lorsque le gouvernement britannique considérait que la destination qui lui était soumise n'était pas suspecte. Les compagnies de navigation, pour ne pas voir leurs cargos détenus trop longtemps pour une visite détaillée, avaient intérêt à n'accepter les marchandises que si elles étaient accompagnées de lettres d'assurance, ce qui plaçait pratiquement presque tout le commerce d'exportation des États-Unis sous le contrôle des agents britanniques, au point de vue de la destination finale.

Les gouvernements alliés se sont efforcés, par les moyens qui viennent d'être décrits, de limiter au minimum les difficultés que le contrôle des croisières risquait de créer dans leurs relations avec le gouvernement américain avant son entrée en guerre, et à réduire l'importance des fissures que comportait l'organisation de contrôle créée dans les pays neutres destinataires des importations d'outre-mer.

### III

#### LE RAVITAILLEMENT DE L'ALLEMAGNE PAR LA SUÈDE

On a vu plus haut qu'il avait été impossible d'organiser en Suède une procédure de contrôle analogue à celle qui a fonctionné dans les autres pays neutres limitrophes de l'Allemagne, le gouvernement suédois s'y étant opposé presque jusqu'à la fin de la guerre.

Les gouvernements alliés ont donc dû d'abord se contenter d'assurances générales données par le gouvernement suédois de ne pas autoriser l'exportation de Suède des marchandises que les Alliés y laisseraient parvenir, et, d'une façon précise, de la promesse contenue dans les engagements du 6 octobre 1916, de ne pas laisser exporter les céréales importées par la Commission royale de ravitaillement, dans celui du 8 août 1916 de ne pas autoriser la sortie des lubrifiants et dans celui du 9 août 1916, relatif au coton qui comportait la même obligation.

Ils ont surtout agi par des mesures indirectes comme les accords particuliers dont il a été question plus haut et le système des lettres d'assurance.

A la vérité, les dispositions prises ont suffi pour limiter au minimum le rôle que la Suède a pu jouer dans le ravitaillement de l'Allemagne, soit à titre de transitaire des produits importés d'outre-mer, soit par l'exportation de sa production nationale en produits alimentaires.

Si, en effet, au début de la guerre, jusqu'au milieu de 1915, la Suède a pu fournir à l'Allemagne des quantités notables de céréales fourragères (environ 100 000 tonnes si on calcule d'après l'excé-

dent des importations sur les besoins de la consommation normale),
de cacao (environ 4 000 tonnes), de café (environ 30 000 tonnes),
de coton (environ 105 000 tonnes), de peaux (environ 5 500 tonnes),
de cuivre (environ 3 000 tonnes), de ferro-alliages (2 000 tonnes),
et de nickel (70 tonnes), une grande partie des excédents obtenus
pendant cette période a disparu ultérieurement par suite des
mesures prises par les Alliés.

La contribution de la Suède en produits alimentaires de son sol
n'a d'autre part jamais pu être très importante.

Les Alliés cependant, tirant de Suède quelques produits assez
importants pour leurs fabrications de guerre (tôle et roulements
à bille), et considérant surtout comme essentiel de conserver cette
voie de transit avec la Russie, malgré les obstacles de toute nature
qui ont été constamment opposés à son utilisation, il est facile
de comprendre que, pendant longtemps, ils aient hésité à resserrer
de ce côté leur effort de blocus.

La situation toutefois est apparue différente au commencement
de 1917.

Les renseignements recueillis sur l'état de l'industrie du fer,
de la fonte et de l'acier en Allemagne ont permis à ce moment
d'apprécier l'importance que revêtait la fourniture à l'Allemagne
du minerai de fer suédois.

Au début des hostilités, cette fourniture pouvait paraître n'avoir
qu'une importance relative parce que la production intérieure
allemande devait suffire largement aux besoins des industries de
guerre, quoiqu'elle fût limitée à 70 ou 75 pour 100 de la normale.

Mais au cours de la troisième année de guerre, l'importance de
la contribution suédoise est apparue clairement.

La sidérurgie allemande, privée d'une part des importations
de manganèse, ne trouvant d'autre part dans les mines nationales
que difficilement du minerai non phosphoreux ou n'en trouvant
qu'à faible teneur en fer, s'est trouvée avoir de plus en plus besoin
de minerai suédois riche en fer, pur de phosphore et de silice.

L'importation qui, avant la guerre, était en moyenne de 4 millions de tonnes par an, et qui, par une diminution de la production de fonte d'environ 30 pour 100, n'aurait plus dû normalement être que de 2 800 000 tonnes, a atteint 3 700 000 tonnes
en 1914, 4 414 000 tonnes en 1915, 4 249 000 tonnes en 1916,

et 5 200 000 tonnes en 1917. Elle a donc augmenté brusquement d'un million de tonnes au cours de la troisième année de guerre.

L'apport suédois correspondait pratiquement à ce moment à 50 pour 100 de la production totale de l'acier en Allemagne et à 100 pour 100 de sa production de bon acier.

Il était donc évident que l'arrêt des exportations de minerai de Suède en Allemagne, surtout en ce qui concerne le minerai à basse teneur de phosphore (au-dessous de 0,02 pour 100) aurait pu créer aux industries de guerre des Empires centraux des difficultés à peu près insurmontables.

Les gouvernements alliés se sont rendu compte nettement de cette situation dès le mois de juin 1917.

Depuis l'entrée en guerre des États-Unis, ils disposaient d'un moyen de pression très sérieux sur la Suède, qui ne pouvait se passer des huiles minérales importées d'Amérique (167 000 tonnes en 1916, correspondant approximativement aux besoins normaux).

Ce moyen de pression pouvait d'autant plus facilement être utilisé en 1917, qu'au cours des huit premiers mois la Suède n'avait pu importer que 39 000 tonnes, contre 109 000 en période normale, que les stocks devaient être par conséquent très bas et que la menace d'une cessation complète des expéditions d'Amérique ne pouvait qu'avoir un effet considérable.

Les négociations toutefois ont été extrêmement longues ; leur conclusion a été précédée par la signature, le 29 janvier 1918, d'un *modus vivendi*, mettant à la disposition des Alliés 10 000 tonnes de navires et accordant à la Suède, par dérogation à l'embargo prononcé en octobre 1917, 25 000 tonnes de phosphates, 47 000 balles de café, 26 000 tonnes de maïs, 3 000 tonnes de tourteaux, 15 000 tonnes d'huile minérale et 1 000 tonnes de cacao ; l'accord définitif n'a été signé que le 29 mai 1918, soit près d'un an après que le projet d'action avait été conçu.

L'accord du 29 mai 1918, auquel étaient partie, d'un côté le gouvernement suédois, de l'autre les gouvernements français, britannique et italien, et auquel a adhéré le gouvernement des États-Unis, était extrêmement complexe et entrait dans des détails et des précisions que ne comportaient pas les arrangements passés antérieurement avec les autres pays neutres.

Le gouvernement suédois s'engageait à interdire effectivement et absolument l'exportation chez les puissances centrales de tous produits alimentaires (sauf les céréales), du crin, de la laine, du coton, de tous minerais et métaux, sauf le minerai de fer (sous certaines conditions définies plus loin), des acides et sulfates, du carbure et de la cyanamide (au delà de 1 500 tonnes par trimestre), des ferro-alliages, du mica, du liège, des résines, du molybdène (sauf une exception temporaire et limitée), de la poix et du goudron, c'est-à-dire en somme, sauf en ce qui concerne le minerai de fer, de la plupart des produits importants pour les fabrications de guerre que l'Allemagne demandait à la Suède précédemment à l'accord : l'exportation en Allemagne de pâte à papier était limitée aux quantités expédiées en 1917, soit 235 000 tonnes.

En ce qui concerne le minerai de fer, il était entendu que l'Allemagne n'en recevrait pas plus de 3 500 000 tonnes par an, dont au maximum 375 000 tonnes contenant moins de 0,02 pour 100 de phosphore et un tonnage égal d'une teneur en phosphore comprise entre 0,02 et 0,1 pour 100.

En contre-partie, pour ne pas créer le chômage dans les mines suédoises, les Alliés s'engageaient à acheter de 2 millions à 2 millions et demi de tonnes par an de minerai de fer ; d'autre part le gouvernement britannique s'engageait à accorder des licences d'exportations de charbon à destination de la Suède à concurrence de 150 000 tonnes par mois ; enfin les contingents d'importation en Suède étaient fixés d'une façon assez libérale ; le gouvernement suédois s'engageait d'ailleurs à autoriser la création d'associations d'importateurs analogues aux Associations norvégiennes et qui devaient jouer le même rôle.

Il faut reconnaître que les autorisations d'exportation chez les puissances centrales de minerai de fer et de pâte à papier, les deux produits les plus demandés, restaient assez larges, la réduction par rapport aux chiffres de 1917 étant nulle pour la pâte à papier, de 32 pour 100 sur l'ensemble du minerai de fer et de 50 pour 100 seulement en ce qui concerne le minerai à basse teneur de phosphore, le plus important pour l'Allemagne.

Par contre, les Alliés obtenaient des avantages au point de vue financier et à celui du tonnage.

L'Association des propriétaires suédois mettait à leur disposition

400 000 tonnes deadweight de navires à vapeur de plus de 500 tonnes.

Le gouvernement suédois s'engageait à ouvrir aux gouvernements français, britannique et italien un crédit mensuel de 6 250 000 couronnes, destiné à payer leurs achats en Suède (et en particulier les achats de minerai de fer).

En définitive, l'accord constituait un compromis entre les besoins des Alliés en tonnage et les nécessités du blocus. Alors que l'interdiction absolue des exportations de minerai de fer à basse teneur de phosphore aurait pu avoir un effet décisif sur la conduite de la guerre, il est certain que l'autorisation accordée, malgré les limites qu'elle comportait, devait reporter à une époque plus lointaine l'effet des mesures prises.

A cet égard, l'arrangement a été conclu trop tard pour avoir pu exercer un effet décisif, puisque l'Allemagne a été pratiquement vaincue, au point de vue militaire, deux mois après sa signature.

Il n'a d'ailleurs, dans la période qui s'est écoulée entre cette signature et l'armistice, été observé qu'en partie par le gouvernement suédois ; ce dernier en effet, en même temps qu'il négociait avec les Alliés, concluait avec l'Allemagne un arrangement tendant en particulier à la livraison de charbon à la Suède, mais comportant en contre-partie la livraison à l'Allemagne de produits que la Suède s'était interdit d'exporter par l'accord du 29 mai ; malgré l'engagement pris envers les Alliés, des pyrites notamment furent livrées à l'Allemagne en échange de coke ; il en résulta entre les gouvernements alliés et le gouvernement suédois un incident assez vif au sujet duquel les négociations se sont poursuivies jusqu'à la veille de l'armistice.

L'accord du 29 mai 1918 n'en reste pas moins intéressant au point de vue théorique parce qu'il est le dernier en date, et l'un des plus perfectionnés parmi tous ceux qui ont été conclus au cours de la guerre.

## IV

### LE RATIONNEMENT DES NEUTRES
### LA COMMISSION INTERNATIONALE DES CONTINGENTS

On a vu plus haut, à propos de l'histoire du fonctionnement des associations d'importateurs dans les pays neutres, les modifications successives que la conception du blocus a subies chez les gouvernements alliés en ce qui concerne leurs rapports avec les neutres.

Au début, ils se sont contentés de garanties de non-réexportation fournies par les associations.

Puis, ils ont reconnu la nécessité de fixer des contingents.

Mais la plupart du temps ces contingents ont été fixés sans tenir compte, ou en ne tenant qu'un compte limité, de la production nationale des neutres intéressés.

Des considérations diverses sont intervenues pour inspirer cette politique : le désir d'arriver à un accord avec les associations, pour obtenir des résultats sans conflit grave avec les gouvernements neutres, d'où résultait une prime à l'entente ; les besoins propres des Alliés, qui se ravitaillaient eux-mêmes chez les neutres limitrophes de l'Allemagne, et qui se trouvaient obligés pour ce motif de marquer quelque libéralisme dans leurs mesures de contrainte, pour obtenir certains produits (margarine en Hollande, beurre et bacon au Danemark, nitrate de soude en Norvège), ainsi que du tonnage maritime.

Il n'en reste pas moins que la fixation des contingents dans les conditions qui ont prévalu en 1916 et une partie de 1917 a été effectuée dans des conditions qui ont permis aux neutres, et en particulier aux pays du Nord, de ravitailler abondamment l'Allemagne au moyen de leur production nationale pendant une grande partie de la guerre.

Le rationnement, au cours de cette période, n'a donc eu d'effet pratique que sur le ravitaillement de l'Allemagne en produits d'outre-mer ; à cet égard, et l'importance de ce résultat ne doit pas être diminuée, les efforts des Alliés ont été dans une large mesure couronnés de succès.

Mais c'est au cours seulement de la dernière année de guerre que les dispositions plus restrictives, à la suite de l'embargo général décidé à la fin de 1917, ont réduit dans de sérieuses proportions les sources de ravitaillement que l'Allemagne trouvait dans la production propre de ses voisins.

Pour suivre et résoudre les problèmes extrêmement complexes que le rationnement soulevait, les gouvernements alliés ont créé en 1916 un organisme spécial, la Commission internationale des contingents ; cette Commission — constituée à l'origine pour examiner les diverses questions concernant les contingents d'importation de la Suisse — devait éventuellement s'occuper également des autres pays neutres. En fait, sauf examen de certaines questions relatives à l'Espagne et à la Grèce, elle a surtout fonctionné pour régler les questions relatives à la Suisse, les problèmes relatifs au rationnement des Pays du Nord étant traités à Londres.

Mais en ce qui concerne la Suisse, son activité a été considérable. Pour suivre l'application des contingents et veiller à ce qu'ils ne soient pas dépassés, elle devait en effet centraliser toutes les autorisations de sortie délivrées par les diverses commissions alliées de dérogation aux interdictions d'exportation, en ce qui concernait les marchandises contingentées, et les statistiques des exportations effectuées par les Bureaux des douanes des frontières franco-suisse et italo-suisse. Elle tenait un compte des autorisations et un compte des exportations, le second servant à apurer le premier, pour déterminer ensuite les imputations définitives sur les contingents. En raison du grand nombre d'articles contingentés, et de la nécessité de suivre les opérations à des sections distinctes pour chacun des pays alliés, le travail de la Commission a été fort important.

Il n'est pas douteux que le fonctionnement de ce service a singulièrement contribué à donner aux mesures prises par les Alliés, d'accord avec la S. S. S., une efficacité particulière, et à réduire l'apport de la Suisse au ravitaillement de l'Allemagne dans les proportions qui n'ont été atteintes pour aucun des quatre pays du Nord.

V

## LA POLITIQUE DES ACHATS

La méthode adoptée pour la fixation des contingents comportait des fissures, que les Alliés n'ignoraient pas, mais qu'ils ont dû laisser subsister pendant longtemps pour les motifs qui ont été exposés plus haut.

Il leur est apparu que ces fissures pourraient être comblées, au moins partiellement, sans qu'il pût en résulter d'irritation chez les neutres limitrophes de l'Allemagne, en achetant à ces derniers une partie de l'excédent de leur production nationale, qui, ainsi, ne resterait pas disponible pour les Empires du centre.

D'autre part, la surveillance des croisières, le système des lettres d'assurance, les accords particuliers avec des maisons américaines risquaient de ne pas suffire pour assurer un blocus intégral, si des disponibilités importantes subsistaient chez les neutres d'outre-mer, dont il n'était pas toujours possible d'ailleurs d'arrêter le commerce avec l'Europe sans risquer de soulever des difficultés politiques sérieuses.

Enfin, certains pays, comme la Roumanie avant son entrée en guerre, échappaient complètement, par leur situation géographique, à l'action des Alliés.

L'idée est donc née tout naturellement d'acheter aussi chez les neutres d'outre-mer et en Roumanie les produits dont il paraissait particulièrement important de priver l'Allemagne et ses alliés.

1. *Achats en Suisse, aux Pays-Bas et dans les Pays scandinaves.* — L'arrangement du 29 septembre 1917 entre les gouvernements suisse et français comportait l'achat par la France de 850 quintaux de chocolat par mois.

Celui du 12 mai 1917 entre les gouvernements français, britannique et italien d'une part, le gouvernement suisse d'autre part donnait aux Alliés l'option d'acheter le bétail que la Suisse ne pourrait pas conserver, par suite du manque de fourrages, après avoir, dans le délai d'un an, exporté 30 000 têtes chez les Puissances centrales ; la Suisse s'engageait également à mettre à la

9

disposition des Alliés avant le 15 mars 1918 au moins 70 pour 100 de son exportation totale de lait condensé et de farine.

A la date du 16 juin 1916, un accord est intervenu entre l'Angleterre et le représentant des syndicats agricoles hollandais qui comportait : 1º la livraison de 1 600 tonnes de lard par mois ; 2º un quart du beurre et un tiers des fromages exportables ; 3º au moins 2 000 tonnes de viande avant toute autre exportation, puis chaque trimestre au moins autant qu'aux puissances centrales ; 4º le monopole d'achat par l'Angleterre de lait condensé sucré, moyennant la livraison de sucre ; 5º la moitié des exportations de pommes de terre et le quart des exportations de légumes ou de fruits, réservés à l'Angleterre.

Les engagements pris en juin 1916 par les syndicats hollandais étant restés lettre morte, un nouvel arrangement est intervenu le 1er novembre 1916 et le Landbouw Export Bureau, pour préciser les conditions dans lesquelles les déficits constatés dans les expéditions des six mois précédents seraient comblés, et pour définir le montant des exportations autorisées vers l'Allemagne dans chacune des catégories de produits alimentaires. Cet arrangement lui-même n'a été sérieusement observé que pendant deux mois. A partir de 1917 il a été violé nettement en ce qui concerne le fromage, la viande de bœuf, de veau et de mouton, la fécule de pomme de terre, les fruits et les légumes.

Ainsi qu'il a été indiqué sous le § 1 D du présent chapitre, les Alliés se sont efforcés de priver l'Allemagne de pyrites cuivreuses et de réduire ainsi ses possibilités d'approvisionnement en cuivre et en acide sulfurique de Norvège en concluant l'accord du 28 août 1916, relatif au cuivre, qui comportait l'achat par les gouvernements alliés d'environ 400 000 tonnes de pyrites.

Un autre arrangement a été conclu également le 5 août 1916 avec la Norvège pour l'achat de poisson (85 pour 100 de la production des pêcheries norvégiennes), complété par un accord financier ouvrant à la Banque de Norvège, aux agents du gouvernement britannique (Hambro and Son), un crédit de 140 millions de couronnes pour payer les achats effectués en Norvège.

Cet arrangement complétait celui du 16 mai 1916 avec l'Islande, d'après lequel le gouvernement britannique jouissait d'un droit d'option sur tous les poissons, huiles de poisson, viande de mouton, laine et peaux qui seraient à vendre pour l'exportation.

Aux accords avec les Associations danoises, a sans cesse été liée l'obligation de livrer à la Grande-Bretagne divers produits agricoles, et en particulier du beurre et du bacon, puis par un accord de 1916, 50 pour 100 des exportations de poisson danois. Mais l'exécution des livraisons a donné lieu à de nombreuses difficultés qui ont nécessité des négociations incessantes trop souvent sans résultat appréciable.

Enfin on a vu plus haut, dans le paragraphe relatif à la Suède, la portée de l'effort fait par les Alliés pour priver l'Allemagne d'une partie du minerai de fer suédois, et l'achat corrélatif de 2 500 000 tonnes convenu dans l'accord du 29 mai 1918.

2. *Achat de céréales en Argentine.* — Au mois de juillet 1907, M. Denys Cochin, sous-secrétaire d'État aux Affaires étrangères, a pris l'initiative d'un projet d'achat de céréales en Argentine. Il considérait en effet que l'opération, qui présentait des avantages au point de vue du ravitaillement des pays alliés, n'en offrait pas moins au point de vue du blocus.

Les récoltes de l'Argentine s'ajoutant à celles des États-Unis, du Canada, des Indes et de l'Australie, les Alliés se seraient rendus maîtres du marché mondial des céréales, et par conséquent pourraient imposer aux neutres d'Europe, en échange de la fourniture de blé, les conditions qui seraient jugées nécessaires pour priver l'Allemagne du ravitaillement qu'elle tirait de ses voisins.

Les négociations ont duré jusqu'au 14 janvier 1918, compliquées surtout par la difficulté de résoudre le côté financier de l'opération.

Par l'accord définitif, les gouvernements de France et de Grande-Bretagne se sont engagés à acheter l'excédent de la récolte argentine de céréales, jusqu'à concurrence de 2 500 000 tonnes, qui devaient être exportées avant le 1er novembre 1918. Un crédit de 100 millions de piastres-or était ouvert par le gouvernement argentin à chacun des deux gouvernements alliés pour régler leurs achats ; en contre-partie il était disposé que le gouvernement argentin pourrait tirer sur les gouvernements français et britannique pour les opérations de change direct jusqu'à concurrence des sommes dont ils auraient disposé sur les crédits.

3. *Achat de la récolte roumaine de céréales*. — La source de ravitaillement en céréales à pain et en céréales fourragères que les Empires du centre pouvaient trouver en Roumanie était pour eux d'une importance considérable.

Dès la fin de 1914, les ressources disponibles en céréales à pain en Allemagne étaient inférieures d'environ 1 500 000 tonnes aux besoins normaux et le rationnement a dû commencer en janvier 1915.

La récolte de 1915 ayant été inférieure de 5 600 000 tonnes à la normale, la situation, malgré l'accentuation du rationnement, aurait pu devenir extrêmement grave si des ressources d'appoint n'avaient pu être trouvées au dehors ; il en était de même en Autriche où manquaient 482 000 tonnes de céréales à pain.

Cette situation avait inspiré aux gouvernements britannique et français, dès mars 1915, le projet d'acheter l'excédent exportable de la récolte roumaine.

Mais le gouvernement anglais seul put en acheter 800 000 tonnes pour 10 millions de livres sterling.

De telle sorte que les Empires du centre, par deux contrats de décembre 1915 et mars 1916, se trouvèrent en mesure d'acheter 3 400 000 tonnes, dont 2 000 000 de maïs, 1 300 000 de froment et 100 000 de céréales diverses ou de légumes secs.

L'Allemagne et l'Autriche purent ainsi réaliser la soudure, grâce à un rationnement sévère.

Au printemps de 1916, un projet d'achat par les Alliés de l'excédent exportable de la récolte de 1916 fut à nouveau étudié, qui aurait comporté l'acquisition de 3 millions de tonnes pour environ un milliard de francs, et le transport des céréales en Russie, afin de les mettre à l'abri d'un coup de main des armées ennemies.

Ce projet n'a pas été réalisé en raison de l'entrée en guerre de la Roumanie en août 1916.

En somme la politique des achats qui, pratiquée sur une grande échelle dès le début de la guerre, aurait pu avoir une influence décisive, n'a abouti qu'à des résultats limités parce qu'elle n'a pas été entreprise suivant un plan suffisamment coordonné. Sans doute les dépenses importantes que son application eût entraînées ont soulevé des objections de la part des Trésoreries alliées, d'autant plus fortes que la foi dans les résultats d'un blocus étroit des puissances centrales n'a commencé à s'imposer aux esprits que vers la troisième année des hostilités. Aujourd'hui que les conséquences du blocus sont connues et ne peuvent plus être discutées, il faut bien reconnaître que l'État-major général français avait eu dès 1915 une vue singulièrement nette de la situation en marquant au gouvernement, par une lettre signée du commandant en chef, qu'il était « d'une grande importance militaire que les Allemands soient empêchés de s'approprier le stock considérable de denrées » constitué en Roumanie.


## VI

### LES LISTES NOIRES ET LES LISTES BLANCHES

Dès le début des hostilités, les gouvernements français et britannique se sont préoccupés de dresser des listes de maisons ennemies, ou servant d'intermédiaires à l'ennemi, établies dans les pays neutres.

Des listes noires assez diverses (il y en avait onze en Angleterre) furent établies à l'origine ; pendant plus de dix-huit mois, elles restèrent entièrement confidentielles et furent utilisées sous cette forme par les croisières lors de la visite des navires, par les administrations des douanes et par les services du contrôle postal et du contrôle télégraphique en France et en Angleterre.

Mais le 29 février 1916, le gouvernement britannique publiait une liste dite « statutaire » des personnes et sociétés domiciliées dans les pays neutres, avec lesquelles il interdisait toutes relations commerciales à ses ressortissants.

En juin 1916, la Conférence économique des gouvernements alliés adoptait une résolution d'après laquelle les lois et règlements interdisant le commerce avec l'ennemi devaient être mis en concordance, les Alliés devant en particulier interdire à leurs nationaux et à toutes personnes résidant sur leurs territoires tout commerce non seulement avec les habitants des pays ennemis et les sujets ennemis résidant à l'étranger, mais avec les personnes, maisons de commerce et sociétés dont les affaires étaient contrôlées en tout ou en partie, par des sujets ennemis ou soumis à l'influence de l'ennemi, et qui seraient inscrites sur une liste spéciale.

Une Commission interministérielle des listes noires, constituée
en France en juillet 1916 pour l'application de cette résolution,
commença par publier au *Journal officiel* du 6 août la Statutory
list britannique, puis prépara, au moyen des renseignements dont
elle disposait, une liste française équivalente.

Les deux listes officielles britannique et française ont d'ailleurs
été, grâce à une liaison étroite entre les services compétents, constamment mises en concordance.

En même temps que la liste officielle, une liste confidentielle
était établie (General Black List en Angleterre, Liste noire confidentielle en France) et réservée à l'usage des administrations
(marine, douanes, contrôle postal et télégraphique).

La liste officielle comprenait des noms de la plupart des pays
du monde, sauf de la Suisse, en raison des accords passés avec
la S. S. S.

La liste confidentielle, par contre, comprenait des maisons
suisses, et à partir de février 1917, l'inscription de ces maisons a
été effectuée d'accord avec la S. S. S. par une Commission interalliée siégeant à Berne ; mais elle ne contenait pas de noms pour
les pays de l'Amérique du Sud et pour le Portugal, les inscriptions
en ce qui concernait ces pays étant réservées à la liste officielle.

Les relations avec des maisons inscrites sur les listes entraînaient des poursuites contre leurs auteurs pour commerce avec
l'ennemi, l'inscription étant considérée au point de vue juridique
comme constituant un commencement de preuve du caractère
ennemi de la maison établie en pays neutre ; la charge de la preuve
contraire incombait au commerçant français si le nom figurait
sur la liste officielle, l'Administration par contre devait justifier
des motifs de l'inscription s'il s'agissait de la liste confidentielle.

L'inscription sur les listes officielles ou confidentielles entraînait
pour les exportateurs neutres le refus du certificat de nationalité ;
elle avait d'autre part pour résultat l'arrêt des marchandises
destinées aux maisons inscrites, soit par les croisières, soit par les
douanes ; enfin elle provoquait la saisie de toute correspondance
postale ou télégraphique expédiée ou reçue par ces maisons.

Les inscriptions étaient effectuées après des enquêtes extrêmement détaillées confirmées par des recoupements nombreux, au
moyen de renseignements émanant des agents diplomatiques et

consulaires anglais et français, et des services du contrôle postal et du contrôle télégraphique des deux pays qui se communiquaient réciproquement le résultat de leurs investigations, complétées plus tard, après l'entrée en guerre des États-Unis, par les indications fournies de Washington.

Les radiations pouvaient être obtenues moyennant des garanties très sérieuses fournies par les intéressés.

La liaison entre les services compétents alliés a fonctionné pendant longtemps à la fois par l'intermédiaire du département des Affaires étrangères et par celui des états-majors alliés (services de renseignements). Vers la fin de la guerre toutefois, en mai 1918, l'organisation a été perfectionnée par la création de trois comités interalliés des listes noires, l'un à Washington pour l'Amérique du Centre et du Sud, l'autre à Londres pour les quatre pays du Nord, le troisième à Paris pour la Suisse, l'Espagne, le Maroc et la Grèce.

Par opposition aux listes noires, il a été établi pour certains pays des listes blanches, qui servaient à désigner les maisons ayant pris par elles-mêmes des engagements spéciaux de non-exportation et offrant toutes garanties.

L'effet des listes noires au point de vue du blocus a été considérable.

L'inscription sur les listes, en arrêtant toute l'activité commerciale des maisons qui y figuraient, a compromis sérieusement le ravitaillement des corsaires allemands, et a eu à cet égard un effet certain sur les opérations navales.

Elle a pratiquement paralysé tout le commerce allemand d'exportation, et ruiné les maisons allemandes établies dans les pays d'outre-mer. C'est ainsi qu'on a pu constater que les envois de café effectués du Brésil par les maisons inscrites avaient diminué de 1 129 000 sacs de juin 1915 à juin 1916, comparativement aux douze mois précédents, alors que les expéditions de maisons alliées avaient augmenté dans le même temps de 1 466 000 sacs.

Elle a arrêté une partie considérable des transferts de fonds entre l'Allemagne et l'étranger.

L'une des preuves les plus évidentes de l'efficacité des listes se trouve dans le très grand nombre de fausses raisons sociales adoptées par les maisons ennemies établies en pays neutres ou par leurs intermédiaires, dans le vif désir souvent manifesté de fournir des preuves de leur bonne volonté envers les Alliés soit pour éviter leur inscription, soit pour obtenir leur radiation, et dans l'offre spontanée d'un grand nombre de Compagnies de navigation neutres de ne pas transporter des marchandises destinées aux maisons inscrites sur les listes officielles.

Il n'est pas douteux que les gouvernements alliés aient trouvé dans le système des listes noires une arme extrêmement puissante pour la poursuite de la guerre économique.

VII

L'EMBARGO GÉNÉRAL DE 1917

Il a été fait allusion à plusieurs reprises, dans les pages qui précèdent, à l'embargo prononcé en 1917 par les puissances alliées et associées sur les importations des pays neutres du Nord, pour obtenir un resserrement du blocus des puissances centrales.

L'importance de cette mesure dans l'histoire de la guerre économique, et son application simultanée aux quatre nations hollandaise, norvégienne, suédoise et danoise, justifie un exposé d'ensemble des dispositions arrêtées, de leur objet et de leurs résultats.

On a vu qu'à la fin de 1916, par un système de consignation à des Associations garantissant la consommation intérieure des produits importés, et par un rationnement correspondant, les Alliés avaient réussi dans une large mesure à priver l'Allemagne du ravitaillement que pouvaient lui apporter les pays d'outre-mer ; grâce à un système d'achats qui malheureusement n'avait pas été poussé assez loin, ils avaient également obtenu de détourner au profit de leur propre ravitaillement, une partie de la production nationale des neutres limitrophes de l'Allemagne.

Les disponibilités de cette production restaient néanmoins considérables, et l'importation chez les puissances centrales au cours de 1916, en produits alimentaires seulement, ont pu atteindre un total de 2 300 000 tonnes environ, dont 1 250 000 provenant de Hollande, 560 000 fournies par le Danemark, et 500 000 par la Norvège, soit des quantités suffisantes pour nourrir l'armée allemande pendant une année entière ou toute la population de l'Allemagne pendant six à sept semaines.

D'autre part la Norvège et la Suède surtout fournissaient à l'Allemagne des produits de leur sol et de leur industrie très importants pour les fabrications de guerre, métaux d'alliage, minerai de fer non phosphoreux, etc.

Après la déclaration du blocus sous-marin par l'Allemagne et l'entrée en guerre des États-Unis, les Alliés ont pu inaugurer une politique nouvelle tendant à priver l'Allemagne de la production propre de ses voisins, en fondant leur position sur deux ordres de considérations essentiels :

1º Les ressources mondiales en produits de toute nature et les moyens de transport ayant diminué vers le milieu de 1917, dans des proportions considérables, les Alliés se trouvaient obligés de restreindre leur consommation. Ils pouvaient donc justement demander aux neutres de renoncer à des approvisionnements égaux à ceux que ces derniers recevaient en temps de paix, d'accepter en conséquence une modification des principes qui avaient présidé jusqu'alors à la fixation des contingents, et de consentir, en échange du ravitaillement qui leur était accordé, l'application d'une politique de trocs, consistant soit dans la restriction des exportations en Allemagne, soit dans des fournitures aux Alliés des produits de leur sol, de leur industrie ou de leur tonnage marchand.

2º Il paraissait équitable de demander aux neutres, lorsqu'ils réclamaient aux Alliés des importations souvent prélevées sur des disponibilités déjà réduites, de justifier qu'ils épuisaient intégralement leurs propres ressources et renonçaient à poursuivre le ravitaillement de l'ennemi au moyen de leur production.

C'est dans cet esprit qu'a été publiée la proclamation du président des États-Unis d'Amérique, le 27 août 1917, qui a inauguré la politique d'embargo exposée par lui dans la déclaration suivante :

« Le but et l'effet de cette proclamation n'est pas de prohiber les exportations, mais de les contrôler. Il n'est pas question d'apporter inutilement des entraves à notre commerce extérieur, mais nos propres besoins doivent être suffisamment assurés ; à cela vient s'ajouter le devoir de répondre aux besoins de toutes les nations en guerre avec le gouvernement impérial allemand.

« Une fois ces besoins satisfaits, c'est notre désir et notre intention de pourvoir aux besoins des pays neutres dans la limite de nos ressources. A l'accomplissement de cette tâche, nous ne mettrons qu'une seule condition, et elle est très justifiée : c'est qu'il ne faut pas que la libération de l'excédent de nos produits devienne une occasion de profit pour l'ennemi, que ce soit directement ou indirectement. »

Au cours d'une conférence tenue à Londres quelques jours après, les gouvernements anglais et français, adhérant aux principes formulés par le gouvernement américain, ont décidé :

*a*) D'appuyer de tous leurs moyens la politique de l'embargo jusqu'à ce que les contingents des importations nécessaires aux pays neutres, après épuisement de leurs ressources nationales, aient pu être déterminés. En raison des engagements antérieurs pris par les gouvernements britannique et français, des exceptions à l'embargo devront parfois être consenties ; mais elles ne le seront que sous forme de trocs, en échange des produits indispensables soit aux Alliés, soit au ravitaillement de l'ennemi ;

*b*) De procéder sans délai, d'accord avec le gouvernement des États-Unis, à la fixation des nouveaux contingents, pour que les neutres ne puissent pas invoquer le bénéfice des contingents antérieurs qui n'auraient pas encore été dénoncés.

L'embargo sur les importations en Hollande et dans les pays scandinaves fut donc proclamé par les gouvernements alliés en octobre 1917.

Le but que les Alliés se proposaient, à savoir une modification des arrangements en vigueur, des garanties nouvelles à obtenir des neutres, des accords pour la livraison de tonnage, ne fut atteint qu'après des négociations longues et compliquées qui aboutirent aux accords du 30 avril 1818 avec la Norvège, du 29 mai 1918 avec la Suède, et du 8 septembre 1918 avec le Danemark.

Aucun accord ne put être conclu avec la Hollande.

L'embargo n'en produisit pas moins ses effets ; les neutres, obligés de renoncer à la plus grande partie de leurs sources de ravitaillement extérieur, se trouvèrent obligés d'augmenter la consommation de leur production nationale et par là même de renoncer à une grande partie de leurs exportations vers les puissances centrales.

La politique qui avait inspiré l'embargo constitue le dernier terme de l'organisation du Blocus économique. Elle n'a joué en fait que pendant la dernière année de guerre. Mais les résultats en ont été décisifs.

## VIII

### CONCLUSION

Les sources de ravitaillement et les moyens de maintenir leur commerce d'exportation que les puissances centrales pouvaient trouver dans les pays neutres et en particulier chez les neutres d'Europe opposaient à l'organisation d'un blocus efficace des difficultés extrêmement graves, dont une partie d'ailleurs n'est apparue que peu à peu avec évidence.

Il s'agissait en effet, non seulement d'empêcher les pays neutres de servir d'intermédiaires au commerce ennemi, mais de les contraindre à ne pas faire profiter des ressources de leur production nationale l'Allemagne et ses alliés ; ces obstacles cependant devaient être dressés et cette contrainte exercée sans amener une rupture entre les Alliés et les gouvernements neutres intéressés, sans risquer non plus d'entraîner une action militaire de l'Allemagne contre ces derniers.

Enfin les besoins mêmes du ravitaillement des Alliés, le souci de ne pas causer un préjudice trop grave à leur propre commerce n'ont pas été sans compliquer singulièrement le problème, d'autant que la foi dans l'efficacité de l'arme économique n'était pas au début aussi répandue qu'il aurait été nécessaire.

De sorte que, malgré la clarté avec laquelle les services responsables de l'organisation du blocus avaient aperçu dès l'origine les conditions du succès, il n'a été possible de procéder que par étapes.

L'exposé qui précède a montré par quelles phases successives avaient passé l'organisation et le fonctionnement des grands trusts d'importation, ou des associations équivalentes, comment certaines fissures avaient été comblées grâce à des accords particuliers et à la création des lettres d'assurance, quels efforts avaient été faits pour priver l'ennemi de sources importantes de ravitaillement en effectuant un certain nombre d'achats, les mesures d'embargo général décidées en octobre 1917, pour amener les neutres à accepter la réduction de leurs contingents d'importation de manière à les obliger à consommer leurs propres produits, les résultats enfin obtenus par un usage de plus en plus étendu et méthodique des listes noires.

Les effets sur les puissances centrales des mesures prises vis-à-vis des neutres seront appréciés dans le chapitre suivant. En ce qui concerne les neutres eux-mêmes, il n'est pas douteux que les mesures de blocus adoptées par les Alliés ont atteint, au début de la quatrième année de guerre, un remarquable degré de perfectionnement ; depuis la fin de 1916, la réduction des approvisionnements fournis par les neutres à l'Allemagne était très sensible ; à partir de la fin de 1917, les Alliés ont réussi à priver les puissances centrales, sauf en ce qui concerne le minerai de fer suédois, de tout ravitaillement vraiment important. Les premiers efforts d'organisation datant du milieu ou de la fin de 1915, on voit qu'il a fallu environ deux ans pour mettre au point les mesures susceptibles d'apporter des résultats décisifs.

Au cours de ces deux années, les effets de l'arme économique n'en ont pas moins été extrêmement sérieux, l'Allemagne ayant été rapidement obligée de renoncer à presque toute relation commerciale, directe ou indirecte, avec les pays d'outre-mer.

L'extension de la guerre sous-marine en janvier 1917, puis l'entrée en guerre des États-Unis ont d'ailleurs facilité le resserrement du blocus, la première en justifiant l'accentuation des dispositions antérieures de la France et de la Grande-Bretagne, la seconde en permettant, sous la pression de l'embargo général, de réclamer aux pays neutres acheteurs de produits américains, particulièrement importants pour leur ravitaillement industriel ou alimentaire, des garanties de plus en plus sérieuses, et un concours de plus en plus actif au blocus des puissances centrales.

# CHAPITRE VII

## BLOCUS ÉCONOMIQUE
### LE DÉCRET DU 13 MARS 1915
### Par M. DE MONTARDY

Selon les termes employés il y a un demi-siècle par le secrétaire d'État Seward, « les nations ont conscience de lutter non pour des richesses ou des tarifs, de l'argent ou des bénéfices, des gains ou des pertes, du partage ou de la puissance, mais pour leur propre souveraineté, pour leur droit à se gouverner elles-mêmes, pour la liberté et le travail. »

La guerre de 1914 dirigée par les Allemands contre la liberté a mis en péril tout l'édifice qui reposait sur le principe de cette même liberté. L'équilibre du monde fut rompu. Le bien-être et la sécurité et la vie même de peut-être plus de la moitié de la race humaine devenaient les enjeux de la victoire de la liberté.

L'antiquité ne connaissait que la famine alimentaire. Plus complexe, l'époque actuelle y a ajouté la famine industrielle, plus redoutable peut-être parce qu'elle aboutit à priver l'État en cause de tout moyen de défense, si son sol ne peut lui fournir les matières premières pour son armement qu'il tirait jusqu'alors de l'étranger. La guerre se fait de nation à nation autant que d'armée à armée. Les combattants aux armées, les non-combattants dans leurs foyers font désormais tous la guerre suivant leurs moyens et doivent en partager les chances. Seront donc légitimes les moyens qui, non-contraires aux principes d'humanité, forceront la nation à se reconnaître vaincue et notamment l'interruption de la vie économique et de la vie industrielle.

Le droit de guerre qui reconnaît licite le siège d'une ville occupée encore par ses habitants paisibles, qui admet qu'on peut la réduire

par la famine, semble répudier cette limitation absolue de la guerre
aux seuls combattants. Paralyser et rompre les relations économiques de tout un peuple n'est pas de nature différente du droit
par lequel on prive une ville assiégée de sa subsistance.

Dans le droit international, trois restrictions au libre commerce
des neutres et des belligérants étaient admises. Elles résultaient
de la déclaration de Paris du 10 avril 1856. Elles étaient relatives
au transport de la contrebande de guerre, au cas du blocus des
ports d'un belligérant par les escadres de son adversaire, et à
la saisissabilité de la propriété privée ennemie sur mer. L'accord
s'était établi en principe que tout blocus devait être « effectif »
et, par voie de conséquence forcée, limité en étendue et quant à
son action. Si le belligérant doit respecter le commerce d'un pays
neutre avec l'ennemi, c'est à la condition que le commerce reste
étranger à la lutte et n'assiste pas l'ennemi dans sa résistance ;
que si le belligérant doit, vis-à-vis des États qui ont ratifié pareil
engagement, s'abstenir de toute capture de marchandises innocentes
sous pavillon neutre, il est fondé à exercer son action sur le trafic
ennemi en empêchant le libre passage de ce trafic, à charge par
lui, s'il entend capturer et confisquer les navires et marchandises
de contrebande, de recourir à toutes les règles spéciales à cette
opération ; qu'enfin, en toutes matières, le belligérant est fondé
à déjouer les spéculations hostiles, la fausseté des déclarations,
celle des papiers, les détours de route destinés à tromper sur le
but et le caractère des expéditions.

Cette théorie du blocus classique n'est plus aujourd'hui susceptible d'application. D'abord l'usage des sous-marins et des mines
rend à peu près impossible la présence devant une côte ennemie
des forces bloquantes se tenant immobiles ou évoluant dans un
espace relativement restreint et parfaitement connu.

Ensuite, la tension extrême de toutes les forces des pays belligérants, l'utilisation complète aux fins de la guerre de toutes
leurs ressources et de celles qu'il leur est possible de tirer des autres
pays, l'enrôlement de tous les éléments masculins et par conséquent l'insuffisance pour les quelques éléments qui restent de
soutenir la vie industrielle du pays, de l'alimenter ; tout cela
prouve que le concours des neutres est de plus en plus indispensable à la vie des peuples ; d'où grand intérêt pour l'adversaire

d'empêcher absolument les relations des neutres avec l'ennemi, d'atteindre cet ennemi dans les sources mêmes de son activité économique et de sa puissance industrielle et financière.

Les Alliés s'étaient assuré dès le début de la guerre la maîtrise de la mer, il était évident que le grand facteur de la victoire serait la plus ou moins grande force de résistance économique et financière des belligérants.

La liberté commerciale des neutres n'avait été véritablement réglementée que par la déclaration de Londres du 26 février 1909 qui ne fut pas ratifiée.

Les temps nouveaux introduisaient dans le droit international maritime, en ce qui concerne le commerce neutre, d'importantes dispositions complémentaires de la déclaration de Paris. Ces règles nouvelles inscrites dans les textes solennels n'apportaient que des améliorations théoriques. En fait, non seulement en 1914, les règles nouvelles provenant de la convention de La Haye, de la déclaration de Londres, ne furent pas exécutées, mais celles mêmes de la déclaration de Paris furent méconnues. Partout des mines flottantes étaient semées, des sous-marins sillonnaient le dessus et le dessous des mers. Ce n'était plus le droit de visite mais bien le droit de destruction systématique et aveugle.

En face de ce nouvel état de choses, si regrettable et si barbare qu'il puisse être, se créait une nouvelle théorie du blocus, compromis, combinaison, de certaines règles des blocus *fictifs* avec les blocus *effectifs*, permettant d'arriver à une sanction suffisante. En effet, chaque belligérant sentait la nécessité que l'action de ses croisières mette le bloqué dans l'impossibilité de se procurer des ressources quelconques pouvant venir des pays lointains d'outre-mer.

Pour les empires centraux, les Alliés etaient dans la nécessité de les empêcher de recevoir ce qu'ils désiraient tirer des autres pays, dont ils étaient séparés par ces mers dont ces mêmes alliés avaient la maîtrise.

La configuration des côtes allemandes limitrophes de pays neutres et se développant en outre sur une longue étendue dans une mer en cul-de-sac, la Baltique, où ne peuvent que difficilement pénétrer les escadres franco-anglaises et où l'escadre russe n'était pas en mesure de dominer les forces navales allemandes, la possession par nos ennemis de leurs sous-marins aidès par des champs de mine, tout cela nécessitait une refonte des vieilles prescriptions du droit international. Le salut des Alliés l'exigeait.

Pour réprimer certains agissements illicites et coupables des Allemands contre les non-combattants, l'amirauté anglaise, par son avis aux navigateurs du 3 novembre 1914, fit savoir au public maritime que la mer du Nord devait être considérée comme zone militaire où les navires s'exposeraient aux plus graves dangers s'ils se risquaient en dehors des itinéraires indiqués.

L'Allemagne ne manqua pas de relever le fait dans sa déclaration du 4 février 1915 prétendant que cela constituait le blocus des côtes et ports neutres en violation du droit international. Elle ajoutait que comme mesures de représailles, désormais, « les eaux entourant les Iles Britanniques », c'est-à-dire toute la mer du Nord, devenaient zone de guerre sous-marine.

Tout navire ennemi qui y serait rencontré serait coulé sans avertissement préalable « et les navires neutres pourraient y être en danger. »

Le Cabinet anglais dècida de ne pas faire de communication aux neutres à l'occasion de cette déclaration du 4 février.

Les Alliés se trouvaient néanmoins en face d'une question vitale. Ils ne pouvaient laisser à l'Allemagne la faculté de couper par la seule terreur leurs relations maritimes avec les neutres. L'occasion parut propice du côté français de répondre à ce blocus fictif par des mesures qui, sans porter atteinte à la sécurité des navires neutres ni de non-combattants, et en conformité avec les principes d'humanité, constitueraient un véritable blocus à distance de l'Allemagne ; sur la proposition faite par le gouvernement français et après une étude approfondie par la mise au point de ces mesures.

Le 1er mars 1915, les gouvernements français et britannique adressaient un mémorandum aux neutres dans lequel ils flétrissaient l'attitude de l'Allemagne et les agissements de ses sous-marins coulant les bâtiments sans pouvoir en déterminer la nationalité, la nature des cargaisons, sans surtout assurer la sécurité des équipages. Les méthodes des sous-marins demeuraient en dehors de l'observation de tous les textes internationaux réglementant les opérations du commerce en temps de guerre. Ce n'était plus une capture réglementée mais bien une destruction aveugle.

Les deux gouvernements alliés annonçaient leur intention d'arrêter et de conduire dans leurs ports les navires portant des marchandises présumées de destination, propriété ou provenance ennemies.

Ils agissaient ainsi, s'inspirant d'une même nécessité de représailles, de défense et d'action concertée. Un ordre rendu en Conseil britannique était publié le 11 mars 1915 suivi par un décret du gouvernement français du 13 mars 1915.

Ces mesures prises par les Alliés avaient pour objet d'empêcher le passage par mer de toutes marchandises appartenant à des sujets de l'Empire d'Allemagne ou venant d'Allemagne ou expédiées sur l'Allemagne et ayant pris la mer postérieurement à la promulgation des présentes décisions.

Sont considérées comme marchandises *venant d'Allemagne tous* articles et marchandises de marque ou de fabrication allemandes ou fabriquées en Allemagne, les produits du sol allemand ainsi que tous les articles et marchandises de quelque nature que ce soit, dont le lieu d'expédition directe ou par voie de transit est en territoire allemand. Seront considérées comme marchandises *expédiées sur l'Allemagne*, tous articles et marchandises de quelque nature que ce soit expédiés directement ou par voie de transit sur l'Allemagne ou sur un pays voisin de l'Allemagne lorsque les documents qui accompagnent lesdits articles ou marchandises ne fournissent pas la preuve d'une destination finale et sincère en pays neutre.

En ce qui concerne les navires neutres à bord desquels seront trouvées les marchandises indiquées plus haut, ils seront déroutés sur un port français ou allié. Quand ce sera dans un port français, les marchandises seront débarquées, le navire restera libre.

Si ces marchandises sont reconnues comme allemandes, elles seront mises sous séquestre ou vendues et alors le prix en sera déposé à la Caisse des dépôts et consignations.

Si elles appartiennent à des neutres quoique venant d'Allemagne, elles seront laissées à la disposition de leurs propriétaires et renvoyées à leur port de départ, dans le délai qui sera fixé. Passé ce délai, ces marchandises seront sujettes à réquisition ou vendues pour le compte et aux frais et risques des propriétaires. Les marchandises neutres expédiées sur l'Allemagne seront laissées à la disposition des propriétaires neutres pour être soit renvoyées à leur port de départ, soit dirigées sur tel autre port français, allié ou neutre qui sera autorisé. Un délai sera fixé et ce délai écoulé, les marchandises seront sujettes à réquisition et vendues pour le compte et aux frais et risques du propriétaire.

Quelques autorisations de passer soit pour certaines cargaisons déterminées, soit pour certaines catégories de marchandises peuvent être données exceptionnellement quand elles sont à destination ou de provenance d'un pays neutre déterminé. Mais il va de soi que les marchandises déclarées contrebande de guerre absolue ou conditionnelle sont en toute hypothèse frappées et que rien ne peut les affranchir de leur caractère délictueux.

Ainsi, ces marchandises, quel que soit le lieu de départ ou d'arrivée en pays ennemi ou neutre, que celles-ci soient trouvées voyageant par la Méditerranée, l'Océan ou la mer du Nord, si elles sont de propriété, provenance, ou de destination allemandes sont arrêtées. Cet embargo sur tout le commerce ennemi était, il faut l'avouer, chose grave.

Mais, ce qui devait en atténuer les effets c'est que toutes ces mesures allaient être tempérées par l'organisation d'un conseil des prises. Là où l'Allemagne employait contre le commerce inoffensif des Alliés ou même des neutres, la destruction par des procédés ne tenant aucun compte des vies humaines et des biens contrairement aux pratiques universellement suivies jusqu'ici, la France et l'Angleterre, elles, au contraire, organisaient un débat juridique avec toutes garanties de procédure et de justice.

Le décret du 13 mars contenait d'importantes innovations dans le droit international en vigueur au moment où il fit son apparition. Si on se place au point de vue du régime de la propriété ennemie sur mer tel qu'il est organisé par la déclaration de Paris en 1856, on fait la constatation suivante : le décret du 13 mars laisse subsister la règle en vertu de laquelle le navire et la marchandise ennemie qu'il transporte sont saisissables et sujets à confiscation. La règle qui interdit de saisir et de capturer la marchandise neutre naviguant à bord d'un navire ennemi reste également intacte si cette marchandise n'est pas de provenance ou à destination ennemie.

Mais, le principe d'après lequel le pavillon neutre couvre la marchandise ennemie n'est plus inviolable. Même règle de saisis sabilité possible pour les marchandises neutres mais quand elles sont d'origine ou de destination ennemie. Mais, dans bien des cas, la sanction appliquée aux marchandises « non innocentes » n'est plus la confiscation pure et simple, mais l'arrêt de la marchandise. Ce n'était donc plus la même sanction organisée dans le cas d'un blocus régulier puisqu'il n'y avait pas saisie du navire et de la cargaison mais seulement arrêt des marchandises.

Les mesures ainsi prises devaient sans conteste produire des effets analogues à ceux du blocus étroit. Et pourtant aucune côte ou localité n'avait été déclarée bloquée.

De telles dispositions s'imposaient sous cette forme :

1º Parce qu'en fait, un blocus effectif des côtes allemandes était impossible à établir en raison du voisinage des Pays-Bas, du Danemark, de la Suède, de la Norvège, dont le trafic avec l'Allemagne par les eaux territoriales ne pouvait pas être empêché ;

2º Parce que, en supposant même le blocus effectif des côtes allemandes réalisé, on ne pouvait pas concevoir en Méditerranée un blocus contre l'Allemagne qui n'y a point de côte et parce qu'on a estimé que pour entraver le commerce allemand, il fallait arrêter le trafic considérable que l'Allemagne faisait avec l'étranger par la Suisse, l'Italie et l'Autriche.

A aucun moment, l'ordre en Conseil anglais du 1er mars 1915, le décret du 13 mars, l'ordre en Conseil du 10 janvier 1917, celui du 16 février 1917 n'ont mentionné le mot de « blocus ».

Ils se sont bornés à décréter une interdiction pure et simple du commerce maritime direct ou indirect entre les États neutres et l'Empire allemand. Et cette prohibition a été sanctionnée par la police des croisières.

Le stratagème de l'ennemi consistant à transporter des marchandises en pays neutre pour leur créer un nouveau statut et de là les faire passer soit par voie de mer, soit par voie de terre dans les régions interdites sévissait gravement.

Les belligérants durent aviser et pour justifier la capture de la cargaison dans la première phase du voyage, ils appliquèrent ce qu'on appelle en droit international la théorie « du voyage continu ». Grâce à cette théorie il n'y a pas lieu de considérer qu'une marchandise destinée à un pays neutre pour être ensuite acheminée de là en pays ennemi effectue deux voyages distincts. Bien au contraire, ces deux voyages n'en sont en réalité *qu'un seul*, le second étant la simple continuation du premier. Il s'ensuit que la capture de la marchandise de contrebande est légitime même pendant que le navire fait route vers un port neutre, s'il est établi soit par des preuves à la charge du capteur, soit à raison de présomptions que la destination finale et réelle de la marchandise est hostile. Désormais, les pays neutres ne pourront pas jouer, en quelque sorte, le rôle de personne interposée pour le compte de l'ennemi.

L'application de cette théorie peut se concevoir aussi bien en matière de transport de contrebande qu'en matière de blocus, que la marchandise suspecte soit à destination ou en provenance de l'ennemi.

Elle a été appliquée en fait par le décret du 13 mars. D'après ce texte en effet, ce n'est pas seulement les marchandises de provenance ou de destination directe de l'ennemi qui sont sujettes à être arrêtées, mais aussi celles qui proviennent indirectement de l'ennemi ou bien lui sont indirectement destinées (art. 2 et art. 3 du Décret du 13 mars 1915).

Dans l'ordre en Conseil du 16 février 1917, il y avait même une aggravation puisque « tout navire rencontré en mer naviguant vers un port neutre ou venant de tout port neutre présentant des facilités d'accès dans un territoire ennemi, sans toucher à un port dans un territoire britannique ou allié, sera, à moins de preuve contraire, supposé transporter des marchandises à destination ou d'origine ennemie et sera amené dans un port pour y être examiné et au besoin traduit devant la Cour des prises. »

Dès la mise en vigueur des dispositions restrictives prises par les Alliés, il devint évident que l'application de celles-ci allait se heurter à de sérieuses difficultés. Les papiers de bord et les documents accompagnant les marchandises destinées en apparence à un port neutre étaient, en effet, rédigés de façon à ne pas révéler la destination finale ennemie. Les croiseurs d'une part, les tribunaux de prises de l'autre, se trouvaient donc sans critérium pour décider s'il y avait lieu d'arrêter une marchandise et d'en valider l'arrêt comme suspecte de destination ennemie. Les chargeurs américains et les consignataires neutres réclamèrent.

Dans une note de mars 1915, les États-Unis protestèrent, demandant qu'on fixe une limite à l'action du blocus. Ils craignaient qu'à l'instar de ce qui avait lieu au temps des blocus fictifs, l'on en vînt à capturer les navires de commerce sur toutes les mers, à quelque endroit que la chasse soit reprise ou même commencée. « D'un côté, disait M. Sharp, apparaît l'intention d'arrêter tous les navires en provenance ou destination de l'Allemagne ce qui, en réalité, constitue un blocus des ports allemands. D'autre part, on n'affirme pas la règle du blocus d'après laquelle un navire essayant d'entrer dans un port allemand ou d'en sortir, quel que soit le caractère de son chargement, peut être condamné. »

En effet, « ajoutait le diplomate américain, le texte de la déclaration porte que les gouvernements français et anglais se considèrent comme libres d'arrêter et de conduire dans leurs ports les navires portant des marchandises présumées de destination, provenance ou propriété ennemies ; ces navires et ces cargaisons ne seront pas confisqués à moins qu'ils ne soient sujets à être condamnés pour d'autres motifs. »

La première phrase énonce un droit qui n'existe qu'en cas de blocus, la seconde propose de traiter navires et cargaisons comme s'il n'en existait aucun. Il en résulte que les neutres n'ont aucun moyen précis de mesurer leurs droits et d'assurer la sécurité de leurs navires et de leurs cargaisons. Bref, le gouvernement américain, qui admettait parfaitement la possibilité pour les méthodes de guerre d'évoluer, réclamait avec une grande force qu'il y eût une certaine limite au « rayon d'action » et que les droits et devoirs des États-Unis pendant la guerre soient définis par les règles existantes du droit international et par les traités des États-Unis (Lettre à M. Delcassé du 3 avril 1915).

En réalité, la seule et véritable justification de l'attitude des Alliés contre le trafic allemand était dans leur droit de recourir pour leur légitime défense à tous les moyens de fait et de représailles, respectueux qu'ils étaient de la vie des non-combattants et des intérêts neutres inoffensifs. Or, si on considérait que depuis octobre 1914, l'Empire allemand avait prétendu justifier par la « nécessité » ses perpétuelles violations du droit des gens, il était apparemment inopportun d'appuyer par d'autres considérations que cette même « nécessité » de se défendre, l'attitude des Alliés.

Au surplus, il n'y avait pas « blocus » mais pour empêcher le passage par mer de toutes les marchandises de propriété, provenance ou destination allemande quel que soit le lieu de départ ou d'arrivée en pays ennemi ou neutre, les Alliés recouraient aux mesures suivantes : il y avait seulement arrêt des marchandises avec la liberté pour leurs propriétaires neutres d'en disposer pour d'autres destinations que le pays ennemi si elles y allaient, ou de les renvoyer dans les pays neutres si elles en venaient. Une décision judiciaire rendue par le Conseil des prises donnait, d'ailleurs, toute garantie.

Par une circulaire du 5 mai 1915, M. Augagneur, ministre de la Marine, avait précisé un certain point. Il prescrivait d'exiger les certificats d'origine toutes les fois que l'origine de la marchandise paraissait suspecte. L'appréciation devait être laissée au jugement de l'officier visiteur. Quant à la détermination de l'autorité ayant qualité pour délivrer les certificats d'origine, il semblait naturel que ce soit l'autorité douanière du pays d'exportation.

Ce régime, d'ailleurs, dans ce qu'il y avait de trop rigide pouvait être tempéré par les dérogations.

Le décret de 1915 avait posé le principe que le paiement des droits de douane dans un pays neutre, l'embarquement en port neutre des marchandises allemandes étaient une condition nécessaire pour obtenir une *autorisation de transit*. Le même décret, dans son article 5, conférait au ministre de la Marine, sur la proposition du ministre des Affaires étrangères et sur avis conforme du ministre de la Guerre, la possibilité d'accorder des autorisations de passer soit à une cargaison déterminée, soit à une catégorie spéciale de marchandise à destination ou en provenance d'un pays neutre déterminé. Ces prescriptions uniquement faites pour le transport maritime ne pouvaient guère avoir de prise sur les transactions des pays neutres voisins de l'Allemagne avec l'ennemi qui échappaient au contrôle des Alliés et à leurs moyens d'action : Hollande, Danemark, Suisse et même Scandinavie. Elles ne s'appliquaient pas, non plus, aux expéditions faites d'Allemagne en Espagne par les territoires suisse et français. Celles-ci avaient un régime spécial. C'était à titre tout à fait « exceptionnel » qu'on tolérait les exportations allemandes en pays d'outre-mer. En effet, par ce moyen, l'Allemagne se créait dans ces pays des ressources financières qui contribuaient à alimenter ses disponibilités, sa puissance d'achat à l'extérieur.

Par ailleurs, il fallait tenir compte des justes réclamations neutres et créer ainsi une sorte de jurisprudence officieuse et bienveillante tempérant des règlements trop rigides. C'est ainsi qu'il fut entendu qu'on laisserait passer pour une destination neutre, les produits dont l'Allemagne avait en fait le monopole de fabrication, sous réserve évidemment d'autorisations régulières. Les principaux produits jouissant de cette sorte d'immunité étaient les produits chimiques et pharmaceutiques, notamment l'aniline, les matières colorantes, les sels de potasse... les aiguilles à tricoter. Puis, ce furent les houblons et les graines de betteraves sucrières. En 1915, on y ajouta certains objets de quincaillerie, des porcelaines, des crayons et quelques produits estimés « insignifiants ». On doit reconnaître que l'Angleterre se montra assez libérale par la suite dans l'application de ces règles, qu'elle étendit à des objets que les neutres auraient certainement pu faire venir d'autres pays que l'Allemagne, ce qui permettait aux industries allemandes de faire de gros bénéfices grâce à de sérieuses majorations de prix.

Un autre problème encore plus délicat que celui des exportations allemandes dans les pays neutres devait être soulevé dans la question du commerce des pays envahis et de la Belgique avec l'extérieur.

Devait-on, pour des raisons d'ordre sentimental, faciles à comprendre, consentir au commerce extérieur de ces régions, si malheureuses, des dérogations aux prescriptions du Décret de mars 1915? Dans quelle mesure et avec quelles précautions pouvait-on établir un *modus vivendi*, un certain courant d'affaires sous réserve que l'ennemi ne pourrait tirer aucun profit de ces transactions.

Il fallait empêcher, en effet, d'une part que l'argent français parvenant en pays ennemi ne fût ainsi mis indirectement à la disposition de l'ennemi, d'autre part que l'Allemagne n'écoulât par la Belgique sous une étiquette belge des marchandises de sa fabrication et qu'on eût la certitude que dans la composition des marchandises soit en travail ennemi, soit en matière d'origine ennemie, il n'entrât pas plus de 25 pour 100 de la valeur des objets à l'état fini.

Ainsi, fut organisé, dès les premiers mois de 1916, un régime qui se modifia un peu dans la suite et qui s'efforça d'éviter ces deux écueils en imposant la production des certificats d'origine sincère et la consignation à la Caisse des dépôts et consignations de la valeur des marchandises importées. Mais, la France et l'Angleterre finirent, pour cette consignation de valeur, par consentir une restitution qui ne pouvait pas excéder 70 pour 100 du montant de la consignation moyennant certaines garanties supplémentaires. Dans certains cas même, le demandeur pouvait être dispensé du certificat d'origine comme aussi de la consignation. Enfin, un régime encore plus simplifié et rapide était accordé aux produits intéressant la Défense nationale ou le commerce et l'industrie français. Le Consul du lieu d'expédition pouvait délivrer le permis d'embarquement ou d'expédition indispensable.

Certaines marchandises pouvaient également être expédiées directement des colonies françaises ou des pays neutres sans emprunter le territoire français moyennant la consignation par l'importateur des 30 pour 100 de la valeur de l'objet, qui devait rester déposé jusqu'à la fin de la guerre.

Les délais d'application du décret, les difficultés dans cette application, de même que les dérogations accordées, ont affaibli parfois la portée de ce qu'on a appelé le blocus économique de l'Allemagne. Les nombreuses fraudes de l'Allemagne imaginées grâce à un extraordinaire esprit inventif de celle-ci ont empêché le décret du 13 mars et les ordres en Conseil anglais d'aboutir à toute la restriction qui aurait pu être souhaitée pour le commerce ennemi. Ce dernier a maintes fois réussi à camoufler en produits neutres les marchandises qu'il exportait, à falsifier les certificats d'origine. Enfin, les autorités alliées n'ont pas toujours su discerner des marchandises acheminées vers un pays neutre, celles qui lui étaient réellement destinées de celles dont la destination dernière était l'ennemi.

Toutes ces constatations sont hors de doute. Aussi bien, ne peut-on pas se flatter d'avoir complètement arrêté le commerce ennemi et cela tant à cause des intérêts neutres en jeu qui étaient à ménager que des moyens toujours imparfaits dont les Alliés disposaient. Des fissures au blocus devaient se produire, elles se sont produites. Mais, quand on considère les résultats d'ensemble, on peut affirmer que le décret organisant le blocus eut une importance capitale et créa au commerce allemand les plus effectives entraves.

Ces résultats n'apparaissent pas dans toute leur vérité avec la statistique du nombre des navires et la quantité des cargaisons arrêtées, il faut tenir compte aussi de son caractère préventif.

C'est donc dans les chiffres d'importation et d'exportation de l'Allemagne, dans ceux du commerce des pays neutres voisins qu'il faut rechercher dans quelle mesure a été atteint le commerce allemand.

Pour les exportations allemandes, voici quelques chiffres qui, extraits d'une statistique de la Direction générale des Douanes françaises, montrent la diminution très sensible des exportations allemandes à partir du mois d'avril 1915, c'est-à-dire à partir du moment où l'ordre en Conseil et le décret de mars commencent à entrer en vigueur.

Tout d'abord une statistique américaine pour les six premiers mois de 1915 permet de comparer le chiffre des exportations allemandes aux États-Unis en 1915, avec ceux de la période correspondante de 1914. Cette statistique, enregistrant les entrées des marchandises au compte du pays d'où émanent les factures consulaires, comprend à la fois les exportations directes et les exportations indirectes d'Allemagne aux États-Unis.

EXPORTATIONS ALLEMANDES AUX ÉTATS-UNIS (en milliers de francs).

|  | 1915. | 1914. | DIMINUTION en 1915. | COEFFICIENT de la diminution. |
|---|---|---|---|---|
| Janvier...... | 67 088 | 86 997 | 19 909 | 23 % |
| Février...... | 35 293 | 74 634 | 39 341 | 52 — |
| Mars ....... | 41 358 | 87 019 | 45 661 | 52 — |
| 1er trimestre.. | 143 739 | 248 650 | 104 911 | 42 % |
| Avril........ | 13 798 | 85 358 | 71 558 | 83 % |
| Mai ........ | 16 434 | 75 949 | 59 515 | 78 — |
| Juin ....... | 9 468 | 76 801 | 67 333 | 88 — |
| 2e trimestre... | 39 700 | 238 106 | 198 406 | 83 % |

En ce qui concerne les exportations allemandes dans les autres pays d'Amérique, et dans les pays neutres d'Europe, les statistiques produites par les douanes révèlent également des diminutions considérables :

EXPORTATIONS ALLEMANDES (en milliers de francs).

|  | 1912. | 1915. | DIMINUTION en 1915. | COEFFICIENT de la diminution. |
|---|---|---|---|---|
| Pays d'outre-mer autres que les États-Unis : |  |  |  |  |
| 1er trimestre............. | 428 125 | 248 313 | 179 812 | 42 % |
| 2e — ............. | 428 125 | 72 782 | 355 343 | 83 — |
| Hollande, Scandinavie, Balkanique neutre : |  |  |  |  |
| 1er trimestre............. | 432 500 | 168 675 | 263 825 | 61 % |
| 2e — ............. | 432 500 | 168 675 | 263 825 | 61 — |

Si on passe des exportations allemandes aux importations allemandes, on constate des diminutions analogues à partir du moment où le décret de mars 1915 vient en application. Les statistiques ci-dessous sont fragmentaires, mais elles montrent nettement la proportion dans laquelle ont été réduites vraisemblablement les importations directes ou indirectes de l'Allemagne (d'après une étude du Comité de restriction sur l'effet du blocus pendant quatorze mois de guerre). Toutes ces statistiques font état seulement des exportations américaines sur lesquelles existent seuls des renseignements à peu près complets. Il y a lieu d'observer que la courbe des exportations en provenance des autres pays doit être sensiblement calquée sur celle des exportations américaines. A condition de les considérer comme une approximation, les données ci-dessous peuvent donc être regardées comme ayant une valeur générale.

IMPORTATIONS DIRECTES DES ÉTATS-UNIS VERS L'ALLEMAGNE (en dollars).

|  | 1913. | 1915. | DIFFÉRENCE 1915-1913. |
|---|---|---|---|
| Janvier.............. | 30 997 097 | 6 347 010 | 24 650 087 |
| Février ............ | 26 955 606 | 4 920 426 | 22 035 180 |
| Mars .............. | 26 570 279 | 283 816 | 26 292 463 |
| Avril.............. | 23 358 572 | 0 | 23 358 572 |
| Mai ............... | 22 874 182 | 400 | 22 873 782 |

|            | 1913.        | 1915.    | DIFFÉRENCE 1915-1913. |
|------------|--------------|----------|-----------------------|
| Juin ............. | 17 359 580 | 1 767   | 17 357 813 |
| Juillet........... | 18 001 862 | 96 348  | 17 905 514 |
| Août ............. | 21 301 274 | 38 743  | 21 262 531 |
| Septembre ........ | 34 789 624 | 96 797  | 34 692 827 |

La diminution des exportations américaines à destination des pays neutres voisins de l'Allemagne n'est pas moins suggestive.

On voit les achats de la Hollande aux États-Unis pour le mois d'août 1915 par rapport en 1913, diminuer de plus de 50 pour 100. Quant aux exportations de la Hollande vers les Empires du centre et la Belgique (commerce général) on constate qu'elles ont diminué d'environ 75 pour 100 pendant les sept premiers mois de 1915 par rapport à la période correspondante de 1913 et de 1914.

Pour le Danemark, depuis la fin de mars jusqu'à la fin de septembre 1915, les importations des États-Unis au Danemark diminuaient de plus de moitié, tombant d'environ 11 millions et demi de dollars en mars à environ 5 millions et demi en septembre.

Dans une étude d'ensemble faite par le Comité de restriction sur l'effet des mesures restrictives prises par les Alliés sur le commerce allemand pendant les quatorze premiers mois de la guerre, on pouvait conclure ainsi : après douze mois de guerre le commerce extérieur de l'ennemi a subi une réduction d'au moins 60 pour 100 dans ses importations provenant des États-Unis d'Amérique. Tandis que les marchés alliés se fermaient presque totalement aux produits ennemis, au cours du troisième trimestre de 1915, le montant des exportations mensuelles du groupe formé par les Empires du centre et les neutres du Nord était tombé de 185 millions de francs à 25 millions environ pour les trois grandes républiques américaines, ce qui montre combien petite devait être la part de l'Allemagne étant donné qu'on doit admettre que les neutres du Nord n'avaient pas complètement renoncé à leurs anciens clients.

Et tout cela prouve la grande perturbation causée chez l'ennemi par le décret et l'ordre en Conseil de mars 1915, dans le trafic indirect de l'Allemagne avec les pays d'outre-mer.

Dans les statistiques postérieures à 1915, les choses ne peuvent plus être étudiées de la même façon, car on se trouve en face d'un nouvel élément : les divers accords passés avec les neutres.

A un moment on avait envisagé l'éventualité d'un rationnement d'office des neutres sur la base du Décret de mars 1915. On aurait procédé de la manière suivante : toutes les marchandises importées par un pays neutre au delà de ses besoins auraient été présumées à destination de l'Allemagne et comme telles susceptibles d'être arrêtées. Cela montre l'intérêt que les neutres avaient à s'entendre avec les Alliés plutôt que de laisser ceux-ci régler unilatéralement l'application des principes posés par eux. En fait, des accords intervinrent qui rendirent inutile la procédure d'action d'office envisagée en août 1915. Mais, il ne faut pas perdre de vue que, à la base de tous les accords avec les neutres, il y avait les règles établies en matière de contrebande et d'arrêt des marchandises. Ces règles demeuraient comme l'infrastructure du blocus, et sans elles, il n'aurait pas pu être possible d'agir en l'absence d'accords. Les accords auraient été sans sanction. Ils n'auraient peut-être même pas pu être passés.

Il n'est donc pas exagéré de dire qu'avec les règles édictées en matière de contrebande, le décret du 13 mars et l'ordre en Conseil du 11 mars ont constitué l'armature même, le mécanisme vraiment agissant du blocus économique de l'Allemagne.

Ils ont défini les règles fixant la contrebande de guerre et ont établi en somme le nouveau droit commun du blocus.

# CHAPITRE VIII

# LA CONTREBANDE DE GUERRE (1)

## Par M. THILLY

Docteur en droit
Sous-chef du secrétariat de la Commission européenne du Danube.

I

Notions générales. — Le droit coutumier et le droit conventionnel. —
État du droit en 1914, valeur de la Déclaration de Londres de 1909.
— Principes dominant la politique des Alliés en matière de contrebande : unité d'action ; évolution nécessaire de la notion de contrebande.

La contrebande de guerre est constituée par un certain nombre
d'objets ou marchandises d'un usage militaire, que les belligérants ont le droit de capturer en mer, sur quelque navire qu'ils
se trouvent, neutre, ennemi ou allié, à condition toutefois que ces
objets ou marchandises aient une destination hostile.

Cette définition est un peu vague à dessein parce que le classement d'un objet dans la contrebande de guerre ne s'est pas toujours
fait de la même manière ; d'autre part, la notion de destination
hostile n'est pas simple et elle a varié. Mais sous réserve des précisions qui sont suivre, la définition précédente fait apparaître
les trois traits principaux qui caractérisent la contrebande de
guerre :

1º Ce terme vise des objets ou marchandises destinés à un usage
militaire : par exemple des armes, des explosifs, des vivres pour
les troupes, etc. ;

---

(1) Nous laissons de côté, dans le présent chapitre, le décret du 13 mars 1915
sur le blocus économique, qui fait l'objet d'un chapitre spécial (Voir *supra*
chap. VII.).

2º Ces objets ne sont traités comme contrebande de guerre que s'ils ont une destination hostile ; il est évident que si la destination hostile fait défaut, le droit des belligérants manque de base ;

3º Lorsque les deux conditions précédentes sont remplies, les articles considérés comme contrebande sont saisissables en mer quel que soit le navire qui les transporte.

Il y a là une dérogation remarquable au principe admis aujourd'hui, en vertu duquel seule la propriété ennemie naviguant à bord d'un navire ennemi est sujette à capture (Déclaration de Paris de 1856). Comment s'expliquer le régime exceptionnel de la contrebande de guerre? Son fondement réside dans le caractère tout à fait spécial de la contrebande : le transport de la contrebande s'applique à des objets susceptibles d'être utilisés pour des fins militaires ; il se distingue par là des autres opérations commerciales, et les belligérants ne font guère qu'user de leur droit de légitime défense en y mettant obstacle.

Mais ce qu'il convient de remarquer, c'est que les principes du droit des gens confèrent aux belligérants le droit de confisquer la contrebande rencontrée en mer, sans imposer d'obligation aux puissances neutres. Celles-ci ne sont pas tenues d'empêcher leurs ressortissants de se livrer au trafic des objets de contrebande par terre ou par mer. Le devoir pour les États neutres de s'abstenir de toute immixtion dans les hostilités est défini, au point de vue qui nous occupe, par les articles 6 et 7 de la Convention XIII de La Haye (1907) :

Article 6. — La remise, à quelque titre que ce soit, faite directement ou indirectement par une puissance neutre à une puissance belligérante, de vaisseaux de guerre, de munitions, ou d'un matériel de guerre quelconque, est interdite.

Article 7. — Une puissance neutre n'est pas tenue d'empêcher l'exportation ou le transit, pour le compte de l'un ou de l'autre des belligérants, d'armes, de munitions et en général de tout ce qui peut être utile à une armée ou à une flotte.

Les belligérants ont donc seulement le droit d'arrêter et de confisquer la contrebande rencontrée en mer par leurs vaisseaux ; ils n'ont aucun compte à demander aux États neutres à raison du trafic de contrebande exécuté par les particuliers neutres qui ont pu échapper à la surveillance de leurs croisières. C'est en ce sens que nous pouvons dire que les règles relatives à la contrebande de guerre confèrent un droit aux belligérants, sans constituer un devoir de la neutralité.

Ramenée à ses éléments essentiels, la contrebande de guerre est d'institution très ancienne : elle est universellement admise tant en vertu de la coutume internationale que par le droit conventionnel. Le règlement français de février 1543 parle déjà de contrebande sans employer le mot : l'article 42 de ce texte (1) décide que les « alliés et confédérés » pourront charger sur leurs navires toutes sortes de marchandises et les conduire où bon leur semblera « pourvu que ce ne soient munitions de guerre dont ils vouloissent fortifier nos dits ennemis ; au quel cas nous avons permis et permettons à nos dits sujets les prendre et amener à nos ports et hâvres, etc... »

Même disposition dans l'article 69 du règlement de mars 1584 (2) et l'ordonnance sur la marine d'août 1681 (titre des prises, art. 11) déclare : « Les armes, poudres et boulets et autres munitions de guerre, même les chevaux et équipages qui seront transportés pour le service de nos ennemis, seront confisqués, en quelque vaisseau qu'ils soient trouvés et à quelque personne qu'ils appartiennent, soit de nos sujets ou alliés » (3).

Des traités assez nombreux, conclus au dix-huitième siècle, montrent aussi la constance de la pratique de la contrebande de guerre (4).

Enfin la Déclaration de Paris du 16 avril 1856, adoptée par tous les grands États à l'exception des États-Unis qui toutefois en ont suivi en pratique les prescriptions (5), renferme la consécration conventionnelle des règles relatives à la contrebande de guerre :

---

(1) Lebeau, *Nouveau Code des prises*, an VII, t. I, p. 19.

(2) Lebeau, *op. cit.*, t. I, p. 29.

(3) Lebeau, *op. cit.*, t. I, p. 98. Voir aussi ordonnance de 1705 et règlement de 1778.

(4) Traités conclus par la France avec les villes hanséatiques (28 septembre 1716) (Lebeau, t. I, p. 353), le Danemark (20 octobre 1742), Hambourg (1er avril 1769) (Lebeau, t. II, p. 239), les États-Unis (6 février 1778) (Lebeau, t. II, p. 275)...

(5) Dans l'introduction aux instructions adressées en juin 1917 à la Marine américaine, on relève ce passage : « Les États-Unis n'ont pas formellement adhéré à la déclaration de Paris, mais ils ont, en pratique, suivi ses prescriptions. »

ARTICLE 2. — Le pavillon neutre couvre la marchandise ennemie, à l'exception de la contrebande de guerre.

ARTICLE 3. — La marchandise neutre, à l'exception de la contrebande de guerre, n'est pas saisissable sous pavillon ennemi.

Si la chose n'était superflue, il serait facile de montrer, à l'aide de quelques exemples, que durant les guerres du dix-neuvième siècle et du début du vingtième, les belligérants ont toujours pourchassé la contrebande de guerre. Ce court exposé établit donc le caractère coutumier et conventionnel de la contrebande dont l'existence se trouve ainsi légitimée au regard du droit des gens.

Seulement, si la légitimité de la contrebande de guerre n'était pas contestée en 1914, il s'en fallait de beaucoup à cette époque que l'accord fût unanime entre les nations sur le point de savoir quels objets pouvaient être considérés comme étant de la contrebande et ce qu'il fallait entendre par destination hostile. A cet égard la coutume était divisée et la déclaration de Paris de 1856, qui était le seul texte conventionnel en vigueur, était muet sur ces deux questions, comme on peut s'en rendre compte en se reportant à la citation que nous en avons donnée. Il est vrai que la Déclaration de Londres du 26 février 1909 contenait une réglementation complète de la contrebande ; mais cette déclaration, qui avait été signée par les plénipotentaires envoyés à Londres en 1908, n'avait été ratifiée par aucun État ; elle était par suite sans valeur juridique. Le retentissement qu'elle avait eu en faisait un monument doctrinal remarquable auquel les juristes consacraient dans leurs ouvrages des développements importants ; mais elle n'avait pas force obligatoire.

Au début de la guerre de 1914, les belligérants ne se trouvaient donc liés en matière de contrebande de guerre par aucun traité puisqu'en somme la déclaration de 1856 se bornait à reconnaître la légitimité de la répression de la contrebande de guerre sans définir cette contrebande. La distinction de la contrebande absolue et de la contrebande conditionnelle, elle-même, était loin d'être acceptée par tous les États : c'est ainsi par exemple que pendant la guerre italo-turque de 1911, l'Italie n'avait pas distingué les objets d'un usage exclusivement militaire et les objets susceptibles de servir soit à la guerre soit à un usage pacifique (*ancipitis usus*).

Les Alliés avaient donc carte blanche pour adopter l'attitude qui leur paraîtrait la meilleure. Ils aperçurent immédiatement le rôle important que la contrebande était appelée à jouer dans la guerre. Grâce à la flotte anglaise, ils détenaient la maîtrise incontestée de la mer ; ils pouvaient donc à leur gré régler ou tarir le ravitaillement de l'Allemagne. La situation géographique de l'Allemagne empêchait cette puissance de communiquer librement par mer avec ses fournisseurs ; enfin l'Allemagne était tributaire de l'étranger pour un grand nombre de produits nécessaires à la conduite de la guerre. Il était donc urgent de faire rendre à la contrebande de guerre tout ce que le droit des gens et les circonstances politiques permettaient d'en attendre. Dès le mois d'août 1914, les gouvernements français et anglais se préoccupèrent de cette question.

La politique de la France et de l'Angleterre en matière de contrebande de guerre s'inspira de deux principes : assurer autant que possible l'unité d'action des Alliés, adapter les règles relatives à la contrebande de guerre au caractère nouveau de la guerre, tout en lésant dans la moindre mesure les intérêts du commerce neutre.

L'unité d'action interalliée avait besoin d'être réalisée d'abord parce que la pratique anglaise et la pratique française présentaient de notables différences ; de plus, à supposer qu'elles eussent concordé, il était évident que les circonstances nécessiteraient la modification des règles traditionnelles propres à chaque pays. Or, il y avait intérêt à ce que cette mise au point se fît suivant un plan concerté. Si tous les Alliés, spécialement la France et l'Angleterre qui avaient la garde de la mer, s'en tenaient à un point de vue commun, l'effet moral et diplomatique sur les ennemis et les neutres s'en trouverait accru : les ennemis auraient l'impression qu'ils avaient affaire à un bloc de puissances unies dans le même effort. Quant aux neutres, il serait beaucoup plus facile de leur faire accepter les règles suivies par les Alliés, si celles-ci étaient identiques ; impossible d'arguer vis-à-vis d'un allié de la conduite différente d'un autre allié, et même finalement avantages pour les neutres qui n'auraient pas à se préoccuper de connaître des prescriptions multiples, diverses et peut-être contradictoires. Enfin, cette unité d'action était très précieuse au point de vue de la surveillance du trafic de contrebande : elle permettait aux Alliés de se répartir la tâche et d'alléger le travail des croisières, ou encore, lorsque le besoin s'en faisait sentir, de constituer des croisières mixtes pourvues d'instructions analogues. Comme on le verra, cette communauté d'action fut particulièrement étroite entre la France et l'Angleterre et elle se manifesta dès le mois d'août 1914. On conçoit qu'elle n'ait pu être absolue et qu'elle ait parfois rencontré des difficultés, étant donnée notamment la diversité des intérêts économiques.

En second lieu, les Alliés s'efforcèrent d'adapter le régime de la contrebande aux conditions nouvelles de la guerre moderne, sans provoquer trop de résistance de la part des neutres. L'opposition d'intérêts des neutres et des belligérants en matière de contrebande est pour ainsi dire classique : les belligérants ont naturellement tendance à allonger les listes de contrebande et à admettre facilement la destination hostile de la cargaison, à l'effet de nuire davantage à leurs adversaires ; les neutres ont au contraire intérêt à continuer et à développer leur commerce avec tous les belligérants. Cet antagonisme n'est pas chose nouvelle, mais il a revêtu lors de la dernière guerre des formes aiguës du fait du caractère total et industriel de ce conflit et des conditions économiques du monde contemporain. Une guerre comme celle de 1914, guerre scientifique, de peuple à peuple, qui absorba toutes les forces vives des nations pendant plusieurs années, eut pour conséquence l'inscription sur les listes de contrebande d'une foule de produits : les moyens nouveaux de combats, aéroplanes, dirigeables, bombes, obus à gaz, etc., fournissaient déjà un appoint considérable aux listes de contrebande ; et si l'on songe aux besoins d'armées composées de plusieurs millions d'hommes : nourriture, vêtement, transport, etc., on peut se rendre compte qu'il n'était presque pas de produits qui ne fussent susceptibles de servir aussi bien à des usages militaires qu'à des usages pacifiques et par suite d'être considérés comme contrebande. D'autre part, à cause de la concentration de toutes les ressources économiques dans les mains des pouvoirs publics par le procédé généralisé de la réquisition, il était devenu à peu près impossible de discriminer parmi les marchandises acheminées vers un pays celles qui étaient destinées à la population civile et celles qui étaient réservées à la conduite de la guerre : pas de cloisons étanches entre la vie civile et la vie militaire, mais au contraire une mise en commun de tous les moyens de subsistance qui frappait d'inanité les règles admises jusqu'alors pour déterminer la destination, pacifique ou militaire, des objets *ancipitis usus*. Enfin le mécanisme même des échanges internationaux : rapidité des transports, grand nombre des intermédiaires, pratique courante des documents à ordre... fournissait à l'ennemi l'occasion de dissimuler ses importations de contrebande sous le couvert des neutres ; sous peine de condamner le répression de la contrebande à rester inefficace, il fallait édicter des règles permettant de confisquer la contrebande à raison de sa destination réelle et de démasquer la personne neutre interposée.

Ces deux facteurs : caractère total et industriel de la guerre, conditions économiques du monde contemporain, ont provoqué une évolution remarquable de la notion de contrebande. Les Alliés ont dû modifier plusieurs fois leur politique en cette matière pour la mettre en harmonie avec les nécessités de la guerre. C'est l'histoire de cette politique que nous allons retracer à grands traits et nous verrons comment les Alliés ont pu faire accepter par les neutres, sans s'aliéner leur sympathie, les restrictions qu'ils ont été obligés d'imposer à leur commerce.

Cette histoire peut se diviser en deux périodes : la première étant caractérisée par la mise en application sous certaines réserves de la Déclaration de Londres, en France par le décret du 25 août 1914, remplacé bientôt par celui du 6 novembre 1914, modifié à son tour par celui du 12 avril 1916 ; la seconde qui va du 6 juillet 1916, date de l'abrogation de la Déclaration de Londres à la fin de la guerre, étant caractérisée par le retour aux règles coutumières corrigées par les enseignements de la guerre.

La réglementation de la contrebande de guerre se rapporte aux listes de contrebande, à la destination de la contrebande, aux sanctions. La Déclaration de Londres n'ayant jamais eu en fait grande importance eu égard à la détermination des objets de contrebande, il n'y a pas intérêt à fragmenter l'étude des listes de contrebande ; nous allons donc sommairement les examiner en une seule fois.

## II

### LES LISTES DE CONTREBANDE

Unification des listes alliées de contrebande. — Sort du classement des
objets établi par la Déclaration de Londres. — Extension prise par
la notion de contrebande. — Justification. — Facteurs ayant influé
sur le développement des listes de contrebande. — Longueur de la
guerre. — Son caractère total et industriel. — Exemples à l'appui.

La double préoccupation, d'adapter les règles de la contrebande aux conditions nouvelles de la guerre et de maintenir
l'unité d'action entre les Alliés, apparaît clairement dans l'histoire
et la comparaison des listes de contrebande françaises et alliées.

Dès le début de la guerre, l'accord de la France et de la Grande-
Bretagne se fait sur la liste des objets de contrebande, l'ordre en
Conseil du 6 août 1914 et la notification française du 11 août 1914
contenant des dispositions identiques arrêtées en commun. Il
en fut de même dans la suite des inscriptions nouvelles sur les
listes anglaises et françaises ; celles-ci faisaient l'objet de discussion
et de communications préalables et elles étaient généralement publiées dans les deux pays à quelques jours d'intervalle. Dans l'ensemble la confection des listes françaises et anglaises a donc eu lieu
d'après un plan concerté entre les gouvernements anglais et français.

L'unification des listes de contrebande ne put être aussi complète en ce qui concerne les autres pays alliés ; les listes japonaises,
notamment, à raison de la situation spéciale du Japon, restèrent
toujours beaucoup moins étendues que les listes françaises. Les
différences que l'on peut relever ne présentent d'ailleurs pas une
grande importance pratique, étant donné que les nations alliées,
maîtresses des mers, avaient adopté les mêmes listes. Il est intéressant de signaler néanmoins qu'à la suite du vœu émis par la
Conférence interalliée de Paris (27 et 28 mars 1916), le Comité
permanent international d'action économique s'attacha dès 1916
à unifier les listes existantes et à maintenir à l'avenir leur concordance. Ainsi à la fin de 1916, cette tâche était à peu près achevée
pour ce qui regardait les listes anglaises, belges, françaises, italiennes
et russes : 45 articles leur étaient communs, des articles supplé-

mentaires étaient admis au nombre de 12 par la Belgique, de 14 par la France et la Grande-Bretagne. En juillet 1917, les listes étaient identiques en Belgique, France, Grande-Bretagne, Italie, Portugal et Russie. Dans la suite, le Comité permanent poursuivit son effort, en proposant à tous les États alliés l'inscription des produits nouvellement inscrits par quelques-uns d'entre eux seulement. Grâce à cet organisme de liaison, l'unification des listes alliées de contrebande put être réalisée dans la plus large mesure possible.

La première liste française est du 11 août 1914 et depuis cette date, il y a été fait de nombreuses additions et modifications (1), par les soins du ministère de la Marine, sur la demande des ministères intéressés ou de nos alliés et après examen du Comité de restriction.

Une première constatation s'impose, lorsque l'on considère les listes françaises de contrebande pendant la dernière guerre : le classement des articles de contrebande établi par la Déclaration de Londres n'a été à aucun moment de la guerre observé point par point : les Alliés s'étaient d'ailleurs expressément réservé le droit d'agir de la sorte. Ce texte distinguait trois catégories d'objets : une liste de contrebande absolue comprenant les objets exclusivement employés à la guerre, une liste de contrebande conditionnelle comprenant des objets susceptibles à la fois d'un usage pacifique et d'un usage militaire (*ancipitis usus*), une liste libre comprenant des objets exclusivement employés aux usages pacifiques et qui n'ont jamais le caractère de contrebande.

Pour des raisons que nous indiquerons, de nombreux produits figurant sur la liste libre furent considérés comme contrebande : coton, laine, soie, jute, caoutchouc, minerais, etc.

Mais surtout la distinction de la contrebande absolue et de la contrebande relative, bien que maintenue jusqu'à la fin de la guerre, devint bientôt dénuée d'intérêt. Cela provient d'abord

---

(1) Voici la liste des notifications françaises relatives aux listes de contrebande ; les caractères italiques indiquent les listes complètes ou refondues, les autres, les additions et modifications isolées : 11 *août* 1914, 3 octobre 1914, 6 *novembre* 1914, 3 *janvier* 1915, 12 mars 1915, 29 mars 1915, 22 août 1915, 14 *octobre* 1915, 27 janvier 1916, 13 avril 1916, 28 juin 1916, 14 octobre 1916, 23 *novembre* 1916, 2 et 3 janvier 1917, 11 juillet 1917, 31 juillet 1918, 5 octobre 1918, 25 *octobre* 1918.

de ce que les deux sortes de contrebande furent soumises au même régime comme nous le verrons. De plus, si l'on fait abstraction de ce point de vue, on remarque que le classement des articles de contrebande dans une catégorie plutôt que dans l'autre ne s'est pas fait suivant un principe très rigoureux ; on trouve en effet dans les listes de contrebande absolue des objets *ancipitis usus*, par exemple les minerais, les matières premières, le coton, la laine, le liège, le savon, les métaux, l'or et les papiers représentatifs de la monnaie, etc. Cela s'explique par la concentration dans les mains du pouvoir central ennemi de toutes les ressources ennemies — le contrôle du gouvernement allemand sur la vie économique se manifestait de diverses façons : déclaration obligatoire des stocks, réquisitions fréquentes... si bien qu'étant donnée la rareté des objets *ancipitis usus* en Allemagne, leur destination à un usage pacifique était souvent très problématique.

Leur classement dans la contrebande absolue devenait dès lors parfaitement logique et dépendait des circonstances. Finalement l'inscription d'un article dans les listes de contrebande absolue signifia simplement ceci, que l'utilisation militaire de cet article était en fait prépondérante et son utilisation pacifique, secondaire ou improbable. Ce n'est donc plus à un critérium cherché dans la nature même de l'objet que l'on s'est attaché pour opérer les inscriptions sur la liste de contrebande absolue, mais bien à l'usage prépondérant de l'article envisagé que les circonstances révélaient comme pratiquement certain.

Ce qui frappe davantage encore, à l'inspection même superficielle des listes françaises, c'est l'extension de plus en plus grande prise au cours de la guerre par la notion de contrebande de guerre. A cet égard la comparaison de la première liste du 11 août 1914 et de la dernière du 25 octobre 1918, est très suggestive ; malgré la sécheresse de cette nomenclature, on nous permettra de reproduire ces deux documents.

**Liste française de contrebande de guerre du 11 août 1914.**

CONTREBANDE ABSOLUE

1° Les armes de toute nature, y compris les armes de chasse et les pièces détachées caractérisées.

2º Les projectiles, gargousses et cartouches de toute nature et les pièces détachées caractérisées.

3º Les poudres et les explosifs spécialement affectés à la guerre.

4º Les affûts, caissons, avant-trains, fourgons, forges de campagne et les pièces détachées caractérisées.

5º Les effets d'habillement et d'équipement militaire caractérisés.

6º Les harnachements militaires caractérisés de toute nature.

7º Les animaux de selle, de trait et de bât, utilisables pour la guerre.

8º Le matériel de campement et les pièces détachées caractérisées.

9º Les plaques de blindage.

10º Les bâtiments et embarcations de guerre et les pièces détachées spécialement caractérisées comme ne pouvant être utilisées que sur un navire de guerre.

11º Les instruments et appareils exclusivement faits pour la fabrication de munitions de guerre, pour la fabrication et la réparation des armes et du matériel militaire, terrestre ou naval.

12º Les aérostats et les appareils d'aviation, les pièces détachées caractérisées, ainsi que les accessoires, objets et matériaux caractérisés comme devant servir à l'aérostation ou à l'aviation.


## CONTREBANDE CONDITIONNELLE

1º Les vivres.

2º Les fourrages et les graines propres à la nourriture des animaux.

3º Les vêtements et les tissus d'habillement, les chaussures propres à des usages militaires.

4º L'or et l'argent monnayés et en lingots, les papiers représentatifs de la monnaie.

5º Les véhicules de toute nature pouvant servir à la guerre, ainsi que les pièces détachées.

6º Les navires, bateaux et embarcations de tout genre, les docks flottants, parties de bassins, ainsi que les pièces détachées.

7º Le matériel fixe ou roulant des chemins de fer, le matériel des télégraphes, radiotélégraphes et téléphones.

8º Les combustibles, les matières lubrifiantes.

9º Les poudres et les explosifs qui ne sont pas affectés spécialement à la guerre.

10º Les fils de fer barbelés, ainsi que les instruments servant à les fixer ou à les couper.

11º Les fers à cheval et le matériel de maréchalerie.

12º Les objets de harnachement et de sellerie.

13º Les jumelles, les télescopes, les chronomètres et les divers instruments nautiques.

## Liste française de contrebande de guerre du 25 octobre 1918.

### CONTREBANDE ABSOLUE

1º Les armes de toute nature, y compris les armes de chasse et de sport, ainsi que leurs pièces détachées, les appareils pouvant servir à contenir ou à projeter des gaz liquéfiés ou comprimés, des liquides inflammables, des acides ou d'autres agents de destruction susceptibles d'être utilisés pour la guerre, ainsi que leurs pièces détachées.

2º Les instruments et appareils exclusivement propres à la fabrication des munitions de guerre, ou à la fabrication, ou à la réparation des armes, ou du matériel de guerre, terrestre ou naval.

3º Les tours, machines et outils, pouvant servir à la fabrication des munitions de guerre.

4º L'émeri, le corindon, le carborundum sous toutes ses formes, et toutes autres substances abrasives, naturelles ou artificielles, ainsi que les produits fabriqués avec ces matières.

5º Les projectiles, gargousses, cartouches et grenades de toute nature et leurs pièces détachées.

6º Les cires de toutes sortes.

7º Les poudres et explosifs spécialement affectés à la guerre.

8º Les matières employées à la confection des explosifs, y compris : l'acide nitrique et les nitrates de toute nature, l'acide sulfurique, l'acide sulfurique fumant (oléum), l'anhydride acétique, l'acide acétique et les acétates, le chlorate et le perchlorate de baryum, l'acétate, le nitrate et le carbure de calcium, les sels de potassium et la potasse caustique, les sels d'ammonium et l'ammoniaque (solution), la soude caustique, le chlorate et le perchlorate de sodium, le mercure, le benzol, le toluol, le xylol, le naphte (employé comme dissolvant), le phénol (acide phénique), le crésol, la naphtaline, ainsi que leurs mélanges et leurs dérivés, l'aniline et ses dérivés, la glycérine, les acétones et matières premières brutes ou raffinées pouvant servir à leur préparation, l'éther acétique, l'éther formique, l'éther sulfurique, les alcools y compris l'huile de fusel, l'esprit de bois, leurs dérivés et leurs préparations, le soufre, le sulfate de baryte (barytine), l'urée, la cyanamide, le celluloïd, les masses d'épuration épuisées.

9º Les gaz, les vapeurs et les liquides vaporisables employés pour la guerre, ainsi que les matières servant à leur préparation ; les substances incendiaires et les matières servant à produire de la fumée employées pour la guerre, tels que le gaz ammoniac, le chlore, l'acide chlorhydrique, l'anhydride sulfureux, le phosgène (chlorure de carbonyle), le brome, l'iode et ses composés, le phosphore et ses composés, le sulfure de carbone, l'arsenic et ses composés, le bioxyde de manganèse, le prussiate de soude, le cyanure de sodium, l'acide oxalique et les oxalates, l'acide formique et les formiates, les phénates, les sulfites et les hyposulfites métalliques, la chaux sodée et le chlorure de chaux, les sels de strontium et de lithium et leurs composés, etc...

10° Le piment et le poivre.

11° Les affûts, caissons, avant-trains, fourgons, forges de campagne et leurs pièces détachées, le matériel de campement et ses pièces détachées.

12° Les fils de fer et d'acier et tous les articles manufacturés, les câbles et treillages divers, les fils de fer barbelés et les instruments employés à les fixer ou à les couper.

13° Les télémètres et leurs pièces détachées, les projecteurs et leurs pièces détachées.

14° Les effets d'habillement et d'équipement ayant un caractère militaire.

15° Les animaux de selle, de trait et de bât, utilisables pour la guerre ou susceptibles de le devenir.

16° Toutes espèces de harnachements ayant un caractère militaire.

17° Les peaux de bétail, de buffles et de chevaux, les peaux de veaux, de porcs, de moutons, de chèvres et de daims, ainsi que le cuir, manufacturé ou non, propre à la sellerie, aux harnachements, chaussures ou effets militaires ; les courroies de cuir, les cuirs imperméables et les cuirs de pompe.

18° Les matières tannantes de toutes sortes, y compris le bois de québracho et les extraits servant au tannage.

19° La laine brute, peignée ou cardée, les déchets de laine et résidus de toute nature, les fils de laine, les cheveux, les crins et poils d'animaux de toute espèce, ainsi que leurs filés et leurs déchets, les feutres de laine.

20° Le coton brut, les linters, les déchets de coton, les filés de coton, les tissus de coton et autres produits tirés du coton susceptibles d'être employés à la fabrication des explosifs.

21° Le lin, le chanvre, la ramie, le kapok et toutes fibres végétales ainsi que leurs filés, le jute sous toutes ses formes, les drilles.

22° Les bâtiments de guerre, y compris les embarcations et les pièces détachées ne pouvant être utilisées que sur un bâtiment de guerre.

23° Les appareils de signaux phonétiques sous-marins.

24° Les plaques de blindage.

25° Les appareils aériens de toute espèce, y compris les aéroplanes, les aéronefs, les ballons et aérostats de toute nature, leurs pièces détachées ainsi que les accessoires, objets et matériaux propres à servir à l'aérostation ou à l'aviation, la baudruche.

26° Les automobiles de toute nature et leurs pièces détachées, ainsi que leurs accessoires.

27° Les pneumatiques et bandages pour automobiles et bicyclettes ainsi que les articles ou matériaux propres à être employés pour leur fabrication ou leur réparation.

28° Les huiles minérales, y compris la benzine et les essences à moteurs.

29° Les produits résineux, le camphre et la térébenthine (huile et essence), le goudron et l'essence de goudron de bois, les bitumes, asphaltes, poix et goudrons de toute nature.

30° Le caoutchouc (y compris le caoutchouc brut, usagé et récupéré, les solutions et pâtes contenant du caoutchouc et toutes autres préparations contenant du caoutchouc, le balata, la gutta-percha, ainsi que les variétés suivantes de caoutchouc, savoir : Bornéo, Guayulé, Jelutong, Palembang, Pontianac, et toutes autres substances contenant du caoutchouc) ainsi que les objets faits, en tout ou en partie, en caoutchouc.

31° Le rotin, le bambou, le jonc et l'osier sous toutes leurs formes.

32° Les matières lubrifiantes et notamment l'huile de ricin.

33° Les métaux suivants : le tungstène, le molybdène, le vanadium, le titane, l'uranium, le tantale, le zinc, le nickel, le cobalt, le manganèse, le chrome, leurs alliages, leurs sels et leurs composés, le sodium, le selenium, le fer électrolytique, la fonte hématite, l'acier contenant du tungstène, du molybdène, du titane ou de l'uranium.

34° L'amiante.

35° L'aluminium, les alliages d'aluminium, l'alumine et les sels d'aluminium.

36° L'antimoine, ainsi que les sulfures et oxydes d'antimoine.

37° Le cuivre, non travaillé ou mi-ouvré, les fils de cuivre, les alliages ou composés de cuivre.

38° Le plomb sous toutes ses formes, ses alliages, sels et composés.

39° L'étain, ses alliages, oxydes, sels et leurs déchets.

40° Les ferro-alliages de toutes sortes, y compris le ferro-cilicium.

41° Les minerais de tungstène, de molybdène, de vanadium, de titane, d'uranium, de strontium, de lithium, de tantale, de manganèse, de nickel, de cobalt, de chrome, d'hématite, les pyrites de fer, les pyrites de cuivre et autres minerais de cuivre, les minerais de zinc, de plomb, d'arsenic, d'étain et d'aluminium : bauxite, cryolithe, argile.

42° Les cartes et plans de toute partie du territoire des pays belligérants, ou de la zone des opérations militaires, à toute échelle plus grande que 1/250 000ᵉ ainsi que les reproductions à toute échelle de ces cartes ou plans par la photographie ou tout autre procédé ; les pellicules sensibles, plaques et papiers photographiques.

43° Le liège y compris le liège en poudre.

44° Les os sous toutes leurs formes, entiers ou concassés et les os calcinés, le noir animal.

45° Le savon et le bois de panama (écorce de quillaia).

46° Les chlorures métalliques (à l'exception du chlorure de sodium), les chlorures métalloïdiques.

47° Les composés halogènes du carbone, l'amidon, le glucose.

48° Le borax, l'acide borique et autres composés du bore.

49° Les graines de sabadelle et les préparations qui en dérivent.

50• L'or, l'argent, les papiers représentatifs de la monnaie, les titres, les effets négociables, les chèques, les traites, les mandats, les coupons, les lettres de crédit, de délégation, ou d'avis, les avis de crédit et de débit ou d'autres documents qui, soit par eux-mêmes, soit une fois complétés ou mis en usage par le destinataire, autorisent, confirment ou rendent effectifs le transfert de fonds, de crédit ou de titres.

51º Le talc.

52º Le feldspath.

53º Les matériels électriques adaptés aux usages de la guerre et pièces détachées.

54º Les matières isolantes brutes et ouvrées.

55º Les acides gras.

56º Le cadmium, alliages de cadmium et minerais de cadmium.

57º L'albumine.

58º Le zirconium, le cérium, le thorium, ainsi que tous les alliages et composés, zircon et sable monazité.

59º La soie sous toutes ses formes et les articles manufacturés, les cocons à soie, la soie artificielle et articles manufacturés.

60º Les diamants bruts utilisables pour des emplois industriels, les pierres gemmes brutes et les pierres artificielles brutes et taillées.

61º Le platine (minerai, métal et sels) et métaux de la mine de platine (iridium, ormium, ruthénium, rhodium, palladium, etc.), et leurs sels, ainsi que les alliages de tous ces métaux.

62º Tous les bois susceptibles d'usages militaires.

63º Les boulons et écrous, vis à bois ou à métaux et pointes d'acier.

64º Le fluorure de sodium.

65º L'anis, la badiane et les essences qui en sont extraites, l'acide citrique, ses dérivés et ses composés.

66º La chaux hydraulique et le ciment.

67º Les courroies de transmission.

## CONTREBANDE CONDITIONNELLE

1º Les vivres.

2º Les fourrages et matières propres à la nourriture des animaux.

3º Les graines oléagineuses, noix et cosses.

4º Les huiles et graisses d'animaux, de poissons et de végétaux, autres que celles susceptibles d'être employées comme lubrifiants et ne comprenant pas les huiles essentielles.

5º Les combustibles autres que les huiles minérales, y compris le charbon de bois.

6º Les poudres et explosifs qui ne sont pas spécialement préparés pour un usage de guerre.

7º Les fers à cheval et les matériaux de maréchalerie.

8º Les harnachements et la sellerie.

9º Les articles suivants s'ils sont utilisables pour la guerre, les vêtements, les articles fabriqués pour les vêtements, les peaux et fourrures, les chaussures et les bottes.

10° Les véhicules de toute nature autres que les automobiles et pouvant servir à la guerre, ainsi que leurs pièces détachées.

11° Le matériel fixe ou roulant de chemin de fer, le matériel des télégraphes, radiotélégraphes et téléphones.

12° Les navires, bateaux et embarcations de tous genres, les docks flottants et leurs pièces détachées, les parties de bassins.

13° Les jumelles, télescopes, chronomètres et toutes espèces d'instruments nautiques.

14° La caséine.

15° Les vessies, boyaux, enveloppes et peaux à saucisses.

16° Les levures.

17° Les éponges brutes et préparées.

18° Les colles, gélatines, et substances servant à leur fabrication.

19° Les barriques et tonneaux vides de toutes sortes et leurs parties constitutives.

20° Les algues, varechs, lichens et mousses diverses.

21° Le linoléum.

22° Le corozo.

*<br>* *

Restreintes jusqu'en 1916 à un nombre limité d'articles d'un usage militaire, les listes de contrebande ont compris peu à peu non seulement les objets nouveaux servant à la conduite de la guerre, mais aussi les minerais et matières premières, nécessaires à leur fabrication. Cette extension considérable des listes de contrebande est due aux conditions tout à fait spéciales dans lesquelles s'est déroulée la dernière guerre et elle ne semble pas avoir altéré le principe du droit des gens qui est l'essence même de la contrebande. La notion de contrebande n'est pas immuable, elle est en relations étroites avec les procédés de lutte qui évoluent constamment. La liste des objets de contrebande qui figure dans l'ordonnance sur la Marine (1681) pouvait être suffisante au dix-septième siècle lorsque la guerre se faisait avec des engins primitifs, mais il est évident qu'il ne saurait en être de même aujourd'hui, après tous les perfectionnements de la technique moderne. L'utilisation nouvelle d'un produit pour la guerre entraîne par le fait même la légitimité de son inscription sur les listes de contrebande. La question n'est donc pas de savoir si les listes françaises et alliées se sont allongées durant la guerre dans les proportions que certains peuvent estimer exagérées, mais de savoir si ces listes contiennent exclusivement des articles ayant un emploi militaire. Un examen impartial de ce problème conduit à reconnaître que le développement des listes françaises a été irréprochable au regard du droit des gens.

A l'appui de cette thèse, on pourrait invoquer d'abord l'idée de représailles : la conduite des Allemands autorisait les mesures de rétorsion les plus sévères et à supposer même que le droit des gens n'ait pas été scrupuleusement respecté par les Alliés dans la confection de leurs listes de contrebande, ces prétendues infractions n'égaleraient jamais le scandale de la violation de la neutralité belge et l'emploi presque habituel des moyens de guerre barbares et perfides qui caractérisent la pratique allemande de la guerre.

Mais il n'est pas nécessaire de faire appel à l'idée de représailles pour justifier le développement des listes alliées de contrebande. Les cruautés allemandes ont sans doute poussé les Alliés à user impitoyablement de tout leur droit, mais il ne semble pas qu'ils aient outrepassé les prescriptions édictées en dehors de toute idée de représailles par le droit international. La Déclaration de Londres énumérait les articles pouvant être considérés comme contrebande, mais cette déclaration n'était qu'un projet de convention, non ratifié et non obligatoire. En y adhérant librement, les Alliés avaient réservé leur droit de modifier suivant les nécessités les listes-types. Les Alliés ne se trouvaient donc liés que par le droit coutumier international ; or, comme la pratique internationale était divisée, les belligérants se trouvaient en fait juges de l'étendue qu'il convenait de donner à la notion de contrebande, sous la condition évidente de n'imposer aux intérêts neutres que la gêne strictement commandée par les nécessités de la guerre. Cela revient à dire que les Alliés avaient le droit de comprendre sur leurs listes de contrebande tous les articles utiles à la conduite de la guerre et seulement ces articles. Et c'est bien, en appliquant ce principe, que les Alliés ont été amenés à allonger dans des proportions considérables leurs listes de contrebande.

Ils l'ont fait sous l'influence de plusieurs facteurs : la longueur de la guerre, son caractère « total » et industriel.

La longueur de la guerre a eu pour conséquence d'entraîner

l'inscription sur les listes de contrebande des matières premières nécessaires à la fabrication des articles de guerre. Du jour où il apparut que la guerre, loin d'être de courte durée comme on l'avait cru tout d'abord, allait se prolonger bien au delà des prévisions, la questions du ravitaillement de l'Allemagne en matières premières prit une importance nouvelle : il devenait vain de prohiber le commerce maritime des articles utiles à la guerre, si l'on n'englobait pas dans la même prohibition les matières avec lesquelles ils étaient fabriqués. Au temps des guerres courtes et avant le développement de l'industrie contemporaine, il importait surtout de tarir le ravitaillement de l'ennemi en produits ouvrés directement utiles à la guerre, et c'est bien à cette idée que correspondait *grosso modo* la notion de contrebande ; mais la durée de la guerre de 1914 donnant le loisir à la puissante industrie allemande de travailler les matières premières en vue de leur transformation en articles de guerre, l'inscription de ces matières premières sur les listes de contrebande devenait absolument nécessaire pour que l'interdiction du commerce de contrebande eût une efficacité quelconque. C'est donc en obéissant à une nécessité véritable que les Alliés ont fait figurer sur leurs listes de contrebande nombre de matières premières : métaux, laine, coton, peaux brutes, etc... et spécialement les minerais.

Le caractère total de la guerre a contribué aussi dans une large mesure à l'extension des listes de contrebande. La dernière guerre a vu se dresser l'un contre l'autre deux groupes de nations, dans une lutte à outrance, sans merci. L'acharnement de la lutte, voulu par nos adversaires et imposé par leur conduite initiale, s'est manifesté par une tension de toutes les énergies nationales vers un seul but : la guerre. Les armées, au lieu des misérables effectifs des armées de métier, ont compris plusieurs millions d'hommes, presque toute la population mâle valide des nations belligérantes. Tandis que les armées se battaient sur le front, toute l'activité de l'arrière était orientée vers la satisfaction des besoins militaires : armes, canons, munitions, ravitaillement en produits alimentaires, vêtements, moyens de transport... En un mot, jamais on n'avait assisté à une pareille concentration de toutes les forces vives des nations en vue de la poursuite de la guerre. Ce phénomène général revêtit des formes particulièrement caractéristiques chez nos ennemis, obligés par leur situation géographique à ménager leurs ressources. Il y eut alors un renversement du rapport des besoins civils aux besoins militaires : l'armée, au lieu d'être un consommateur de second ordre par rapport à la population pacifique, absorba la majeure partie des produits essentiels à la vie. D'autre part, les armées avaient en quelque sorte un droit de priorité sur les approvisionnements : on prélevait d'abord sur eux par voie de réquisition les quantités nécessaires, si bien qu'il devint impossible pratiquement de considérer comme sans influence sur le ravitaillement de l'armée, l'entrée en Allemagne des denrées d'usage courant, des matières nécessaires à l'habillement, aux transports, etc... Enfin, alors que la guerre était caractérisée autrefois par la prépondérance de l'élément humain sur l'élément matériel, la guerre de 1914 a vu s'accroître l'importance du matériel. On a dit, et à juste titre, que cette guerre était une guerre scientifique et industrielle : les armes anciennes se sont perfectionnées et multipliées, il en a été fait un emploi intensif, de nouveaux moyens de combat : dirigeables, avions, gaz asphyxiants ont été mis en œuvre, la chimie de guerre a fait des progrès immenses, et l'ingéniosité humaine a trouvé à des produits jusquelà inoffensifs des usages de guerre.

Pour toutes ces raisons, il n'est donc pas étonnant que le nombre des articles de contrebande se soit accru chez tous les belligérants dans des proportions inouïes, L'espace mesuré dont nous disposons ne nous permet pas d'entrer dans tous les détails et de justifier une à une l'inscription de tous les produits figurant sur la liste française du 25 octobre 1918. Certaines énumérations de cette liste (nos 8 et 9 par exemple) marquent d'ailleurs suffisamment avec une éloquente sobriété la complexité de la chimie de guerre et sa nécessaire répercussion sur les listes de contrebande. Pour de nombreux produits, le lecteur n'aura d'autre part qu'à faire appel à ses souvenirs pour connaître les raisons qui ont motivé leur inscription sur les listes de contrebande : il lui suffira, par exemple, de se rappeler l'importance des transports automobiles militaires pour comprendre que le caoutchouc ne soit pas resté longtemps parmi les produits « libres » de la Déclaration de Londres. Nous allons seulement, à titre d'exemples et un peu au hasard, essayer de justifier l'inscription sur les listes françaises de quelques produits dont les usages de guerre sont moins connus :

La kapok (n° 21 A) (1) est un textile susceptible de remplacer le coton dans la fabrication des explosifs.

La baudruche (n° 25 A) est un succédané du caoutchouc ; on l'utilise pour la confection des ballonnets des zeppelins.

La poix (n° 29 A) entrait dans la préparation des artifices incendiaires, éclairants et asphyxiants ; le bitume et l'asphalte (n° 29 A) servaient à la fabrication des bombes incendiaires. L'huile de ricin (n° 32 A), connue surtout en pharmacie, était d'un usage courant dans les parcs d'avions comme lubrifiant à raison de sa propriété de se coaguler à une très basse température.

Le liège (n° 43 A) était utilisé dans la fabrication des flotteurs, réfrigérateurs, semelles contre l'humidité des tranchées ainsi que pour la production d'une certaine qualité de carbone ; la poudre de liège entrait dans la fabrication des pneus d'automobile. L'amidon (n° 47 A) par nitratation donnait un explosif. La graine de sabadelle (n° 49), sternutatoire très violent, servait à la préparation des obus lacrymogènes.

Le talc (n° 51 A) servait à la fois de lubrifiant et comme succédané du graphite pour revêtir les moules des fonderies. Le borax, l'acide borique et les borates (n° 48 A) étaient nécessaires à la fabrication de certains verres d'optique. Le feldspath (n° 52 A) était susceptible d'être employé dans la préparation de l'aluminium. La fibre vulcanisée, comprise sous la rubrique : matières isolantes (n° 54 A), servait à la confection des havresacs et semelles de chaussures, clapets pour pompes, soupapes des ballons, engrenages légers spéciaux, fibres pour moteur de dirigeables, joints pour tuyauteries (automobiles, avions)...

Les bois (n° 62 A) comprenaient notamment les bois exotiques (acajou, okoumé, tabasco) servant à la fabrication des aéroplanes et des bois contre-plaqués.

L'anis, la badiane (n° 65 A) étaient utilisées dans la fabrication des anisettes et kummels, distribués aux troupes d'assaut à raison de leur pouvoir stimulant ; d'autre part, le parfum violent de ces produits permettait de supporter les odeurs cadavériques, et

---

(1) Le chiffre indique le numéro sous lequel le produit figure dans la liste française du 25 octobre 1918. A signifie contrebande absolue, C contrebande conditionnelle.

l'huile de badiane était un stimulant énergique après les **gaz** asphyxiants. La caséine (n° 14 C) pouvait remplacer le celluloïd dans la fabrication des aéroplanes.

Les levures (n° 16 C), riches en albumine, étaient employées après séchage comme fourrage. Les algues, mousses et lichens (n° 20 C) fournissaient une colle excellente qui, avec des laquages ultérieurs, formait des enduits pour enveloppes de ballons et surfaces d'avion. D'autre part, ces végétaux servaient à la production de l'iode, de la soude, et à l'alimentation du bétail... etc...

Ces quelques exemples montrent que ce n'était pas sans de sérieuses raisons que les Alliés inscrivaient un produit sur leurs listes de contrebande. Ajoutons que, lorsqu'ils s'y décidaient, c'était seulement après s'être assurés que la prohibition du produit serait une cause de restriction réelle pour l'Allemagne et pas uniquement une gêne pour les neutres. C'est ainsi que maintes fois l'inscription d'un article a été provoquée par la connaissance que les Alliés avaient d'achats intensifs effectués à l'étranger pour le compte de l'Allemagne, achats qui révélaient les besoins de l'Allemagne et par conséquent l'utilité de l'inscription sur les listes de contrebande.

## III

### RÉGIME DE LA CONTREBANDE DE GUERRE

#### a) DÉCRET DU 25 AOUT 1914.

Motifs de l'adhésion à la Déclaration de Londres. — Sa portée. — La destination de la contrebande absolue. — La destination hostile de la contrebande conditionnelle. — Sanctions de l'interdiction du commerce de contrebande. — Régime spécial de la contrebande à destination de la Hollande.

Le premier acte de la France et de l'Angleterre fut de publier la liste des objets qu'elles considéraient comme étant contrebande de guerre : l'ordre en Conseil du 6 août 1914 et la notification française du 11 août 1914 correspondent à ce but. Dans ces **deux** documents, rien n'était spécifié eu égard au régime que les Alliés entendaient accorder à la contrebande. Au début d'août, divers États neutres, notamment les États-Unis et l'Italie, avaient demandé aux belligérants quelles dispositions ils comptaient adopter au sujet de la contrebande de guerre et s'ils avaient l'intention de se conformer à la Déclaration de Londres de 1909. Les Alliés étaient libres de répondre par l'affirmative ou par la négative à cette suggestion, puisque la Déclaration de Londres, nous l'avons vu, n'était pas obligatoire, faute d'avoir été ratifiée. Cependant, la France et l'Angleterre songèrent à la prendre comme base de leur politique, parce qu'elle avait l'avantage de leur fournir un terrain d'entente tout trouvé, en supprimant les divergences existant entre les pratiques anglaise et française. Mais comme la Déclaration de Londres n'offrait pas toutes les garanties d'efficacité désirables, la France et l'Angleterre décidèrent d'un commun accord d'y adhérer sous certaines réserves ; la France le fit par le décret du 25 août 1914 et l'Angleterre par l'ordre en Conseil du 20 août 1914 (1).

Ces deux textes reproduisent les mêmes dispositions ; nous nous bornerons à analyser le décret du 25 août et les dispositions de la Déclaration de Londres mises en vigueur par lui.

Le décret du 25 août 1914 stipule tout d'abord que la déclaration signée à Londres le 26 février 1909 sera appliquée durant la guerre, sous réserve de certaines additions et modifications. Cette adhésion n'impliquait en aucune manière que la déclaration cessât d'être un simple document doctrinal pour devenir un acte ayant force de loi internationale ; cette adhésion était unilatérale, elle ne constituait ni dans le fond ni dans la forme une ratification, elle laissait donc pleine et entière liberté d'action ultérieure des Alliés et elle n'était autre chose qu'un acte de droit interne fait par les Alliés dans le plein exercice de leur souveraineté et qu'ils conservaient le droit de modifier et d'abroger, comme une loi ou un décret ordinaire, à condition toutefois d'avertir les neutres dans les formes requises.

La portée juridique de l'adhésion française et anglaise à la Déclaration de Londres étant ainsi précisée, voici à quel régime elle soumettait la contrebande de guerre. Il faut distinguer les questions relatives à la destination de la contrebande et les sanctions de l'interdiction du commerce de contrebande.

---

(1) Nous nous occupons exclusivement des dispositions relatives à la contrebande contenues dans ces textes et dans ceux qui leur ont été substitués.

La Déclaration de Londres traitait différemment la contrebande absolue et la contrebande relative ou conditionnelle. En ce qui concerne la destination de la contrebande absolue, le décret du 25 août 1914 adoptait sans modification les règles édictées à Londres. Comme elles impliquaient la possibilité d'appliquer la théorie du voyage continu, elles parurent suffisantes pour garantir les droits des Alliés. D'après les articles 30 et suivants de la déclaration, les objets figurant sur les listes de contrebande absolue sont saisissables s'il est établi qu'ils sont destinés au territoire de l'ennemi, à un territoire occupé par lui ou à ses forces armées, peu importe que le transport de ces objets se fasse directement ou exige soit un transbordement, soit un trajet par terre. Ainsi la destination au territoire ennemi suffit pour entraîner la condamnation de la contrebande absolue ; cette destination ne peut, en effet, être regardée que comme hostile, parce que la contrebande absolue comprend des objets servant exclusivement à des fins militaires. La Déclaration de Londres prévoyait en outre deux cas où la présomption de destination hostile était absolue, c'est-à-dire ne souffrait pas la preuve contraire : 1º lorsque la marchandise était documentée pour être débarquée dans un port de l'ennemi ou pour être livrée à ses forces armées ; 2º lorsque le navire ne devait aborder qu'à des ports ennemis, ou lorsqu'il devait toucher à un port de l'ennemi ou rejoindre ses forces armées, avant d'arriver au port neutre pour lequel la marchandise était documentée.

Les objets de contrebande conditionnelle pouvant par définition servir à un double usage, soit pacifique, soit militaire, la Déclaration de Londres décide que leur destination hostile résulte de deux faits : la destination territoriale de la cargaison et son emploi à un usage militaire. Sur ces deux points, le décret du 25 août 1914 n'admettait pas sans modification les règles de Londres. Alors que suivant la Déclaration de Londres la contrebande conditionnelle doit, pour être saisissable, être chargée sur un navire faisant route vers le territoire de l'ennemi, vers un territoire occupé par lui ou vers ses forces armées, et ne devant pas être déchargé dans un port neutre intermédiaire (art. 35) — ce qui équivaut au rejet de la doctrine du voyage continu — le décret du 25 août 1914 (art. 1, par. 5) décidait qu'en dehors des cas prévus par l'article 35, la contrebande conditionnelle serait sujette à capture quel que soit le port de destination du navire et le port où la cargaison devrait être déchargée, à supposer, bien entendu, que l'emploi hostile de la contrebande ait été établi d'autre part. Cela revenait à étendre à la contrebande conditionnelle la doctrine du voyage continu, applicable d'après la Déclaration de Londres seulement à la contrebande absolue. Cette modification se justifiait par les circonstances et la situation géographique de l'Allemagne : dès le début de la guerre, il était en effet évident que nos ennemis se feraient adresser les marchandises de contrebande dont ils avaient besoin non pas directement dans les ports allemands, mais par l'intermédiaire des ports neutres bien placés pour se livrer à ce genre de commerce, Rotterdam et Gênes par exemple. L'accroissement anormal des importations dans les pays neutres voisins de l'Allemagne, révélé par les statistiques, ne tarda pas à vérifier entièrement le bien fondé de ces prévisions.

Pour que la contrebande conditionnelle fût saisissable, il ne suffisait pas qu'elle fût destinée au territoire ennemi, il fallait encore qu'elle fût en fait destinée à un emploi militaire et non pacifique. C'est ce qu'exprime l'article 33 de la Déclaration de Londres : les articles de contrebande conditionnelle sont saisissables, s'il est établi qu'ils sont destinés à l'usage des forces armées ou des administrations de l'État ennemi ; le décret du 25 août 1914 confirmait cette règle, en ajoutant que cette destination pourrait être induite de toute preuve suffisante ; cette précision, qui peut paraître superflue au premier abord, avait pour objet de faire connaître qu'aucune ruse, aucun subterfuge ne pourraient être invoqués pour couvrir la destination hostile établie au moyen de preuve suffisante. La Déclaration de Londres facilitait (art. 34) l'administration de la preuve, en établissant deux sortes de présomptions qui admettaient la preuve contraire ; la destination à un usage militaire était présumée : 1º lorsque l'envoi était adressé aux autorités ennemies ou à un commerçant établi en pays ennemi et lorsqu'il était notoire que ce commerçant fournissait à l'ennemi des objets de la nature de ceux qui sont envoyés ; 2º lorsque l'envoi était à destination d'une place fortifiée ennemie ou d'une place servant de base aux forces armées ennemies. A ces deux présomptions, le décret du 25 août 1914 en ajouta une troisième ; la destination à un usage militaire « sera présumée si la marchandise est consignée à, ou pour le compte de, un agent de l'État ennemi, ou à, ou pour le compte de, commerçant ou de toute autre personne agissant sous le contrôle des autorités de l'État ennemi » (art. 1, parag. 3). Il ressort de ce texte que la contrebande conditionnelle était saisissable, si elle était consignée par exemple à un agent du gouvernement allemand, de quelque nationalité qu'il soit, et quelle que soit sa résidence, neutre ou ennemie.

Grâce à ces deux innovations : extension à la contrebande conditionnelle de la théorie du voyage continu, nouvelle présomption de destination à usage militaire, la distinction des deux contrebandes perdait beaucoup de son importance. Elle n'était toutefois pas complètement abolie ; ainsi, d'après le décret du 25 août 1914, la contrebande conditionnelle adressée en pays neutre à une personne neutre ou ennemie pour le compte d'un commerçant résidant en pays ennemi et non soumis au contrôle de l'État ennemi, n'était pas saisissable, à l'inverse de la contrebande absolue, parce que la destination à un usage militaire n'était pas établie. Mais il demeure que le décret du 25 août constitue une étape notable dans la voie de l'assimilation des deux sortes de contrebande.

Ajoutons que la preuve de la destination hostile pour la contrebande absolue et conditionnelle incombait normalement à l'État capteur, sauf dans les cas où cette destination était présumée.

Le décret du 25 août 1914 ne modifiait les dispositions de la Déclaration de Londres relative aux sanctions de l'interdiction du commerce de contrebande que sur un point. Le décret autorisait la saisie du navire transportant de la contrebande, non seulement durant tout le cours de son voyage, comme le prévoient le articles 37 et 38 de la Déclaration de Londres, mais aussi avant que le navire ait achevé son voyage de retour, cela dans le cas où il avait réussi à transporter de la contrebande à l'ennemi avec des papiers faux. Exception faite de cette aggravation, le décret du 25 août consacrait les règles édictées à Londres : les articles de contrebande étaient sujets à confiscation sans indemnité, sauf s'il s'agissait d'un navire ignorant la déclaration de contrebande ou les hostilités, ou dont le capitaine n'avait pu décharger la contrebande prise à bord : dans ces cas, la confiscation devait être accompagnée d'une indemnité (art. 43) ; le Conseil des prises fit à plusieurs reprises application de ce principe (1).

Quant au navire, il pouvait être confisqué, sauf l'exception ci-dessus, seulement si la contrebande transportée formait soit par sa valeur, soit par son poids, soit par son volume, soit par son fret, plus de la moitié de la cargaison.

Bien entendu, conformément à la pratique courante des États civilisés, la capture d'un navire ou d'une cargaison ne devenait définitive qu'après avoir été confirmée par les Tribunaux des prises de l'État capteur.

Tel était au début de la guerre le droit commun en matière de contrebande suivi par la France. A côté de lui, un régime exceptionnel fut mis en vigueur pour certains articles de contrebande à destination de la Hollande. Une circulaire du 25 août 1914 prescrivait en effet de considérer comme suspectes de destination hostile tous les vivres pour la Hollande et les déclarait saisissables à moins de garanties formelles du gouvernement néerlandais au sujet de leur non-réexportation. Cette mesure s'imposait à raison de la situation des ports hollandais et de Rotterdam en particulier qui est le port de transit le plus important de la navigation du Rhin. Ce fleuve est la voie naturelle d'approvisionnement des pays allemands de l'Ouest et surtout la Convention du Rhin du 17 octobre 1868 enlevait au gouvernement hollandais la liberté de s'opposer au transit vers l'Allemagne des marchandises venant de Rotterdam. Les saisies opérées en vertu de cette circulaire portèrent sur tous les vivres sans distinction. A la suite de vives protestations du gouvernement hollandais, une nouvelle circulaire du 8 octobre 1914 vint préciser qu'il y aurait lieu de distinguer deux catégories de vivres : 1° les denrées alimentaires proprement dites (blé, orge, avoine, seigle, maïs, riz, gruau d'avoine, de blé, d'orge, farine de blé, poisson, viande) qui seraient soumises au régime exceptionnel de la circulaire du 25 août, ainsi que le pétrole, ses derivés et le caoutchouc ; 2° les autres denrées comestibles qui seraient régies par le décret du 25 août 1914.

D'une manière générale, quand il s'est agi d'articles de contre-

---

(1) Par ex. : *Insulinde*, décision des 15 et 18 mars 1915, *Recueil des décisions de prises du ministère de la Marine* (1916), p. 249 ; *Gorontalo*, décision du 5 juillet 1915, recueil cit., p. 254.

bande destinés à la Hollande, le Conseil des prises a toujours pris en grande considération la liberté du transit par le Rhin établie par la Convention de 1868. Il a décidé maintes fois que la saisie de la contrebande conditionnelle ne pouvait être validée que si l'État capteur prouvait la destination non seulement au territoire ennemi mais à l'usage des forces armées ou des administrations de l'État ennemi, ajoutant que si l'État capteur se trouvait en présence de marchandises voyageant dans des conditions irrégulières ou avec connaissement à ordre, il fallait rechercher la preuve de la destination dans les circonstances de l'affaire ; parmi ces circonstances figurait notamment la destination à un port hollandais d'où la marchandise pouvait être acheminée librement, en vertu de la convention du Rhin, sur tous les points riverains de ce fleuve (1).

### b) DÉCRET DU 6 NOVEMBRE 1914.

Historique. — Régime de la contrebande absolue. — De la contrebande
conditionnelle.

L'application du décret du 25 août et de l'ordre en Conseil correspondant souleva des protestations particulièrement vives de la part des États-Unis. L'Angleterre très impressionnée par l'attitude de cette nation entama des pourparlers avec le gouvernement américain et se montra disposée à consentir quelques concessions. Quant au gouvernement français, il estimait qu'il fallait concilier les intérêts des neutres et ceux des belligérants sans sacrifier les uns aux autres ; il fit part au gouvernement anglais de son point de vue, ajoutant que cette question délicate méritait à son avis d'être soumise à un examen sérieux et en commun des deux puissances alliées. A la suite de cette proposition, des entretiens eurent lieu à Londres dans la seconde quinzaine d'octobre entre délégués français et délégués britanniques : il en résulta l'ordre en Conseil du 29 octobre 1914 et le décret du 6 novembre 1914 qui renferment des dispositions identiques.

---

(1) *Atlas*, décret des 4 et 5 mai 1915, chargement de macaroni, *Recueil Marine*, p. 204 ; *Nieuw Amsterdam*, décret des 18-19 février 1915, vivres et fourrages pour les animaux, *Recueil Marine*, p. 226 ; *Boerve*, décret du 19 mai 1915, caoutchouc, *Recueil Marine*, p. 244, etc.

Loin de constituer un recul des Alliés par rapport à la position prise en août 1914, les nouvelles règles accentuaient encore la rigueur de celles qu'elles devaient remplacer. Seulement pour ménager les intérêts neutres, la France et l'Angleterre étaient tombées d'accord qu'il était indispensable de compléter les mesures édictées par des arrangements particuliers avec les neutres : dans ce but, les représentants alliés à l'étranger devaient s'entendre entre eux et remettre conjointement au gouvernement auprès duquel ils étaient accrédités un mémorandum invitant officiellement les neutres à conclure des accords avec les Alliés. Ainsi se trouvait établie la formule qui permettait aux Alliés de poursuivre énergiquement la répression de la contrebande, tout en offrant aux neutres de précieuses garanties pour la liberté de leurs transactions commerciales licites. D'une part, les Alliés édictaient des règles très sévères qui formaient le droit commun en matière de contrebande ; d'autre part, la rigueur du droit commun pouvait être atténuée en faveur des neutres qui auraient consenti à garantir par divers procédés la non-réexportation vers l'ennemi des marchandises de contrebande introduites chez eux.

Par le décret du 6 novembre 1914, le gouvernement français se ralliait encore à la Déclaration de Londres mais avec de nouvelles réserves. Le régime spécial de la Hollande fut supprimé. Rien ne fut changé au statut de la contrebande absolue ni aux sanctions de l'interdiction du commerce de contrebande. Les modifications, apportées par le décret du 6 novembre, visaient la contrebande conditionnelle.

La contrebande absolue continua donc à être saisissable lorsqu'elle était destinée au territoire de l'ennemi, directement ou indirectement. La réalité de cette destination résultait soit des présomptions de la déclaration de Londres, par exemple de la documentation de la marchandise pour être débarquée dans un port ennemi (1), soit de preuves proprement dites, par exemple l'expédition à ordre de la marchandise à un sujet neutre pour le compte d'un ennemi résidant en pays ennemi (2). Les cas de destination au territoire ennemi par l'intermédiaire d'un pays neutre

_________

(1) *Peloro*, décret du 4 août 1917, *Recueil Lebon* (Arrêts du Conseil d'État et du Conseil des prises), année 1917, p. 93.

(2) *Milano*, décret du 3 avril 1916, *Recueil Marine*, p. 344.

étaient les plus fréquents et la théorie du voyage continu fut souvent appliquée. La destination hostile n'était pas alors toujours aussi facile à déceler que dans la dernière espèce citée. La preuve était particulièrement délicate à faire lorsque la marchandise était accompagnée d'une documentation à ordre ; mais il n'y avait pas lieu de traiter différemment sur ce point la contrebande absolue et la contrebande conditionnelle qui, d'après le décret du 6 novembre 1914, était présumée à destination du territoire ennemi si elle était consignée à ordre en pays neutre d'Europe. Cette présomption fut appliquée à la contrebande absolue et lorsque la preuve contraire n'était pas administrée, la saisie était confirmée : c'est ce qui avait lieu notamment lorsqu'aucune réclamation n'était élevée, ou lorsque tous les exemplaires du connaissement n'étaient pas représentés (1). La destination hostile indirecte pouvait résulter également de divers éléments de fait dont la combinaison équivalait à une preuve véritable : dissimulation de la marchandise, par exemple térébenthine envoyée sous forme de couleur noire liquide et sous une fausse dénomination (2), armes cachées dans de multiples caisses et désignées dans les papiers du bord sous de faux noms (3) ; embarquement clandestin de la marchandise (4) ; relations avérées du destinataire et du chargeur avec l'ennemi (5) ; présomption dérivant de ce que les agents allemands résidant dans le pays neutre destinataire recherchaient le produit saisi à l'époque même où il avait été expédié, etc. (6).

Les modifications apportées par le décret du 6 novembre 1914, au régime de la contrebande conditionnelle étaient les suivantes. La destination visée à l'article 33 de la Déclaration de Londres, outre les présomptions de l'article 34, devait être présumée si la marchandise était consignée à ou pour un agent de l'État ennemi ; à raison de l'élasticité du terme « agent de l'État ennemi », on peut considérer que le décret du 6 novembre n'a guère fait que reprendre dans son article 1er, paragraphe 4, sous une forme plus

(1) *Rioja*, décret du 28 septembre 1915, *Recueil Marine*, p. 303.
(2) *Rioja*, décret cité.
(3) *Barcelo*, décret du 20 juillet 1915, *Recueil Marine*, p. 270.
(4) *Epaminondas*, in *Recueil Lebon* 1918, p. 1264.
(5) *Epaminondas*, *Barcelo*, décrets cités.
(6) *Epaminondas*, décret cité.

concise les dispositions du paragraphe 3 de l'article 1 du décret du 25 août 1914 (1).

Par contre, le décret du 6 novembre 1914 (art. 1er, parag. 5), au lieu d'admettre purement et simplement l'application de la théorie du voyage continu à la contrebande conditionnelle, comme avait fait le décret du 25 août, établissait trois sortes de présomptions de destination au territoire ennemi. Cette destination était présumée, sauf preuve contraire, lorsque la contrebande conditionnelle, trouvée à bord d'un navire voyageant vers un port neutre d'Europe (2), était consignée à ordre, ou lorsque les papiers de bord n'indiquaient pas le consignataire, ou encore lorsqu'ils indiquaient un consignataire dans un pays ennemi ou occupé par l'ennemi.

Cette dernière présomption se justifie d'elle-même (3). L'absence de désignation du consignataire était à bon droit suspecte : étant donné les efforts déployés par l'Allemagne pour continuer son commerce sous le couvert des neutres, il était légitime d'admettre jusqu'à preuve du contraire que la non-désignation du consignataire était un subterfuge dissimulant la destination hostile de la marchandise ; en tout cas, elle rendait impossible la vérification de la destination réelle. Quant à la consignation à ordre, il était évident que par sa nature même elle n'offrait aucune garantie à l'État capteur. Le connaissement à ordre, par exemple, indique en effet non pas le destinataire réel de la marchandise expédiée, mais son premier destinataire, généralement un intermédiaire qui peut par simple endossement transmettre à une tierce personne le document et les droits sur la marchandise. Le second destinataire jouit à son tour de la même faculté, ce qui fait que le connaissement à ordre laisse tout à fait dans l'incertitude la destination finale de la marchandise ; grâce à lui, cette marchandise peut parvenir sans difficulté à un sujet ennemi. La documentation à ordre d'une marchandise équivaut donc à l'absence de désignation du destinataire et comme telle est également suspecte de cacher la destination hostile de la marchandise. En application de cette

____

(1) Voir ci-dessus.

(2) Le décret parle seulement des ports neutres, mais cette expression ne visait en fait que les ports européens. Cf. décret du 12 avril 1916.

(3) *Bormida, Recueil Lebon* 1918, p. 1263.

disposition du décret du 6 novembre 1914, le Conseil des prises a décidé par exemple qu'une cargaison de contrebande conditionnelle avait été valablement saisie lorsqu'elle était accompagnée de connaissements à ordre, et alors qu'aucune réclamation n'avait été produite en vue de détruire l'effet de la présomption établie par le décret du 6 novembre (1) (2).

### c) DÉCRET DU 12 AVRIL 1916

Ses dispositions. — Assimilation de la contrebande absolue et de la contrebande conditionnelle.

A ces trois présomptions de destination hostile visant la contrebande conditionnelle, un nouveau décret en date du 12 avril 1916, rendu après entente avec l'Angleterre, ajouta une quatrième. La destination hostile devait être également présumée, sauf preuve contraire, « si la marchandise est consignée à ou pour une personne qui, au cours de la présente guerre a expédié des articles de contrebande en pays ennemi ou occupé par l'ennemi. » L'Allemagne ayant recruté en pays neutre de véritables agents chargés de commercer pour son compte, il était tout naturel que la contrebande adressée à l'un de ces agents fut présumée sauf preuve contraire à destination de l'ennemi. Il n'y avait guère là qu'une légitime extension aux personnes neutres de la présomption établie par l'article 34 de la Déclaration de Londres lorsqu'il s'agissait d'envois adressés à un commerçant résidant en pays ennemi et fournissant à l'ennemi des objets de contrebande (3).

Le décret du 12 avril 1916 vint préciser en outre les circonstances dans lesquelles la contrebande absolue devrait être considérée comme destinée à l'ennemi. « La destination prévue à l'article 30

______

(1) *Achilleus*, décret du 28 octobre 1915, *Recueil Marine*.

(2) Le décret du 6 novembre 1914 (art. 1er, § 6) contenait encore la disposition suivante : « Lorsqu'il est démontré au gouvernement de la République qu'un gouvernement ennemi tire d'un pays neutre, ou par transit dans un pays neutre, des approvisionnements pour ses forces armées, les mesures nécessaires seront prises pour qu'au regard des navires à destination dudit pays neutre, l'article 35 de la Déclaration de Londres ne soit pas appliqué. Cette mesure sera publiée au *Journal officiel* et restera en vigueur jusqu'à ce qu'elle soit révoquée ; pendant ce temps, les navires transportant de la contrebande conditionnelle à un port dudit pays ne seront pas exempts de capture. »

(3) Voir ci-dessus l'analyse de la Déclaration de Londres.

est présumée, dit ce texte, sauf preuve contraire : 1º lorsque la marchandise est consignée dans un port neutre ou ennemi à ou pour un agent de l'État ennemi ; il en est de même si la marchandise est consignée à ou pour une personne ayant, au cours de la présente guerre, expédié des articles de contrebande en pays ennemi ou occupé par l'ennemi ; 2º lorsque la marchandise, chargée sur un navire à destination d'un port neutre d'Europe, est consignée à ordre ou lorsque les papiers de bord n'indiquent pas le consignataire, ou encore s'ils indiquent un consignataire dans un pays ennemi ou occupé par l'ennemi. »

Comme on le voit, ce texte ne change pas grand'chose à l'interprétation donnée par le Conseil des prises au décret du 6 novembre 1914. Le Conseil des prises, en application du décret du 12 avril 1916, a validé la capture de sacs de jute à destination du Pirée parce que ces articles de contrebande absolue, adressés à un port neutre d'Europe, voyageaient sans connaissement ni manifeste et étaient consignés à ordre (1) ; d'autre part la présomption de destination hostile n'avait même pas été combattue par l'offre de faire la preuve contraire. Or, des décisions analogues avaient été déjà rendues sous l'empire du décret du 6 novembre 1914 (2).

Pratiquement, le décret du 12 avril 1916 abolissait la distinction de la contrebande absolue et de la contrebande conditionnelle, en établissant pour l'une et pour l'autre les mêmes présomptions de destination hostile ; et nous avons signalé précédemment que pour toutes deux la théorie du voyage continu était applicable. Enfin nous avons indiqué, en étudiant les listes de contrebande, combien le départ entre les articles *ancipitis usus* et ceux d'un usage exclusivement militaire avait perdu de sa rigidité pour devenir une affaire d'appréciation et de circonstance.

Cette identité de régime était imposée par la situation économique de l'Allemagne où tous les produits nécessaires à la conduite de la guerre étaient réquisitionnés suivant les besoins, ce qui conduisait à considérer toutes les marchandises de contrebande adressées en Allemagne comme destinées à l'État ennemi ou à ses

<hr>

(1) *Nicolaos Cenellopoulos*, décis. du 15 février 1917, *Recueil Lebon* 1917, p. 924.

(2) *Rioja*, déc. du 28 septembre 1915, *Recueil Marine*, p. 303.

administrations et par suite saisissables. C'est ce qu'exprimait déjà clairement un arrêt du Conseil des prises antérieur au 12 avril 1916. Dans cette affaire (1), il s'agissait de la capture d'une cargaison de boyaux salés, de pois chiches, de pois et de haricots, compris dans la contrebande conditionnelle sous le nom de vivres. Le Conseil des prises avait décidé que ces produits étaient saisissables du seul fait de leur destination au territoire allemand, car, disait l'arrêt, « les mesures prises par le gouvernement allemand, antérieurement à la capture, pour s'assurer un contrôle, sur les vivres existants ou importés sur son territoire, ont pour conséquence de faire regarder les objets dont il s'agit comme destinée à l'État lui-même ou à ses administrations. »

### d) DÉCRET DU 6 JUILLET 1916.

Historique. — Régime de la contrebande après l'abrogation de la Déclaration de Londres.

Les modifications, apportées par les Alliés à la Déclaration de Londres sous le coup des nécessités de la guerre et dans le plein exercice de leur droit, avaient atténué dans une large mesure la portée de leur adhésion à cet acte surtout en matière de contrebande. D'autre part cette adhésion n'avait pas été sans causer certains inconvénients à nos alliés britanniques. C'est dans ces conditions qu'en 1916, on en vint à penser dans les milieux anglais à abroger la Déclaration de Londres. Des discussions eurent lieu à ce sujet entre Londres et Paris, où l'on examina dans un esprit de conciliation la conduite à adopter à cet égard.

En faveur de l'abrogation, on pouvait faire valoir un argument tiré de l'insuffisance de la Déclaration de 1909, dont les règles, gênantes par leur rigidité, avaient dû être modifiées à plusieurs reprises tant en matière de blocus qu'en matière de contrebande. N'était-il pas préférable et plus franc de reprendre sa liberté d'action que de maintenir théoriquement un texte vidé peu à peu de son contenu ?

D'autre part, l'application de la Déclaration de Londres avait fait naître en Angleterre des difficultés juridiques d'un ordre

_______________

(1) *Sibilla*, déc. du 14 février 1916, *Recueil Marine*, p. 319.

spécial. La déclaration, n'ayant pas été ratifiée par le Parlement, n'avait pas force de loi et les ordres en Conseil ne liaient pas la Cour des prises anglaise lorsque celle-ci estimait qu'ils étaient en contradiction avec les principes du droit international, de telle sorte qu'ils n'obligeaient que le gouvernement britannique, sans enlever aux neutres la faculté d'invoquer contre eux les prescriptions les plus favorables du droit des gens. D'autre part, lorsque les ordres en Conseil étaient plus favorables aux neutres, ceux-ci pouvaient également s'en réclamer et les invoquer comme un engagement pris par le gouvernement britannique. Ce qui faisait que, poussé à l'extrême, cet état de choses aboutissait à conférer aux neutres le droit de se prévaloir des principes favorables du droit des gens et des ordres en Conseil, sans donner comme contre-partie au gouvernement anglais le droit d'user des dispositions plus rigoureuses de ses ordres en Conseil contraires au droit des gens. Le gouvernement anglais citait à l'appui de cette thèse la décision rendue par la Cour anglaise des prises dans l'affaire *Zamora*.

A Paris, on se rendait bien compte des avantages escomptés de l'abrogation de la Déclaration de Londres, mais on craignait que cet acte n'eût pour effet de nuire à l'unité d'action des Alliés.

Les anciennes doctrines anglaises et françaises étaient loin d'être identiques, l'acceptation de la Déclaration de Londres avait justement eu pour objet de donner une base commune à la conduite des Alliés ; lorsque cette déclaration serait abrogée, les relations entre alliés pourraient-elles rester aussi étroites que par le passé, ce qui était pourtant nécessaire, parce qu'à raison du mélange des pavillons les prises devaient être effectuées d'après des règles communes ? En outre, le gouvernement français se préoccupait de ne pas effrayer les neutres, en supprimant un acte qu'ils considéraient comme une garantie.

L'entente se réalisa finalement et il fut décidé que la France et l'Angleterre, en renonçant à la Déclaration de Londres, feraient connaître par une déclaration explicite leur intention de continuer à respecter les droits des neutres. Quant aux instructions aux croisières, elles ne seraient pas modifiées ; l'innovation, résolue d'un commun accord, se bornerait en somme à l'abrogation de la Déclaration de Londres, sans que fussent bouleversées pour autant les bases de la conduite commune des Alliés.

Rendu à la suite de cet accord, le décret du 6 juillet 1916 rapporte les décrets précédents par lesquels la France avait adhéré à la Déclaration de Londres ; le droit commun français reprit alors son empire. Cependant le décret du 6 juillet 1916 (art. 2) maintint la règle en vertu de laquelle le navire est sujet à confiscation lorsque les marchandises saisies à bord forment par leur valeur, leur poids, leur fret ou leur volume plus de la moitié de la cargaison ; d'après le droit français, la saisie du navire ne pouvait avoir lieu que si la contrebande formait les trois quarts de la cargaison.

De plus, sans faire de distinctions désormais inutiles entre la contrebande absolue et la contrebande conditionnelle, le décret du 6 juillet édicta deux présomptions de destination hostile (art. 3) :

« Si les documents accompagnant une cargaison constituant par sa nature de la contrebande de guerre à bord d'un navire se rendant dans un pays voisin des pays ennemis ou occupés par l'ennemi n'établissent pas la destination finale et définitive de cette cargaison en pays neutre ou si l'importation dans ce pays des articles composant ladite cargaison présente sur les importations normales une disproportion impliquant leur destination hostile ultérieure, ladite cargaison sera sujette à capture, sauf aux intéressés à prouver que la destination était réellement innocente. »

La première de ces présomptions ne faisait guère que résumer sous une forme concise les présomptions en vigueur au moment où le décret parut ; leur généralité aboutissait à mettre en fait la preuve de la destination innocente à la charge du capté, quand elle ne résultait pas des documents accompagnant la cargaison. A ce point de vue, le décret du 6 juillet avait surtout l'avantage d'employer une formule très compréhensive. En vertu de ce texte, la documentation à ordre continua à être considérée, sauf preuve contraire, comme une présomption de destination hostile (1).

La présomption, tirée de la disproportion des importations dans le pays neutre destinataire sur les importations normales, n'était pas non plus absolument nouvelle. La Cour anglaise des prises, dans une décision célèbre (2), avait déjà fait état de cette considération pour apprécier la destination d'une cargaison de contre-

---

(1) *Ibéria, Recueil Lebon* 1919, p. 989.
(2) Affaire *Kim, Alfred Nobel, Bjornstjern Bjornson*, 16 septembre 1915.

bande conditionnelle. Le Conseil des prises français fit application de cette présomption à propos de la saisie d'une cargaison de vin adressée au Danemark : les renseignements fournis par le Comité de restriction avaient montré une importation de vin au Danemark huit fois supérieure à l'importation normale (1).

Il va sans dire qu'après comme avant le 6 juillet 1916, la validité des saisies de contrebande pouvait résulter aussi bien des preuves proprement dites que des présomptions établies : inscription du chargeur sur les listes noires (2), manœuvres exécutées pour dissimuler la destination réelle de la marchandise (3), relations avérées du destinataire avec l'ennemi (4), preuve résultant de la correspondance des intéressés (5), du fait que le destinataire faisait partie d'une organisation dépendant d'un consulat allemand etc. (6).

### CONCLUSION

Vue générale sur l'évolution de la contrebande au cours de la guerre. — Influence des accords passés avec les Neutres sur le régime de la contrebande. — Rôle de la contrebande dans le blocus de l'Allemagne.

L'évolution qui s'est effectuée au cours de la guerre en matière de contrebande de guerre peut se résumer par les traits caractéristiques suivants :

1º Extension de la notion de contrebande à la multitude des produits employés aux usages de la guerre par suite des progrès de la science ainsi qu'aux matières premières nécessaires à la fabrication des articles de guerre, cette dernière extension étant expliquée par la longueur de la guerre qui permettait aux belligérants de continuer à l'arrière des armées de fabriquer leurs armes, munitions, etc.

2º Assimilation de la contrebande absolue et de la contrebande conditionnelle, par suite du contrôle gouvernemental étendu en

---

(1) *Tiber, Recueil Lebon*, 1918, p. 1224.
(2) *Nuevo Ampurdanes, Recueil Lebon*, 1918, p. 1266 ; *Almazora, Recueil Lebon*, 1919, p. 988.
(3) *Nuevo Ampurdanes* et *Almazora*, déc. cit.
(4) *Korkoswald, Recueil Lebon*, 1918, p. 1239.
(5) *Barcelo, Recueil Lebon*, 1918, p. 1223.
(6) *Begona VI, Recueil Lebon*, 1918, p. 1271.

Allemagne à la presque totalité de la vie économique de ce pays ; ce qui rendait impossible de distinguer parmi les objets *ancipitis usus* ceux qui étaient destinés aux particuliers et ceux qui étaient adressés à l'État ennemi : ces objets, en quelques mains qu'ils fussent, étaient en effet réservés par priorité, c'est-à-dire presque toujours à cause de leur rareté, à la satisfaction des besoins militaires.

3º Application rigoureuse aux deux sortes de contrebande de la théorie du voyage continu, application devenue nécessaire à cause de la situation même de certains neutres, intermédiaires naturels de l'Allemagne pour ainsi dire, et à raison des nombreux subterfuges employés par l'Allemagne pour dissimuler la véritable destination des marchandises expédiées pour elle : documentation à ordre, dissimulation de la marchandise, recours à des agents résidant en pays neutres, etc... Le rôle d'intermédiaires de l'Allemagne joué par les neutres ressortait d'ailleurs avec évidence de l'accroissement anormal de leurs importations par rapport à celles du temps de paix.

4º Distinction des États neutres voisins de l'ennemi et des États éloignés (1) ; cette distinction qui peut paraître contraire au principe d'après lequel la neutralité n'est pas susceptible du plus ou du moins, était entièrement justifiée : il eût été aussi inutile qu'inopportun d'étendre aux neutres d'Amérique par exemple les rigueurs devenues nécessaires vis-à-vis du commerce de contrebande à destination des neutres européens.

5º Atténuation du droit commun en matière de contrebande en faveur des neutres qui avaient consenti aux Alliés des garanties efficaces de non-réexportation des produits de contrebande importés chez eux. La politique des accords avec les neutres devant être étudiée dans un autre chapitre de cet ouvrage, nous n'en dirons que le strict nécessaire pour donner à la réglementation de la contrebande sa physionomie véritable.

Quelque justifiées qu'aient été les règles adoptées par les Alliés, il n'est pas niable qu'elles portaient un grave préjudice au commerce en général ; les neutres à plusieurs reprises firent entendre des protestations. Il était impossible aux Alliés d'abandonner leur

_____

(1) V. décret du 12 avril 1916 et décret du 6 juillet 1916.

attitude. Nous avons montré suffisamment que celle-ci, loin d'avoir été arbitraire, leur avait été dictée par les circonstances. Mais il n'en restait pas moins que les protestations des neutres étaient le signe tangible de la gêne ressentie par le commerce des neutres, et c'est à l'effet de restreindre au minimum cette gêne que les Alliés proposèrent en novembre 1914 aux neutres de conclure avec eux des arrangements.

A la suite des pourparlers entrepris dans les capitales neutres, certains pays s'engagèrent à prohiber la sortie des articles figurant sur les listes de contrebande ; d'autres édictèrent le monopole d'importation de certains produits ; dans d'autres enfin, des trusts ou organisations similaires furent fondés pour recevoir les produits de contrebande et garantir leur non-réexportation : ces accords permirent de créer une présomption d'innocence en faveur des marchandises importées par ces pays neutres sans porter atteinte au droit des Alliés de saisir la contrebande sur quelque navire qu'elle se trouvât.

Le Conseil des prises eut plusieurs fois l'occasion d'appliquer ces principes. Il décida, par exemple, que des articles de contrebande, prohibés à la sortie par le pays neutre destinataire, n'avaient pas été valablement saisis, alors qu'aucune preuve n'était venue détruire la réalité de la destination neutre telle qu'elle résultait de la prohibition de sortie (1). Il a, par contre, admis la validité d'une capture de 270 balles de peaux d'agneau, envoyées en Suisse, bien que ce produit ait été prohibé à la sortie par le Conseil fédéral ; dans cette affaire, en effet, le destinataire était une maison allemande, établie avant la guerre en Allemagne, et qui continuait à avoir des relations avec des manufactures allemandes travaillant pour le gouvernement allemand (2).

Jurisprudence analogue en ce qui concerne les consignations aux organismes neutres : S. S. S., N. O. T., guildes danoises. La capture de la contrebande n'était pas valable lorsque la présomption résultant de la prise du produit en consignation par l'orga-

---

(1) *Appolonia*, déc. du 24 juin 1915, *Recueil Marine*, p. 293 : peaux séchées à destination de l'Italie ; *Rioja*, déc. du 6 décembre 1915, *Recueil Marine*, p. 296 : pois chiches à destination de la Suisse ; *Grao*, déc. du 1er mars 1916, *Recueil Marine*, p. 300 : térébenthine et colophane à destination de la Suisse, etc.

(2) *Achilleus*, déc. du 28 octobre 1915, *Recueil Marine*.

nisme neutre n'avait pas été battue en brèche par l'État capteur ; le Conseil des prises a même appliqué ce principe à une cargaison de contrebande qui voyageait à bord d'un navire valablement saisi pour s'être livré à des actes d'assistance hostile (1). Par contre, le Conseil des prises a nettement déclaré que la présomption de destination innocente, résultant de la consignation à un organisme neutre, n'était pas irréfragable et n'impliquait en aucune façon la renonciation de l'État capteur à son droit de saisir la marchandise consignée lorsqu'il était prouvé que la bonne foi de cet organisme avait été surprise (2). Cette preuve était une question de fait ; elle pouvait résulter de divers éléments, par exemple du fait que le réclamant avait acheté la marchandise à une société allemande pour dissimuler le véritable destinataire, etc. (3).

*<br>* *

La contrebande de guerre a joué un rôle de premier plan dans le blocus de l'Allemagne. Elle a été, avec l'arrêt des marchandises en provenance ou à destination de l'ennemi ordonné par le décret du 13 mars 1915, la principale cause de la disette qui s'est fait sentir en Allemagne au cours de la guerre. Même après le décret du 13 mars 1915 qui permettait d'obtenir des résultats plus généraux que la contrebande : la suspension presque complète du commerce extérieur ennemi, la contrebande de guerre n'a pas cessé de présenter des avantages spéciaux, notamment la possibilité de confisquer sans indemnité la cargaison condamnée, alors que le décret du 13 mars autorisait seulement son arrêt. Enfin, c'est grâce à la contrebande et au décret du 13 mars que des accords ont pu être conclus avec les neutres, assurant dans la plus large

_______

(1) *Leif Gundersen, Recueil Lebon*, 1918, p. 1272.

(2) *Kirkoswald, Recueil Lebon*, 1918, p. 1239.

(3) *Grao, Recueil Lebon*, 1917, p. 928. Autres ex. : poix adressée par un Allemand d'Amérique à une société suisse agissant comme prête-nom (*Mar Mediterraneo, Recueil Lebon*, 1917, p. 927) ; huile minérale adressée à une maison allemande en Suisse, qui est, en réalité, la succursale d'une maison allemande d'Allemagne, et qui s'est déjà livrée clandestinement à des trafics avec l'Allemagne à cause de la proximité de la frontière (*Kirkoswald, Recueil Lebon*, 1918, p. 1239) ; vin adressé en Suisse à un individu faisant partie d'une organisation fonctionnant sous la dépendance du consulat allemand à Zurich (*Begona VI, Recueil Lebon*, 1918, p. 1271), etc.

mesure la restriction des approvisionnements ennemis, tout en sauvegardant les intérêts neutres.

Il est toujours difficile et singulièrement hasardeux de prévoir l'avenir ; il paraît néanmoins que les aspects de la contrebande de guerre au cours du dernier conflit mondial ne sont pas des accidents sans lendemain ; ses caractères nouveaux tiennent à des causes durables : nations armées, progrès des sciences appliquées à la guerre, interdépendance économique des nations... Quoi qu'il en soit de cette question, une chose demeure certaine. Quelle que soit l'âpreté de la lutte, les préceptes vraiment fondamentaux du droit de la guerre peuvent et doivent être obéis : la vie des neutres doit être respectée, les restrictions imposées à leur commerce doivent être réduites à leur strict minimum. Ces préceptes, les Alliés les ont toujours scrupuleusement observés, malgré toutes les difficultés, condamnant ainsi par leur propre exemple les excès commis par leurs ennemis, non seulement contre les belligérants mais aussi contre les neutres.

# CHAPITRE IX

## ROLE DU CONSEIL DES PRISES (1)

### Par M. DE MONTARDY

C'est aujourd'hui une règle universellement adm:se qu'une prise effectuée par une marine belligérante doit pour devenir définitive être validée par la décision d'une juridiction qui, en France, porte le nom de Conseil des prises. Cette pratique répond à la fois à l'intérêt du capteur et à celui du capturé. Ce dernier trouve, en effet, dans la procédure du jugement des prises, des garanties et le moyen de se défendre. Quant au capteur, il légitime l'acte matériel de la capture et lui donne le caractère juridique. C'est une juridiction régulière qui apporte un jugement régulier au débat.

Toutes opérations de ce genre devant être déférées au Conseil des prises, celui-ci par sa jurisprudence devient le véritable régulateur de la guerre économique maritime. Cette juridiction ne peut être que nationale, car, il serait contraire aux droits essentiels de l'État de s'en remettre aux autorités d'autres puissances ou à un organisme international du soin de décider si le même État a agi dans son droit de belligérant et dans la limite de sa souveraineté.

Mais il est des traditions communes à la plupart des États. La France, au cours de la guerre de 1914, a tranché la question de la manière la plus équitable. Son Conseil des prises a estimé qu'il devait appliquer la législation nationale lorsque celle-ci plus que le droit international apporte au profit des neutres des restrictions aux droits de la France, mais qu'il devait au contraire donner la

---

(1) Ce travail s'est inspiré des communications faites à l'Institut de France sur cette matière, par M. René Worms, maître des requêtes au Conseil d'État et membre du Conseil des prises.

préférence au droit international sur le droit national quand le premier est plus favorable aux neutres.

En Angleterre on a la prétention d'appliquer le droit international. Mais les juges anglais admettent que les cours d'amirauté et d'appel ayant été guidés dans leurs jugements antérieurs par des considérations conformes au droit international ont de fait observé ce droit et que par suite leurs décisions acquièrent l'autorité et la force du droit, qu'elles fondent le droit.

Le Conseil des prises en France est depuis le décret du 9 mai 1859 composé d'un président choisi parmi les conseillers d'État et de *six* membres dont *deux* sont pris parmi les maîtres des requêtes au Conseil d'État, deux parmi les fonctionnaires du ministère des Affaires étrangères, deux enfin parmi les officiers généraux de la Marine. Il y a en outre un commissaire du gouvernement choisi également parmi les maîtres des requêtes au Conseil d'État.

Comme on le voit, les éléments qui proviennent du Conseil d'État sont prédominants. Ils sont en somme au sein du Conseil les représentants de la science juridique à côté de techniciens de la marine ou des diplomates chargés, sortes d'experts supérieurs, de les éclairer dans certaines questions qui ressortent tout particulièrement de leur compétence ou de leur département.

Ainsi, cette variété d'éléments prouve que la tâche du Conseil ne se borne point à une application brutale du droit, mais bien aussi à une conciliation, à une adaptation suivant certaines opportunités pleines de justice et de raison.

Qu'il soit un véritable tribunal ou une commission administrative, le Conseil des prises statue exclusivement sur la *validité* des captures. Il ne juge pas la question de propriété des navires, ou de la cargaison qui reste entière entre les intéressés ; il n'examine cette question que comme et en tant qu'élément de la nationalité.

La *prise* une fois faite est conduite dans un port français où a lieu une première instruction de l'affaire par les autorités maritimes. Le dossier constitué ainsi est adressé au ministre de la Marine qui, après examen, saisit le Conseil des prises. Le ministre, d'ailleurs, s'il lui apparaît que la poursuite est injuste peut, de sa propre autorité, arrêter toute procédure et clôturer ainsi l'affaire, sous sa responsabilité. Dans le cas de poursuite continuée, la décision du Conseil doit intervenir dans les deux mois à partir de l'enregistrement, sauf prolongation possible des délais pour supplément d'enquête ou sur la demande des parties.

Aussitôt après l'enregistrement, un avis inséré au *Journal officiel* fait savoir aux intéressés qu'ils ont un mois pour fournir leurs observations. Ce délai ne contient pas une forclusion.

Les intéressés reçoivent, en outre, s'ils sont neutres, alliés ou nationaux, une notification transmise par la poste ou par voie diplomatique d'avoir à constituer un avocat qui doit être choisi parmi ceux du Conseil d'État. Ayant pris connaissance du dossier, l'avocat plaide par observations écrites.

Les représentants diplomatiques peuvent également pour leurs nationaux se présenter en défenseurs de leurs intérêts et agir d'office à leur place.

Le dossier complété par les observations écrites du défenseur est examiné par le commissaire du gouvernement, le rapporteur et le président du Conseil des prises. En séance le commissaire du gouvernement fait connaître le point de vue du gouvernement et le sien. Le rapporteur donne lecture d'un exposé de l'affaire, puis le commissaire du gouvernement fournit ses observations personnelles s'il y a lieu et le rapporteur lit un projet de décision.

La discussion s'engage, puis le Conseil des prises statue.

Ces différentes opérations se font à huis-clos et il n'y a pas de lecture publique de la décision du Conseil. Cette décision est transmise au ministère de la Marine pour être publiée au *Journal officiel*. Cette insertion tient lieu de notification pour les ennemis. Si le défenseur est Français, l'arrêt lui est notifié individuellement. S'il est allié ou neutre, la notification lui est faite en la personne de son représentant diplomatique.

Cette décision du Conseil des prises est susceptible d'appel. Cet appel est porté devant le chef de l'État qui statue, le Conseil d'État réuni en assemblée générale ayant été entendu. En pratique, le Président de la République se borne à homologuer l'avis qui lui est présenté par la haute Assemblée administrative.

Telles sont les garanties offertes aux « victimes des prises » dans la législation française. Cette procédure employée s'applique à toutes les affaires du Conseil des prises. Cependant, la procédure de validation des arrêts de marchandises visées par le décret du 13 mars 1915 présente quelques particularités. Pour l'arrêt de ces marchandises, on ne peut pas dépasser huit jours depuis l'enregistrement du dossier au secrétariat du Conseil des prises sans qu'intervienne son jugement.

En outre, l'appel n'est pas possible mais le Conseil se reconnaît le droit de modifier ses décisions, dans certains cas.

La Cour des prises doit se prononcer sur toutes les captures des navires ou des cargaisons effectuées par la marine française. Mais sa compétence n'intervient qu'en cas de saisie effectuée en mer, haute mer, estuaires, ports ou même quais, eaux territoriales des belligérants. Elle est incompétente pour examiner la validité d'une capture qui aurait eu pour théâtre un lac ou un fleuve. Les seules saisies effectuées sur la marine marchande, neutre, ennemie, alliée ou nationale lui sont déférées. La validité de capture d'un bâtiment de guerre échappe à sa compétence. Notons une convention conclue à Londres entre la France et l'Angleterre le 9 novembre 1914, mise en vigueur en France par le décret du 26 décembre 1914. La Russie a adhéré à cette convention le 5 mars 1915 et l'Italie le 15 janvier 1917. En ce qui concerne les prises ennemies ou neutres, la juridiction compétente est celle du pays du bâtiment capteur même si ce bâtiment se trouvait sous les ordres d'autorités navales alliées (art. 1er), même si la présence d'un navire allié à proximité du lieu de la capture a facilité la capture (art. 4). S'il s'agit de prises effectuées en commun par plusieurs navires alliés, le jugement de la prise appartient à la juridiction du pays dont le pavillon avait été porté par l'officier ayant eu la direction supérieure de l'action (art. 3). Lorsque la prise porte sur un navire de nationalité alliée, quel que soit le capteur, c'est la juridiction du pays du bâtiment capturé qui est compétente pour statuer sur la validité de la prise, tant du navire que de sa cargaison. Cette règle, toutefois, souffre une exception. Lorsque le navire allié portant une cargaison sujette à capture est entré dans un port allié, dans ce cas, il appartient à la juridiction des prises du pays où est situé ce port de se prononcer sur la validité de la saisie (art. 2). Cette convention prévoit, en outre, à qui sera attribué le produit net de la prise et éventuellement comment s'en fera la répartition.

Ces règles étant admises, comment le Conseil des prises au cours de la guerre a-t-il eu à les appliquer? Quand il s'est agi de navires ennemis, il a validé la capture de ceux-ci opérée par la marine française. En effet, d'après le droit des gens actuel, la propriété privée ennemie sur mer est sujette à confiscation. Même solution lorsque le navire saisi avait fait l'objet d'un transfert sous pavillon neutre ou allié en vue d'échapper aux conséquences de la saisissabilité de la propriété privée ennemie sur mer.

Quant aux navires neutres qui échappent en principe à la confiscation, le Conseil des prises a été amené à en valider la capture dans un certain nombre d'hypothèses déterminées lorsque ces navires avaient à bord de la contrebande de guerre formant plus de la moitié de la cargaison en poids, fret, valeur ou volume, lorsque ces navires s'étaient refusés à laisser les capteurs exercer le droit de visite, lorsqu'ils s'étaient rendus coupables de violation d'un blocus régulier (nombreuses affaires relatives au blocus d'Asie Mineure) ; enfin lorsque ces navires avaient accompli des actes d'assistance à l'ennemi. Et par assistance hostile, il faut entendre, soit une part prise aux hostilités, soit un ravitaillement des forces ennemies en vivres, combustibles, etc., soit le transport des troupes ennemies ou la transmission dans les mêmes conditions des nouvelles dans l'intérêt de l'ennemi. De ces diverses opérations découlait naturellement le droit de capture des navires.

En ce qui concerne la capture des cargaisons, le Conseil des prises a validé la capture de la marchandise ennemie saisie à bord du navire ennemi ou même français (Bulow Marguerite, 5 juillet 1920).

Quant aux marchandises ennemies à bord d'un navire neutre, aux termes de la déclaration de Paris de 1856, elles ne pouvaient pas être confisquées, et en vertu du décret du 13 mars, elles peuvent seulement être arrêtées.

Le Conseil des prises a eu également à rendre des décisions en matière de saisie de cargaison constituant de la contrebande de guerre.

Les règles relatives à la contrebande ayant varié, cette juridiction a naturellement appliqué les textes en vigueur au moment de la saisie. Mais son esprit d'impartialité fut tel que dans l'affaire Now Amsterdam (19 février 1915) par exemple, le Conseil ordonnait la libération d'une cargaison de fourrages et de farines à destination d'Amsterdam en retenant l'offre faite par le propriétaire de la cargaison, d'en faire surveiller la distribution en Hollande par le Consul français.

Par contre, le gouvernement allemand ayant, en 1915, pris à sa charge le ravitaillement de la population civile, le Conseil des prises a été obligé de considérer comme contrebande de guerre, les vivres à destination du territoire allemand sans distinguer si le destinataire était un particulier ou une administration d'État...

Enfin le Conseil des prises a eu à statuer sur les arrêts de marchandises effectués conformément au décret du 13 mars.

Il a décidé notamment que ce décret devait être restrictivement interprété et qu'en conséquence, il n'était pas applicable aux marchandises en provenance ou à destination de l'Autriche-Hongrie, l'Allemagne seule étant nommément visée dans le décret.

Dans l'appréciation du caractère hostile de la provenance, de la destination ou de la propriété de la marchandise, le Conseil s'est montré assez libéral. Il a décidé, par exemple, que la consonnance germanique du nom de l'expéditeur n'était pas une preuve suffisante de l'origine ennemie de la marchandise, que le fait pour l'expéditeur de figurer sur les listes noires n'était pas à lui seul une preuve suffisante de la provenance ennemie de la marchandise.

Le jugement ayant été rendu par le Conseil des prises, si celui-ci valide la capture, c'est l'État capteur qui en devient le propriétaire définitif, réserve faite des dispositions de la convention franco-anglaise du 9 novembre 1914. L'État capteur répartit ou affecte alors le produit net de la capture conformément à sa loi nationale. Pour la France, il s'agit de la loi du 15 mars 1916.

S'il ne s'agit que de la validation d'un arrêt de marchandises, il n'y a aucun transfert de propriété. On procède alors conformément aux dispositions du décret de mars 1915.

Lorsque le navire ou la cargaison ont fait l'objet d'une « relaxe », la restitution se fait en nature à moins que l'objet n'ait été vendu ou réquisitionné, alors, c'est le prix qui est restitué.

Si le propriétaire réclame, en dehors de la restitution de l'objet saisi ou de son équivalent, une indemnité à raison du préjudice subi, le Conseil des prises se déclare incompétent. Il en est de même dans le cas où la relaxe a été ordonnée par le ministre de la Marine. Mais les intéressés doivent alors adresser directement au ministre de la Marine une demande d'indemnité quitte à attaquer ensuite la décision de ce ministre devant le Conseil d'État s'ils le jugent à propos.

Lorsque le Conseil des prises a été saisi, il demeure compétent en matière d'indemnité.

Dans cet ordre d'idées, le Conseil des prises a posé ce principe : il n'y a pas lieu d'accorder une indemnité lorsqu'au moment où la saisie est faite, il y avait des motifs suffisants de croire qu'elle était justifiée. (Tiber, 14 décembre 1918; Iberni, 5 juin 1919). Mais le Conseil des prises a accordé des indemnités dans le cas notamment où la saisie d'un navire avait occasionné un retard dans le paiement du *fret*. L'État a dû payer des intérêts. Il a décidé encore que l'État devait rembourser l'intérêt du prix de la cargaison irrégulièrement saisie et détenue comme indemnité. Mais il était exigé que la longueur de la détention ne soit pas imputable au long retard apporté par l'intéressé à présenter ses justifications.

En somme, dans les saisies de cargaison, l'indemnité en aucun cas ne dépasse les intérêts de leur prix.


Comme conclusion on pourrait dire que pendant les six années postérieures au 1er août 1914, le Conseil des prises a rendu plus de deux cents décisions tant en matière de prises proprement dites qu'en matière d'arrêt de marchandises, ces dernières décisions étant de beaucoup les moins nombreuses.

Parmi toutes ces décisions, relativement peu ont été frappées d'appel devant le Conseil d'État et la plupart du temps lorsque cet appel a eu lieu, il a abouti à la confirmation de la décision du Conseil des prises.

Par ailleurs, quand les décisions ont été réformées en appel, c'était d'ordinaire parce qu'un fait nouveau avait surgi dans l'intervalle. Donc, l'harmonie fut parfaite entre ces deux juridictions en ce qui concerne leur manière de juger et d'interpréter les décrets et les lois.

On s'est contenté surtout d'appliquer les textes avec autant de précision que d'esprit de justice. Quant aux défenseurs, ils possédaient toutes les garanties désirables et toutes les justes protections y compris la possibilité d'obtenir des indemnités.

# CHAPITRE X

# LE CONTRE-BLOCUS SOUS-MARIN

### Par le vice-amiral AMET

Par le vice-amiral AMET

## EFFORTS DE L'ALLEMAGNE
### POUR ROMPRE LE BLOCUS DE SES CÔTES
### ET CONTRE-BLOQUER LES ALLIÉS PAR L'EMPLOI DES SOUS-MARINS

### § 1. — PREMIÈRES ENTREPRISES DE LA MARINE ALLEMANDE CONTRE LE COMMERCE DES ALLIÉS : VANITÉ DES RÉSULTATS.

La tournure d'esprit manifestée par la Marine allemande avant l'engagement de la partie était tout à l'offensive de sa flotte de haut bord.

L'entrée en jeu de l'Angleterre abattit cette superbe.

Le but assigné aux opérations navales par le premier ordre impérial d'opérations en mer du Nord (1) ne fut pas l'acquisition, par la bataille, de la maîtrise de la mer réalisant immédiatement l'isolement de la Grande-Bretagne, mais plus modestement l'endommagement de la flotte anglaise par des « pointes offensives contre les forces de surveillance ou de blocus de la baie allemande, par une offensive sans bornes de mines poussées jusqu'à la côte britannique et, si possible, par une offensive de sous-marins. »

Quant à la bataille entre flottes cuirassées, l'ordre du Kaiser ne l'envisageait que pour l'époque où cette méthode temporisatrice, s'efforçant de grignoter les éléments de la puissance adverse, aurait réussi à amener l'égalité des forces.

La façon dont tournèrent les premiers engagements en mer du Nord (2) confirma l'amirauté allemande dans la prudence de son attitude.

_________

(1) Ordre d'opérations en mer du Nord, nᵒ 1 du Kaiser.
(2) Notamment celui du 28 août 1914 au voisinage d'Héligoland.

Cependant aux imprécations du peuple allemand contre l'intervention de l'Angleterre, se mêlait le cri de vengeance qu'il fallait lui couper les vivres.

Le moment était donc venu de mettre en pratique une thèse précédemment soutenue par les écrivains militaires d'outre-Rhin (1) que le droit d'affamer tout un pays doit être tenu pour aussi légitime que le droit incontesté d'affamer une ville assiégée.

Déjà les croiseurs en campagne lointaine, sitôt la guerre décidée, avaient été résolument lancés sur les grandes routes maritimes de l'océan Indien, du Pacifique, de l'Atlantique (2) à l'attaque du trafic allié.

On n'ignorait évidemment pas à Berlin que leur activité ne serait ni durable, ni décisive, que tous ces corsaires étaient voués à une courte carrière, que leur action était trop excentrique pour être vraiment efficace.

C'était dans les eaux mêmes de la Grande-Bretagne qu'il convenait d'opérer, pour l'atteindre aux sources de sa subsistance.

Sans confiance dans une supériorité d'entraînement et de conduite de ses escadres cuirassées capable de compenser leur infériorité numérique, l'amirauté allemande se flatta, néanmoins, de l'espoir de parvenir à priver ses adversaires du libre usage des mers qui les entouraient en recourant à la perfidie des armes sous-marines.

Après quelques semaines d'hostilités elle commença par faire semer des mines aux approches des ports de commerce britanniques, en violation de l'article 2 de la VIIIe convention de La Haye à laquelle, il faut le reconnaître, les représentants du Kaiser avaient refusé d'adhérer : seulement ces mines étaient sournoisement et abusivement mouillées par des navires sous pavillon neutre.

Mise alors dans l'obligation de prendre des mesures propres à déjouer des ruses illicites et à réprimer des agissements menaçant la vie des non-combattants, l'Amirauté de Londres avertit

_______

(1) Par von BERNHARDI, notamment, dans son livre : *l'Allemagne et la prochaine guerre.*

(2) L'*Emden* et le *Kœnigsberg* opèrent dans l'océan Indien, le *Scharnhorst*, le *Gneisenau*, le *Leipzig*, le *Nuremberg*, dans l'océan Pacifique, le *Dresden*, le *Carlsruhe* dans l'Atlantique, sans compter les croiseurs auxiliaires secondant les croiseurs militaires.

les navigateurs (1) qu'ils eussent à considérer désormais la mer du Nord comme une zone militaire où les navires s'exposeraient aux pires dangers s'ils s'y risquaient en dehors des itinéraires indiqués, surveillés et protégés par la marine britannique.

Ces mesures de sécurité ruinaient tout de suite la stratégie du blocus par mines immergées esquissée par l'Allemagne.

§ 2. — ORIGINE DE LA GUERRE SOUS-MARINE AU COMMERCE, PRÉTEXTES INVOQUÉS POUR OUTREPASSER LES CONDITIONS DE SA LÉGITIMITÉ.

Mais l'endurance du sous-marin à opérer loin de ses bases venait, au cours de croisières en mer du Nord (2), de se révéler plus grande qu'il n'avait été escompté jusqu'alors dans aucune marine.

Il semblait possible d'étendre le théâtre de ses opérations, de lui faire embrasser toutes les eaux britanniques, pour y interdire le trafic maritime.

Les leçons de l'histoire montraient bien que le système de poursuite exclusive des navires marchands au service de l'adversaire a toujours fait faillite dans le passé, tant que la maîtrise de la mer n'a pas été établie.

Mais de quelle valeur étaient ces enseignements, des luttes navales de jadis, après le bouleversement des conditions de la guerre sur mer?

Doué de la faculté de surprendre brusquement une proie mystérieusement guettée, ou de se dérober instantanément à toute attaque, le sous-marin, nouvellement apparu dans l'histoire maritime, ne s'y présentait-il pas comme l'instrument approprié qui avait auparavant fait défaut à la stratégie de la course pour en assurer le triomphe?

Sans doute les opérations de visite et de capture lui seraient-elles moins commodes qu'aux croiseurs de surface : l'objection n'était pas pour embarrasser des esprits féconds en prétextes pour justifier l'irrégularité des procédés de guerre jugés avantageux; ces considérations prévalurent.

_______

(1) Avis aux navigateurs du 3 novembre 1914.

(2) Marquées notamment par l'exploit de l'*U-9*, qui, à lui tout seul, réussit, en quelques instants, le 5 septembre 1914, à couler les trois croiseurs anglais *Aboukir, Cressy, Hogue*, en mer du Nord.

Le 4 février 1915, invoquant le motif de représailles contre différentes pratiques anglaises en matière d'arrêt de la contrebande et des passagers allemands, le gouvernement du Kaiser proclamait que, de même que la mer du Nord avait été déclarée zone militaire anglaise, de même les eaux baignant les Iles Britanniques allaient devenir une zone de guerre sous-marine où tout navire, aussi bien de commerce que de guerre, même s'il était neutre, serait exposé à être coulé sans avertissement préalable.

Ainsi s'amorça un nouveau genre de guerre au commerce contraire au droit international et même au droit des gens.

Il est piquant de relever l'ironie de l'analogie entre les zones de guerre invoquée pour excuser cette nouvelle pratique. C'est dans un but de sécurité et de protection des vies des non-combattants que l'Angleterre, le 3 novembre 1914, avait défini la zone militaire en mer du Nord, l'Allemagne en définissait une à son tour, mais dans un but de terreur et de destruction aveugle de ces mêmes existences.

Du même coup, elle substituait au droit de capture et de destruction réglementées, un droit de capture et de destruction arbitraires en reniant ainsi sa signature de la déclaration solennelle du congrès de Paris en 1856 (1).

Le droit légitime d'un belligérant, d'entreprendre contre le commerce maritime de son adversaire et de contrôler au point de vue de la contrebande celui des neutres, ne peut, en effet, s'exercer que sous certaines réserves clairement exposées dans la déclaration des Alliés du 1er mars 1915, à laquelle est emprunté le passage suivant :

« Le droit des gens et la coutume des nations, en ce qui concerne les attaques contre le commerce, ont toujours présumé que le premier devoir du capteur d'un navire marchand est de l'amener devant une cour de prises où il puisse être jugé, où la régularité

______

(1) Cette déclaration solennelle est faite dans les termes suivants :

1º La course est et demeure abolie ;

2º Le pavillon neutre couvre la marchandise ennemie, à l'exception de la contrebande de guerre ;

3º La marchandise neutre, à l'exception de la contrebande de guerre, n'est pas saisissable sous pavillon ennemi ;

4º Le blocus, pour être obligatoire, doit être effectif, c'est-à-dire maintenu par une force suffisante pour interdire réellement l'accès du littoral de l'ennemi.

de la capture puisse être appréciée et où les neutres puissent recouvrer leurs cargaisons. Couler une prise est en soi-même un acte contestable auquel on peut avoir recours seulement dans des circonstances extraordinaires et après que des dispositions ont été prises pour assurer la sécurité de tout l'équipage et des passagers, s'il y a des passagers à bord. La responsabilité d'avoir à distinguer entre les navires neutres et les navires ennemis, ainsi qu'entre la cargaison neutre et la cargaison ennemie, incombe manifestement au bâtiment qui attaque et dont c'est le devoir de vérifier le statut et le caractère du navire et de la cargaison, ainsi que de mettre en sécurité tous les papiers avant de le couler ou même de le capturer. De même, le devoir d'humanité consistant à assurer la sécurité des équipages des navires marchands, qu'ils soient neutres ou ennemis, est une obligation pour tout belligérant. C'est sur cette base que toutes les discussions antérieures sur le droit tendant à réglementer la conduite de la guerre sur mer ont procédé. »

Soutenir qu'il y aurait toujours incompatibilité absolue entre ces obligations du capteur et les facultés du sous-marin ne serait pas se montrer sans parti pris, puisqu'il arriva maintes fois que des sous-marins, même allemands, procédèrent à des captures (suivies ou non de destructions) en se conformant aux obligations susdites.

Il est vrai que ces sous-marins ne l'ont fait qu'en des régions où ils savaient qu'ils risquaient peu à procéder régulièrement.

De telles conditions favorables ne pouvaient être que bien rarement rencontrées dans les eaux baignant les côtes alliées.

L'Allemagne n'était donc en situation de se donner des chances d'atteindre, par sa stratégie sous-marine, son but, l'isolement de la Grande-Bretagne, qu'en se plaçant complètement en dehors de l'observation de tous les textes réglementant internationalement et humainement les opérations militaires contre le trafic maritime.

Pendant longtemps. le haut commandement allemand s'efforça d'obtenir d'importants résultats de l'action de ses sous-marins, tout en recommandant à leurs commandants de se conformer, au moins en apparence, aux règles du droit des gens surtout à l'égard des neutres, et quand la voix de ces derniers élevait protestations et réclamations, l'Allemagne y répondait, sans contester la valeur des principes admis, par des explications spécieuses dénaturant les faits pour justifier la légitimité des actes commis, niant l'exactitude de ceux qui étaient insoutenables ou les mettant sur le compte d'erreurs fatales, équivoquant aussi sur les conséquences inévitables de l'emploi d'une nouvelle arme adoptée par tous les belligérants, comme si l'odieux était le propre de cette arme et non de l'usage qui en était fait.

Enfin, après avoir longuement tergiversé à ce sujet, en raison de la portée politique de la décision, son gouvernement se résolut à jeter délibérément le masque en proclamant, lorsqu'il y vit sa dernière planche de salut, ce qui a été appelé la guerre sous-marine *intégrale* ou *sans restriction*.

Avec ou sans restriction la guerre sous-marine n'avait pas été préméditée par le gouvernement impérial ou son amirauté. On ne constate en effet aucun effort de constructions neuves qui y corresponde, soit avant les hostilités, soit à leur approche (1).

On a du reste fait remarquer plus haut qu'initialement, dans la marine germanique, les esprits semblaient orientés vers l'offensive des escadres ; c'est l'intervention anglaise qui les tourna vers un développement de l'emploi des sous-marins à des fins économiques : or, à Berlin, on avait compté que cette intervention ne se produirait pas.

Mais dès qu'elle se fut produite, l'amiral von Tirpitz, ministre de la Marine d'Allemagne, adopta l'idée de guerre au commerce par des sous-marins et s'employa activement à la faire prévaloir et appliquer.

Promoteur de la guerre sous-marine, von Tirpitz en fut le constant zélateur ; il a continuellement poussé à son extension ainsi qu'à l'aggravation de ses procédés.

---

(1) Le programme des constructions navales allemandes arrêté en 1912 prévoyait qu'on construirait six sous-marins chaque année pour arriver à une flottille de soixante-douze sous-marins de moins de douze ans d'âge, dont la moitié n'était pas encore en service au début de la guerre.

### § 3. — MOYENS INITIAUX DE LA GUERRE SOUS-MARINE : SON DÉVELOPPEMENT.

A la mobilisation les Allemands n'ont en service que 25 sous-marins, tous du type $U$, dont une demi-douzaine affectés aux écoles.

Ils en ont encore ou en mettent aussitôt en chantiers :

29 du type $U$ dont 9 entreront en service avant la fin de 1914.
15 du type $UB$ ⎫
15 du type $UC$ ⎬ qui seront achevés en 1915.

Puis de nouvelles mises en chantier s'espacèrent ainsi qu'il suit :

|  | $U$ ordinaires. | $U$ croiseurs. | $UB$ | $UC$ |
|---|---|---|---|---|
| Avant la fin de 1914.. | 34 (1) | » | 7 | » |
| Au cours de 1915.... | 11 | 7 | 25 | 63 |
| — 1916.... | 20 | 12 | 55 | » |
| — 1917.... | 13 + 16 (2) | 3 (2) | 24 + 26 (2) | 2 + 15 (2) |
| — 1918.... | 8 (2) |  |  | 31 |

La durée de construction a varié de douze à vingt mois pour les $U$ ordinaires, les $UB$ et les $UC$, de dix-huit à trente et même trente-quatre mois pour les $U$ croiseurs.

Jusqu'en mars 1917 le nombre des sous-marins en service a été en croissant, les entrées en service l'emportant sur les pertes qu'elles ne purent que compenser par la suite, de sorte que pendant les vingt derniers mois de la guerre, le nombre des sous-marins en service s'est maintenu aux environs de 150 unités.

---

Le type $U$ est celui du sous-marin normal conçu pour opérer loin de ses bases. A double coque, l'intérieure capable de résister à la pression des eaux profondes, l'extérieure (3) d'une forme propre à lui assurer de bonnes qualités nautiques, avec un kiosque outillé pour la navigation en demi-plongée et surmonté d'une assez vaste passerelle.

(1) Dont dix mouilleurs de mines, nᵒˢ 71 à 80.
(2) Inachevés avant la fin des hostilités.
(3) Légèrement blindée à 25 % d'acier ou nickel à sa partie supérieure sur les dernières unités.

Il possède deux et quelquefois trois périscopes, des compas gyroscopiques, des hydrophones, deux mâts rabattables pour la T. S. F. ; les plus récents ont un projecteur et un télémètre.

Leur armement comporte un ou deux canons, largement approvisionnés (705 coups) ; de 6 à 12 puis 16 torpilles, d'abord de 450 m/m puis de 500 m/m, d'une portée de 6 000 mètres à la vitesse de 30 nœuds. Ils emportent, en outre, des bombes explosibles et incendiaires.

Le tableau ci-dessous résume les variations de leurs caractéristiques : les chiffres qui y figurent en numérateurs se rapportant à la position du navire en surface, les chiffres en dénominateurs à la position en plongée.

| TYPE | ANNÉE de construction. | DÉPLACEMENT en tonnes métriques. | VITESSE maxima en nœuds. | DISTANCE franchissable en milles marins. | ARMEMENT en canons (calibre). |
|---|---|---|---|---|---|
| U | 1906 | 185<br>237 | 11<br>8 | ? | 50 m/m |
| U-2 à U-12 | 1909-1910 | 350<br>500 | 12<br>8,5 | 1 200<br>50 | 50 m/m ou 88 m/m |
| U-13 à U-19 | 1911 | 550<br>750 | 14<br>8 | ? | — |
| U-20 à U-27 | 1912 | 700<br>950 | 16<br>8 | ? | — |
| U-28 à U-62 | 1914 à 1916 | 750<br>1 000 | 16<br>8 | 5 000 à 8 000<br>? | 2 88 m/m ou 1 105 m/m |
| U-63 à U-80 | | 800<br>1 150 | 17,5<br>9 | 10 000<br>? | — |
| U-81 à U-100 | 1915 à 1918 | 900<br>1 300 | 17,5<br>11 | 10 000<br>? | — |
| Croiseurs U-151 à U-158 | 1917 | 1 750<br>2 150 | 12<br>8 | 150 jours de croisières | 2 150 m/m + 2 88 m/m et 20 torp. |
| U-158 à U-159 | 1918 | 2 800 | 17<br>9 | — | — |

Le type *UB*, conçu pour des expéditions relativement peu éloignées des bases, est une réduction du type *U ;* le déplacement n'est que de 127 tonnes jusqu'au *UB*-17, de 260 tonnes jusqu'au *UB*-47, de 500 tonnes à partir de ce dernier. Ils n'avaient pas de double coque et pouvaient être sectionnés pour les transports par voie ferrée.

Ils recevaient aussi un canon de 88 $^m/_m$, puis de 105 $^m/_m$.

Le type *UC* est celui du mouilleur de mines.

Quoique ne déplaçant que 180 tonnes en surface, les premiers emportaient déjà 12 mines dans des puits inclinés et pouvaient franchir 1 800 milles. Avec le *U*-16 le déplacement fut porté à 426 tonnes en surface, ce qui leur permit d'emporter 18 mines en 6 puits, de filer 12 nœuds en surface et de parcourir 6 000 milles marins.

Les derniers *UC* déplaçaient 600 tonnes en surface et emportaient 25 mines.

Les *UC* étaient en outre armés d'un canon de 88 $^m/$ ou de 105 $^m/_m$.

---

Avant la guerre l'arsenal de Dantzig et les chantiers Germania-Krupp de Kiel avaient seuls construit des sous-marins. Les chantiers Weser de Brême, Vulkan de Hambourg à partir de 1915, Blohm et Voss de Hambourg à partir de 1916 se mirent également à en produire et en bien plus large mesure que l'arsenal de Dantzig.

On peut dire que l'effort industriel de l'Allemagne en faveur du développement des moyens de la guerre sous-marine a été poussé au maximum.

### § 4. — EXTENSION PROGRESSIVE
#### DU THÉATRE DES OPÉRATIONS SOUS-MARINES.

Malgré la constatation, dès le 8 août 1914, d'un lancement contre le *Monarch*, au nord des Orcades, prouvant que les sous-marins s'aventuraient loin de leurs bases, les amirautés alliées tardèrent à se débarrasser de l'opinion, généralement admise avant la guerre, que les longues croisières étaient interdites à ce genre de navires.

De cette erreur tenace, résultèrent de fâcheuses conséquences pour les Alliés lents à prendre des précautions, à s'organiser. Le torpillage des trois croiseurs anglais le 22 septembre 1914, celui même du *Jean-Bart* le 21 décembre 1914 à l'entrée de l'Adriatique, ne furent pas des leçons suffisantes puisqu'en Méditerranée les blocus continuèrent à être tenus de près par de grandes unités de combat, jusqu'aux torpillages du *Léon-Gambetta* (27 avril 1915) à l'entrée du canal d'Otrante, du *Triumph* et du *Majestic* (25 et 27 mai 1915) à l'entrée des Dardanelles.

Contre le commerce les agressions des sous-marins allemands ont débuté le 20 octobre 1914, entre Grangemouth et Stavenger, par la destruction du *Glitra*, vapeur anglais.

Le 26 octobre 1914, l'*Amiral-Ganteaume*, vapeur français, était torpillé sous Gris-Nez, puis quelques jours plus tard deux vapeurs anglais étaient coulés au canon devant le Havre.

La marine allemande n'a donc pas attendu la date du 28 février, fixée dans la proclamation impériale du 4 février pour le début des destructions dans la zone prohibée, pour mettre en application le système de guerre commerciale préconisé par von Tirpitz.

L'extension des zones prohibées par l'Allemagne fut marquée ainsi qu'il suit :

*Février* 1915, les eaux qui baignent les Iles Britanniques.

*Mars* 1915, extension aux îles Shetland.

*Janvier* 1917, limites de la zone de guerre sans restrictions : 43° et 62° parallèles nord, 20° méridien ouest dans le nord de Gibraltar au 6° méridien est en Méditerranée.

*Mars* 1917, création d'une zone interdite en océan Glacial à l'est de 24° est jusqu'au 75° nord.

*Novembre* 1917, extension de la zone dans le nord jusqu'au 30° méridien ouest et création d'une zone de 300 milles marins de rayon autour des Açores.

*Janvier* 1918, extension de cette dernière zone pour englober Madère et création d'une zone interdite autour de Dakar et des îles du Cap-Vert.

Les opérations sous-marines, ne se cantonnèrent du reste jamais dans les zones ainsi définies ; les exemples abondent de destruction de navires de toutes catégories, en dehors d'elles, notamment dans les couloirs déclarés libres pour l'accès aux ports neutres.

En réalité l'extension progressive du théâtre des opérations sous-marines a suivi dans le temps la marche suivante : limitées à la mer du Nord durant les premiers mois de la guerre, elles pénètrent en Manche orientale en novembre 1914, en mer d'Irlande en janvier 1915, atteignent la Manche occidentale en mars 1915 ; en mai 1915 elles descendent la côte bretonne et des sous-marins commencent à passer en Méditerranée pour y renforcer la flottille autrichienne ; en juillet 1915, première croisière en mer Blanche, puis, le mois suivant, le long de la Norvège ; en septembre 1915, les sous-marins sont actifs aux atterrissages de l'Irlande, tandis qu'en Méditerranée les croisières s'établissent au sud et à l'ouest de la Crète, s'étendant trois mois plus tard dans tout le bassin oriental de cette mer ; celle d'Egée commence à être infestée en mai 1916 par les sous-marins basés sur Constantinople ; les sous-marins avancent jusqu'aux Canaries en novembre 1916 ; en juin 1917 l'ex-*Deutschland* croise autour des Açores où d'autres submersibles viennent opérer en décembre 1917, poussant aussi leurs incursions jusqu'au sud de Dakar. Enfin, à partir de juin 1918, ils se mettent à opérer sur la côte d'Amérique.

Dans ce champ de plus en plus vaste d'opérations, l'intensité de l'action sous-marine a fréquemment oscillé, gagnant le large ou au contraire se rapprochant des côtes, concentrant ses efforts tantôt sur un point, tantôt sur un autre, suivant la réaction alliée ou l'effet politique poursuivi, ou encore pour se lier à l'action de la flotte de haut bord à la veille de la bataille du Jutland.

## § 5. — Tactique des sous-marins.

Elle a varié dans le temps suivant les conditions de leurs opérations. Au début les sous-marins battant la mer du Nord sui vaient les bâtiments neutres dans l'espoir que leur visite par quelque croiseur britannique leur offrirait une proie facile.

Vint l'ordre de détruire les navires marchands ennemis.

Ainsi qu'il a été dit précédemment la première victime en fut

le petit vapeur *Glitra;* l'*U*-17 émergea soudain le long de son bord
en lui intimant l'ordre de stopper ; après évacuation de l'équipage
dans ses embarcations, le vapeur fut coulé par l'ouverture de ses
prises d'eau ; la seconde victime (*Amiral-Ganteaume*) fut torpillée
sans avertissement ; les deux suivantes (vapeurs anglais devant
le Havre) furent coulées au canon.

On connut ainsi, dès le début de la guerre sous-marine, les trois
principaux modes de destruction qui y furent pratiqués par la
suite, suivant les circonstances ; quand celles-ci le permettaient,
le sous-marin envoyait un détachement à bord du navire arrêté
avec mission, soit d'en ouvrir les prises d'eau, soit d'y allumer l'in-
cendie, soit d'y placer une bombe mortelle ; ainsi ménageait-on
torpilles et munitions d'artillerie.

C'étaient ensuite ces dernières qui étaient employées de préférence, comme plus abondantes et moins chères que les torpilles.

Prononcées de près au début, les attaques au canon se firent
très prudentes à partir de 1916, à la suite des mauvais tours joués
aux sous-marins par des bateaux-pièges.

Elles s'amorcèrent désormais à 2 kilomètres au moins de distance, par l'envoi de quelques obus peu précis appuyant le signal
de stopper et d'évacuer ; cet ordre exécuté, le sous-marin plon-
geait pour aller examiner de près, au périscope, le navire attaqué :
s'il y découvrait quelque chose de suspect, il lui envoyait une
torpille ; sinon, il allait émerger au milieu des embarcations
de sauvetage, pour le canonner de là jusqu'à son engloutisse-
ment.

Lorsque l'organisation de la navigation par convois protégés
eut obligé les Allemands, au milieu de 1917, à user davantage de
leurs torpilles, le rendement de cette arme se mit à baisser pour
de multiples raisons : augmentation des distances de lancement,
surmenage des commandants de sous-marins, insuffisance de leur
entraînement, résultant de l'élargissement de leur recrutement,
moins bonne qualité du matériel allemand et, par contre, discipline de navires de commerce alliés, renforcement de leurs cloi-
sonnements, meilleures précautions pour y limiter les effets d'explo-
sions sous-marines, etc.

Le tableau ci-dessous résume les variations, au cours des deux dernières années de la guerre, du pourcentage des attaques à la torpille couronnées de succès (1).

| | JANVIER | FÉVRIER | MARS | AVRIL | MAI | JUIN | JUILLET | AOUT | SEPTEMBRE | OCTOBRE | NOVEMBRE | DÉCEMBRE | MOYENNES |
|---|---|---|---|---|---|---|---|---|---|---|---|---|---|
| Année 1917... | 78 | 65 | 72 | 72 | 64 | 63 | 74 | 76 | 69 | 73 | 66 | 64 | 70 |
| Année 1918... | 58 | 51 | 56 | 56 | 51 | 55 | 46 | 60 | 58 | 58 | » | » | 55 |

L'organisation des convois protégés eut encore pour effet de rendre les attaques de nuit plus fréquentes que celles de jour devenues difficiles et partant moins fructueuses ; c'est ainsi qu'en janvier 1918, on ne compte que 50 pour 100 d'attaques réussies de jour contre 80 pour 100 d'attaques réussies de nuit.

Les occasions d'attaquer devenant plus rares, les sous-marins s'efforcèrent de tirer le meilleur parti possible de celles qui se présentaient à eux ; à cet effet, ils se mirent (à partir d'octobre 1917) à répéter leurs lancements sur plusieurs navires d'un même convoi.

Le dédain des lois d'humanité si souvent affiché par les commandants des sous-marins allemands au cours de leurs opérations, n'a pas toujours été montré, il faut le reconnaître, dans les régions où ils se savaient peu exposés à une intervention des contre-sous-marins alliés.

La guerre sous-marine fournit plusieurs exemples du procédé suivant, intéressant à noter parce qu'il prouve que dans certaines circonstances — rarement rencontrées sans doute par le parti le plus faible sur mer — l'action du sous-marin peut rester dans le respect du droit international, sans perdre toute fécondité.

Un équipage de prise spécialement embarqué sur le sous-marin était mis à bord d'un premier vapeur capturé dans les eaux hors du contrôle effectif des patrouilles alliées. Ainsi équipée la prise

(1) Les renseignements statistiques figurant dans cette étude sont empruntés à une publication du Service historique de l'état-major de la Marine : l'*Introduction à l'étude de la guerre sous-marine*, par le capitaine de corvette LAURENS.

se transformait en auxiliaire du sous-marin auquel elle servait soit de remorqueur, soit de rabatteur.

Quand le sous-marin s'était emparé d'une nouvelle proie, il déterminait celle qu'il convenait de couler après avoir fait passer sur l'autre les équipages et passagers faits prisonniers, et ainsi de suite jusqu'au jour où la dernière prise conservée était envoyée en un prochain port neutre pour y libérer ses prisonniers, puis elle rejoignait le sous-marin à un rendez-vous convenu si elle avait à lui rendre l'équipage de prise.

Dans les eaux contrôlées par l'Allemagne, en Baltique notamment, on ne détruisait que les prises dont les cargaisons étaient peu tentantes : le voisinage des ports allemands permettait d'y amener facilement les autres.

Quant aux mouilleurs de mines, leur tactique évolua aussi au cours de la guerre, mais en restant toujours simple. Au début, ils allaient mouiller leurs mines, systématiquement, aux approches des chenaux de sécurité conduisant aux principaux ports ou traversant des parages très fréquentés ; l'immersion en était réglée à plusieurs mètres de profondeur, c'est-à-dire contre les bâtiments d'un tirant d'eau assez grand.

Puis les sous-marins se mirent à disséminer leurs mines en tous parages où le trafic était important, en réglant leur immersion à des profondeurs variées, de façon à rendre le travail des dragueurs plus compliqué, plus laborieux et plus dangereux. D'occuper ainsi plus de dragueurs alliés à une plus pénible tâche défensive, les Allemands tiraient le profit que ces petits navires ne pouvaient être employés eux-mêmes à des opérations offensives de mouillages de mines ou de patrouillage.

A partir de 1917, les Allemands firent usage des mines à retard : mines qui commençaient par aller jusqu'au fond de la mer pour ne prendre leur immersion offensive qu'après un certain temps, réglable au gré du mouilleur et pouvant atteindre plusieurs jours.

Les dragages en furent rendus plus délicats et plus précaires. Enfin le mouillage des mines allemandes, qui ne se pratiquait guère que par des fonds inférieurs à 100 mètres au début des hostilités, se fit par des fonds de plus en plus grands, allant jusqu'à près de 200 mètres vers la fin de la guerre.

§ 6. — Résultats de l'action des sous-marins allemands.

Le premier résultat de l'action des sous-marins allemands, résultat tout militaire, fut d'écarter les forces navales de haut bord des eaux allemandes trop malsaines pour elles.

Les escadres cuirassées alliées durent se tapir dans des rades fermées aux entreprises des sous-marins. Confiées à des croiseurs sans grande valeur militaire, les croisières de blocus furent reportées très au large, entre l'Irlande et l'Islande ; la surveillance des sorties de l'Adriatique et des Dardanelles ne reposa plus que sur un barrage mobile de bâtiments très légers et sur des reconnaissances aériennes.

Sans doute l'activité des escadres alliées ne se confina-t-elle pas absolument en leurs mouillages protégés ; en mer du Nord, notamment, la Grand Fleet effectuait assez fréquemment des sorties, d'ensemble ou par fractions, qui amenèrent d'ailleurs les rencontres du Dogger Bank et du Jutland.

Ce n'était là, toutefois, qu'accès irréguliers d'activité hauturière et les grands navires ne s'aventuraient plus hors des barrages protecteurs qu'en zigzaguant à bonne allure et entourés d'un rideau de destroyers ; précautions qui se sont d'ailleurs montrées efficaces toutes les fois qu'elles ont été bien prises.

L'action des sous-marins n'a donc jamais paralysé les mouvements des forces cuirassées alliées ; elle y a mis toutefois des entraves fort gênantes et les opérations navales alliées en ont été contrariées ; en outre, elle a certainement réussi, sinon à briser, du moins à desserrer l'étreinte du blocus de l'Allemagne ; celle-ci put ainsi maintenir, jusqu'en mer du Nord, de fréquentes communications maritimes avec les pays scandinaves, dont elle a tiré grande utilité.

Ce sont là, incontestablement, de très importants résultats d'ordre militaire.

Mais la stratégie sous-marine visait principalement la navigation commerciale, c'est-à-dire des résultats économiques ; pour n'avoir pas été décisifs, ceux qu'elle a obtenus de ce côté n'en restent pas moins considérables.

Le graphique ci-contre n° 1 résume les pertes en tonnage com-

EN FRANCE PENDANT LA GUERRE

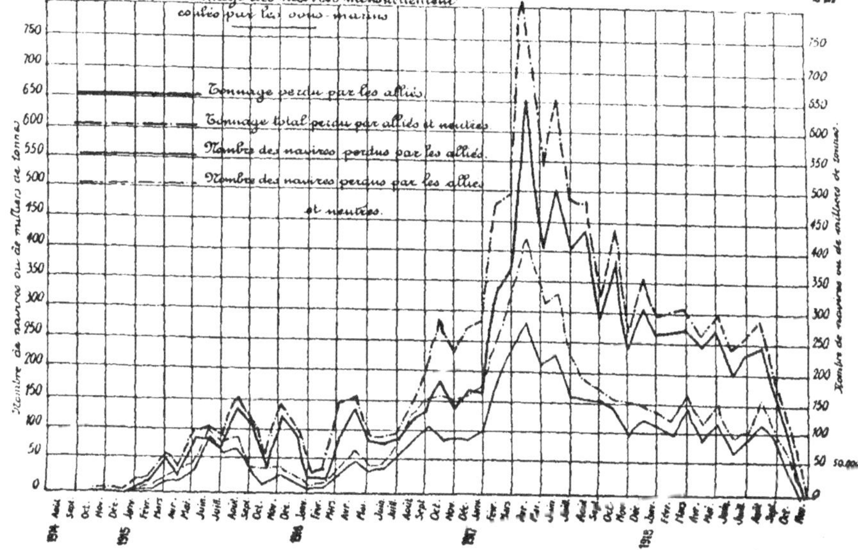
Graphique N° 1
Nombre et tonnage des navires mensuellement
coulés par les sous-marins
Nombre de navires ou de milliers de tonnes
Tonnage perdu par les alliés
Tonnage total perdu par alliés et neutres
Nombre des navires perdus par les alliés
Nombre des navires perdus par les alliés et neutres
Nombre de navires ou de milliers de tonnes
750
700
650
600
550
500
450
400
350
300
250
200
150
100
50
0
1914
1915
1916
1917
1918
Août Sept. Oct. Nov. Déc. Janv. Févr. Mars Avr. Mai Juin Juill. Août Sept. Oct. Nov. Déc.

mercial des alliés et neutres, du début à la fin de la guerre.

Aux premiers mois de la guerre « sans restrictions » elles dépassèrent notablement les entrées en service ; la saisie des navires allemands internés aux États-Unis et au Brésil vint en compensation, dans quelque mesure ; la forte impulsion donnée aux constructions neuves acheva d'enrayer la décroissance de la flotte commerciale, dont le tonnage total était en cours d'accroissement à la cessation des hostilités ainsi qu'on peut s'en rendre compte en examinant le tableau suivant :

VARIATION DU TONNAGE DE LA FLOTTE COMMERCIALE
ALLIÉE ET NEUTRE EN MILLIERS DE TONNES

| ANNÉES | TRIMESTRES | GAINS | PERTES | FLOTTE TOTALE |
|---|---|---|---|---|
| 1914 | 3e | 1 678 | 400 | 41 802 |
|  | 4e | 546 | 281 | 42 067 |
| 1915 | 1er | 306 | 320 | 42 053 |
|  | 2e | 301 | 381 | 41 973 |
|  | 3e | 310 | 530 | 41 753 |
|  | 4e | 304 | 494 | 41 563 |
| 1916 | 1er | 641 | 524 | 41 680 |
|  | 2e | 412 | 522 | 41 570 |
|  | 3e | 447 | 592 | 41 425 |
|  | 4e | 488 | 1 160 | 40 753 |
| 1917 | 1er | 329 | 1 619 | 39 463 |
|  | 2e | 1 336 | 2 237 | 38 562 |
|  | 3e | 888 | 1 494 | 37 956 |
|  | 4e | 1 010 | 1 273 | 37 693 |
| 1918 | 1er | 870 | 1 147 | 37 416 |
|  | 2e | 1 243 | 960 | 37 699 |
|  | 3e | 1 057 | 872 | 37 884 |

Les opérations des sous-marins ont encore eu pour effet commercial de ralentir considérablement les transports sur mer, à raison de toutes les mesures de précautions à prendre pour leur sauvegarde ; le rendement du trafic maritime en fut grandement diminué.

Cela contribua à élever le prix de fret qui augmenta de plus de 300 pour 100 au cours de la guerre, tandis que le taux des primes d'assurances contre les risques de guerre montait tellement qu'en France et en Angleterre l'État devait s'en constituer le régulateur.

Les salaires des équipages de commerce durent être au moins doublés. Les actes des sous-marins allemands rendirent plus difficile leur recrutement qui resta cependant toujours possible, ce qui est tout à l'honneur de la corporation des marins. Sa vaillance traditionnelle y trouva une splendide occasion nouvelle de s'affirmer en décevant les espérances que l'Allemagne avait mises dans l'efficacité de procédés destinés à répandre la terreur, au moins parmi les matelots neutres ; eux-mêmes ne se laissèrent jamais complètement intimider.

II

LA LUTTE CONTRE LES SOUS-MARINS

§ 1. — ORGANISATION GÉNÉRALE.

Les idées fausses d'avant-guerre sur l'endurance des sous-marins aux croisières prolongées, ainsi que la confiance des Alliés en l'efficacité des conventions internationales limitant le droit des belligérants eurent pour conséquence que la stratégie sous-marine, inaugurée par l'Allemagne, surprit complètement les esprits dans les amirautés française et anglaise.

On n'y avait jamais envisagé pareille éventualité : on ne s'y était pas préparé : aucun matériel n'était constitué, aucune méthode étudiée, aucune instruction rédigée en vue de la parade et de la riposte.

On n'en fut démonté ni à Paris ni à Londres ; la résolution de réagir fut promptement prise ; mais on n'y réalisa que lentement les nécessités et possibilités de cette réaction dont l'organisation, sans précédent, exigea presque tout le temps de la guerre pour arriver à posséder des moyens suffisants, ainsi qu'une bonne doctrine de leur emploi.

Ce ne fut guère, du reste, qu'après constatation, à la fin de 1915, de l'impuissance de l'action politique à conjurer le danger de la guerre sous-marine, que les Alliés en vinrent définitivement à concevoir la nécessité militaire de la mise en commun de leurs moyens et de la liaison de leurs efforts.

Les conférences interalliées à ce sujet devinrent assez fréquentes à partir de cette époque (1).

Le premier acte de la réaction alliée en fut un de représailles : à la déclaration allemande du 4 février 1915, répondit la déclaration franco-anglaise du 1er mars 1915, de l'arrêt des navires portant des marchandises présumées de destination, provenance ou propriété ennemie (2).

En même temps le dispositif des forces légères alliées en Manche était remanié pour en barrer l'accès oriental. Des instructions

(1) Les époques, lieux et principales résolutions de ces conférences sont résumés ci-dessous :

Décembre 1915. — *Douvres.* — Concert sur l'action méthodique en France.

Décembre 1915. — *Paris.* — Division de la Méditerranée en dix-huit zones de surveillance, réparties entre : Anglais, quatre ; Italiens, quatre ; Français, dix. Armement des bâtiments de commerce, routes patrouillées.

Mars 1916. — *Malte.* — Nouvelle division de la Méditerranée en onze zones de surveillance (quatre anglaises, quatre françaises, trois italiennes.) Liaison des services de renseignements, routes patrouillées.

Avril 1916. — *Paris.* — Mise en commun de tous les moyens d'action.

Mai 1916. — *Londres.* — Surveillance de l'Atlantique.

Novembre 1916. — *Tarente.* — Organisation du barrage d'Otrante.

Janvier 1917. — *Londres.* — Mise à l'essai du système des routes fixées, patrouillées entre la France et Salonique et de celui des routes divergentes entre le cap Bon et Port-Saïd.

Avril 1917. — *Corfou.* — Adoption du système des convois escortés sur itinéraires de circonstance. Constitution à Malte d'une direction générale des routes en Méditerranée ; étalissement de barrages fixes, notamment au canal d'Otrante.

Juillet 1917. — *Paris.* — Sanction donnée aux propositions de la Conférence de Corfou d'avril 1917.

Septembre 1917. — *Londres.* — Établissement d'une base aux Açores, escorte de tous les convois en Atlantique.

Novembre 1917. — *Paris.* — Constitution d'un Conseil des marines alliées, détermination des meilleurs procédés de lutte contre les sous-marins et mise en commun, pour exploitation méthodique, de tous les moyens de construction des engins choisis, augmentation et généralisation de l'armement des navires de commerce ; renforcement du blocus, activer la réparation du tonnage avarié, diminution des durées de rotation des navires de commerce ; améliorer la protection des convois et leur discipline.

Janvier 1918. — *Londres.* — Protection de la navigation transatlantique.

Février 1918. — *Rome.* — Barrages fixe et mobile du canal d'Otrante.

Mars 1918. — *Paris.* — Action dans les eaux territoriales neutres violées par l'ennemi ; perfectionnement et coordination des réparations ; perfectionnement et développement des moyens de sauvetage.

(2) Plus tard, en juin 1916, les Alliés se dégageront de la Déclaration de Londres dont les Allemands ne se sont jamais embarrassés.

étaient lancées aux capitaines marchands et des mesures de protection de la navigation commerciale ainsi que des transports militaires commençaient à être prises.

Ces instructions et mesures furent souvent modifiées dans le sens du perfectionnement de l'organisation défensive et même offensive de la navigation.

L'action alliée contre les entreprises de sous-marins s'efforça :

## 1º DÉFENSIVEMENT :

a) *d'en raréfier les rencontres*, d'abord en cherchant à découvrir, puis à suivre les sous-marins par des postes de guet côtier, par des bâtiments légers de surface (patrouilles, chasseurs), par des explorations aériennes, enfin en recueillant partout les avis d'apparitions de sous-marins et de leurs mouvements ; puis en avisant par T. S. F., ou autrement, la navigation des régions où leurs embuscades étaient tendues.

b) *de contrarier leurs attaques* par l'exercice, à bord et autour des navires, d'une surveillance donnant le temps de se dérober ; par la diminution de leur visibilité (navigation de nuit tous feux cachés, camouflage, émission de fumées créant un écran) ; en leur faisant suivre des routes par petits fonds au voisinage des côtes ou zigzaguant au large.

c) *d'en amoindrir les résultats* en augmentant l'endurance des navires aux avaries de torpilles et de mines ; en organisant l'assistance rapide aux navires torpillés ou minés ainsi que le sauvetage de leurs équipages et passagers.

d) *de diminuer les conséquences des destructions et avaries de navires* en intensifiant les constructions neuves, en activant les réparations, en accélérant les rotations, c'est-à-dire les durées des périples.

## 2º OFFENSIVEMENT :

de détruire, avarier, paralyser les sous-marins.

e) *par bombardements* de leurs repaires ;

f) *par obstruction* (embouteillage, champs de mines, barrages fixes et mobiles).

g) *par embuscade* (bateaux-pièges et sous-marins guettant en plongée).

h) *par poursuite et attaque* des sous-marins découverts, à la torpille, au canon ou à coups de bombes s'ils étaient surpris en surface, au moyen de grenades sous-marines (depth-charges) quand ils s'immergeaient.

i) *par la riposte* des navires attaqués, en armant convenablement ceux-ci et en instituant des primes de destruction.


§ 2. — CONDUITE DE LA NAVIGATION COMMERCIALE.


La conduite à tenir par les capitaines des navires de commerce ne pouvait être laissée à leurs initiatives diverses.

Les amirautés leur adressèrent donc des instructions fréquemment renouvelées qui vont être sommairement rappelées (1), pour montrer l'évolution des idées à ce sujet.

Les premières en date (de mars 1915), recommandaient de résister autant que possible à l'attaque du sous-marin, d'essayer de l'aborder s'il était de l'avant, de prendre chasse s'il était de l'arrière ; de ne pas se porter au secours d'autres navires attaqués, de maquiller les navires, enfin d'appeler du secours par T. S. F. en lançant le signal SOS (Salvation of souls).

L'adoption par les sous-marins de la tactique d'attaque au canon obligea à modifier ces conseils.

L'édition de mai 1915 des instructions aux capitaines des navires de commerce recommandait de fuir tout sous-marin aperçu et de faire des routes en zigzag dans les parages dangereux signalés par T. S. F. toutes les six heures. En Méditerranée le commandant en chef fixait des itinéraires pour les transports entre Gibraltar et Malte ainsi qu'entre Malte et les Dardanelles.

En septembre 1915, l'amirauté britannique prescrivait aux capitaines de prendre des instructions fraîches avant de quitter le port ; elle leur recommandait l'usage des eaux territoriales neutres, certaines précautions contre les mines et les faux périscopes, le secret de leurs mouvements, enfin la navigation en ordre dispersé et hors de routes usuelles.

A la même époque, il fut décidé que tout transport de troupes recevrait deux canons de 47 $^m/_m$ ; deux mois plus tard, le prin-

_______________

(1) En faisant principalement état des instructions françaises.

cipe d'armement était étendu, dans son caractère défensif, aux cargos de ravitaillement qui devaient désormais recevoir un canon à l'arrière, et avec le caractère offensif aux chalutiers qui devaient le porter sur l'avant.

Une pression était exercée dans le même temps sur les armateurs pour leur faire installer la T. S. F. à bord de tous leurs navires, les opérateurs devant être fournis par la marine de guerre.

Janvier 1916 amène une réorganisation et l'extension des bureaux de renseignements maritimes dont la mission est de recueillir, centraliser, trier les renseignements maritimes pour les porter à la connaissance des autorités intéressées, ainsi que d'assurer par les voies les plus rapides et les plus sûres la transmission des ordres et avis.

Le mois est encore marqué par la décision d'armer tous les navires de commerce français et par la création correspondante, dans les principaux ports, de centres d'instruction et d'entraînement de leurs équipes de canonniers. Ainsi débuta l'organisation de l'armement militaire des bâtiments de commerce (A. M. B. C.) dont la constitution prendra de la force en mars 1917 quand seront institués dans chaque port important, outre les centres d'instruction, une direction d'A. M. B. C. en contrôlant le fonctionnement et le rendement, instruisant et renseignant les capitaines dans les questions de sécurité de la navigation, inspectant l'état des appareils de sauvetage et s'assurant que toutes mesures étaient bien prises pour la sécurité du personnel, notamment par l'établissement de rôles de sauvetage et par des exercices d'application.

Coordonnées dans une nouvelle édition (de février 1916), sanctionnées par la loi du 2 juillet 1916 édictant la peine d'emprisonnement contre les navigateurs qui y désobéiraient, ces instructions générales se complétaient d'instructions de la dernière heure, que tout capitaine était tenu de prendre auprès de l'autorité maritime avant de pouvoir quitter le port.

Ainsi fut fortement établie la discipline de la navigation commerciale, en même temps qu'étaient instituées des primes allant jusqu'à 100 000 francs par sous-marin détruit, pour stimuler les efforts de tous les navigateurs dans leur lutte contre les sous-marins.

Cependant la méthode des itinéraires patrouillés adoptée par les amirautés alliées à Malte en mars 1916, n'assurait que bien imparfaitement la sécurité des navigateurs.

D'autres systèmes étaient préconisés, certains réclamant la liberté absolue des routes tandis que d'autres poussaient à l'emploi des convois escortés.

La Conférence tenue à Londres le 23 janvier 1917, pour examiner et dissiper ces divergences de vues, décida de mettre à l'épreuve ces deux systèmes, l'un sur des routes fixes patrouillées entre la France et Salonique, l'autre sur des routes divergentes entre la Tunisie et Port-Saïd.

Dès mars 1917, la navigation en convois escortés s'affirmant comme le mode de protection le plus efficace, il fut décidé, pour inciter les navires à y participer, qu'une détaxe d'assurance allant jusqu'à 25 pour 100 serait accordée aux navires convoyés sur tout ou partie de leurs parcours.

Enfin en avril 1917, les amiraux alliés réunis à Corfou s'entendirent pour faire adopter le système des convois escortés sur routes de circonstance, au lieu des routes patrouillées, les itinéraires en Méditerranée étant déterminés par une direction générale des routes installée à Malte.

Approuvée le 28 avril 1917 par les amirautés, la méthode des convois escortés fut étendue à l'Atlantique au mois d'août suivant.

Vers la même époque fut organisé, dans un certain nombre de ports, un service de remorqueurs armés, munis de T. S. F., d'engins fumigènes, d'hydrophones, pour porter prompte assistance aux navires torpillés ou minés, ou encore aux voiliers mal servis par la brise dans les régions dangereuses. Peu à peu, du reste, les voyages des voiliers du long cours furent arrêtés à Dakar où leurs cargaisons étaient transbordées sur des cargos moins exposés aux entreprises des sous-marins.

Source d'alimentation importante pour la France et l'Angleterre, la pêche réclamait aussi protection.

Très bien organisée à la fin de 1916, la campagne du hareng avait été fructueuse : 52 harenguiers, dont 42 armés d'un canon, y avaient pris part sous la garde de 11 torpilleurs et 3 chalutiers, suivant le poisson de la mer du Nord à la baie de la Seine, sans qu'on eût eu à enregistrer une seule perte.

Devant l'excellence de ces résultats il fut décidé d'étendre l'organisation de la pêche protégée aux régions de la Manche centrale et de l'Océan. Cela n'alla pas du reste sans d'assez grandes difficultés, les pêcheurs refusant de recevoir des canons dans la crainte que cela les exposât gravement à être coulés sans merci par les sous-marins.

On vint à bout de toutes les résistances en décidant le remboursement des frais d'immobilisation des bateaux pour la mise en place de leur armement, ainsi que la mise en sursis d'appel des inscrits maritimes qui s'engageraient à pratiquer la pêche. Ainsi convenablement organisée et protégée, celle-ci devint d'un grand profit non seulement pour les populations maritimes, mais encore pour la défense nationale en contribuant au ravitaillement du pays.

En juillet 1917, le système des convois escortés avait déjà prouvé son excellence : sur 4 500 navires ayant navigué en convois protégés dans le nord, au cours du précédent mois, 4 seulement avaient été coulés, résultat d'autant plus remarquable que la guerre *sans restriction* battait alors son plein.

Très affectes au fond, les Allemands masquaient leur déception en alléguant que les pertes de temps occasionnées par la réunion des convois équivalaient à des pertes de tonnage.

A vrai dire, elles provenaient plutôt de l'encombrement des ports que des retards dus à la navigation en convoi elle-même.

L'organisation était d'ailleurs perfectible et peu à peu elle fut perfectionnée : en France par de nouvelles instructions du 15 août puis du 17 octobre 1917, fixant les principes et les règles qui devaient régir la protection de la navigation commerciale ; en Angleterre par l'institution du Shipping controll qui aurait amélioré d'un cinquième le rendement du tonnage importé.

En janvier 1918, l'adoption par les Alliés de la navigation en convois escortés, après avoir amené l'abandon par les sous-marins de l'attaque au canon, avait rendu leurs attaques à la torpille si difficiles et risquées dans le jour, qu'ils n'attaquaient plus que la nuit ; ils s'efforçaient alors de placer plusieurs torpilles dans le convoi en profitant de la fâcheuse tendance des navires à démasquer leurs feux, pour éviter les collisions, lorsqu'un torpillage venait troubler la formation.

La navigation en commun devint alors tellement plus dangereuse de nuit que de jour, que toutes les fois que le voisinage d'un mouillage abrité le permettait, on faisait relâcher le convoi pour la nuit.

La pratique du « camouflage », c'est-à-dire d'un savant coloriage de la coque du navire pour en diminuer la visibilité et illusionner l'appréciation de son cap, réussit, dans une certaine mesure, à rendre plus difficile encore, par temps obscur ou sombre, la tâche des assaillants.

Enfin, dans le courant de 1918, les bâtiments de commerce furent dotés d'engins fumigènes pour la production de brumes artificielles à la faveur desquelles ils pouvaient se dérober ; de montres spéciales pour marquer les moments de changements de route dans la marche en zigzag ; de mortiers Van Deuren, arme facile à fabriquer, à placer, à manier, qui pouvait être efficace lorsqu'un périscope était découvert à faible distance sur l'avant ; enfin de bouches à feu plus puissantes et maniables que les matériels de 95 de côte dont, en général, ils avaient été armés jusque-là.

Ils reçurent, en outre, des masques contre les gaz asphyxiants pour leurs équipages, des engins à phosphure de calcium pour l'éclairage des navires torpillés. Enfin on leur distribua un code de signaux interalliés.

Bref 1918 marque un aboutissement dans les efforts faits en vue de la riposte offensive comme de la parade.

L'amélioration de la pratique des convois est encore marquée, cette année-là, par la réduction de la durée des rotations qui tomba de dix-neuf jours à quinze jours entre Marseille et l'Égypte.

Le dernier perfectionnement apporté à l'organisation des convois en Méditerranée, en octobre 1918, a consisté en une séparation nette entre les rôles de conduite du convoi et de son escorte. La conduite fut confiée à un « commodore » chargé de la discipline du convoi en cours de route et de sa manœuvre lors d'une attaque ; libéré de cette fonction le chef de l'escorte pouvait consacrer plus soigneusement ses moyens à la veille, à la protection.

§ 3. — DÉTAILS CARACTÉRISTIQUES SUR LES PRINCIPAUX MOYENS EMPLOYÉS CONTRE LES SOUS-MARINS ET SUR LEUR EFFICACITÉ.

*Action contre les bases des sous-marins.* — Une escadre anglaise bombarda Zeebrugge en novembre 1914. La médiocrité des résultats de l'opération fut jugée hors de proportion avec les risques auxquels l'escadre s'était exposée.

Les bombardements furent repris en novembre 1916 sur Zeebrugge et Ostende, mais alors par monitors et avions. Fréquemment renouvelés avec une croissante violence, ils arrivèrent à causer, les 4 et 5 juin 1917, de tels dommages que les Allemands durent évacuer une assez grande quantité du matériel qu'ils avaient apporté à Ostende.

Mais la neutralisation radicale de ces deux bases avancées exigeait un plus grand effort : l'embouteillage.

La tentative du 23 avril 1918 ne fut couronnée de succès qu'à Zeebrugge, le brouillard ayant fait manquer l'entrée d'Ostende aux deux navires qui devaient s'y faire couler ; une nouvelle opération, le 9 mai suivant, réussit à obstruer aussi ce port.

L'efficacité de ces embouteillages se constata bientôt par une sensible diminution du nombre des attaques sous-marines.

En Méditerranée, les bombardements des bases sous-marines ne purent jamais être montés avec l'ampleur et la violence nécessaires pour procurer d'importants résultats.

*Champs de mines.* — Les Alliés commencèrent en octobre 1914 à garnir de mines la côte des Flandres, en représailles des mouillages de mines effectués par l'Allemagne devant les ports anglais. Ce n'est guère, toutefois, avant 1917, que la fabrication de grandes quantités de cet engin permit de l'employer sur une vaste échelle.

Toute la baie allemande fut alors minée : en juillet 1917, la zone minée s'étendait dans l'ouest jusqu'au 4e méridien est, dans le nord jusqu'au parallèle 57°08.

En avril 1918, un vaste champ de mines, en forme de triangle dont la base allait d'Écosse en Norvège, dont le sommet approchait le cercle arctique, vint fermer partiellement la sortie septentrionale de la mer du Nord.

Les Anglais ayant miné les abords des îles Laso et Vinga quand les sous-marins se mirent à passer par le Skagerak et le Cattegat, les Allemands ripostèrent en semant, aux environs du cap Skager, des mines à faible immersion contre les forces légères anglaises.

On continua ainsi à garnir le Cattegat de nombreuses mines que s'employaient à draguer les Suédois, lesquels avaient eux-mêmes miné la passe du Kögrund.

*Le gouvernement norvégien*, à son tour, pour imposer le respect de ses eaux territoriales maintes fois violées par les Allemands, y fit semer des mines entre Stavanger et Bergen.

Un nombre considérable de mines erraient alors à la dérive en mer du Nord ; rien que sur la côte hollandaise, il s'en était déjà échoué plus de 4 000 au début de 1918.

Au cours des quatre premiers mois de cette année, la flotte allemande perdit sur des mines 5 dragueurs, 5 torpilleurs, 4 destroyers, 18 chalutiers, car il fallait entretenir continuellement des chenaux entre les champs de mines pour permettre les mouvements des sous-marins. Cependant les pertes de ceux-ci allaient toujours en croissant, au point d'impressionner fortement les milieux maritimes en Allemagne.

Trente-cinq pertes de sous-marins sur mines ont été identifiées et il faut sans doute attribuer encore à cet engin une bonne partie de la quarantaine de destructions de sous-marins provenant de causes inconnues.

Les champs de mines ont été aussi employés en Méditerranée contre les sous-marins, mais sur une bien moins grande échelle.

*Filets.* — Dès l'apparition des sous-marins en Manche, on eut l'idée de s'en protéger au moyen de filets de pêche ; on en tendait aux approches des ports sur deux lignes de quelque vingt kilomètres de longueur.

On se mit aussitôt à fabriquer des filets en câble d'acier pour remplir le même office. Il y en eut de trois types principaux :

a) *Le filet indicateur*, très léger, dont un petit bâtiment pouvait emporter une grande longueur et la mouiller rapidement autour de l'endroit où un sous-marin était apparu ; si celui-ci s'y accrochait, les petites bouées qui y étaient attachées permettaient de le suivre comme à la trace, en dépit de son immersion.

b) *Le filet d'arrêt* aux larges et solides mailles que l'on pendait à un câble soutenu par des tonnes flottantes, pour constituer la double ligne des barrages de ports et mouillages protégés.

En France, faute de matériel, ce ne fut qu'au printemps de 1916 qu'on put commencer, par le Havre et Marseille, à protéger par des barrages de filets les principaux ports de commerce.

c) *Le filet à mines*, c'est-à-dire un filet d'arrêt, aux mailles duquel, de distance en distance, étaient accrochées des mines destinées à faire sauter les sous-marins qui, confiants dans leurs coupe-filets, auraient tenté le forcement du barrage.

Les filets ont très efficacement rempli leur rôle protecteur quoiqu'ils n'aient causé que peu de pertes de sous-marins. Sur 209 sous-marins détruits au cours de la guerre, il n'y en eut guère que 4 qui se soient fait prendre dans des filets : ce genre de protection serait donc de caractère plutôt préventif.

*Bateaux-pièges.* — Les premiers méfaits des sous-marins allemands ont immédiatement fait naître chez les Alliés l'idée de leur tendre des pièges consistant en navires d'aspect marchand, mais bien garnis de canons, qui ne se démasquaient qu'au dernier moment.

L'exploit de l'un d'eux, le *Baralong*, qui coula un sous-marin allemand sur la côte d'Irlande à la fin de 1915, provoqua de la part de l'Allemagne un memorandum où elle traitait ce navire de pirate et demandait la mise en accusation de son équipage sur le chef d'asssassinat.

Les bateaux-pièges ont réussi à détruire une douzaine de sous-marins au cours de la guerre, leur efficacité est encore affirmée par ce résultat qu'ils obligeaient les attaques des sous-marins à se faire très circonspectes, ce qui les contraria beaucoup et les rendit par suite moins fructueuses.

*Embuscades de sous-marins.* — Les sous-marins alliés embusqués en plongée, sur le passage probable des sous-marins allemands, en détruisirent 17 au cours de la guerre ; ce genre d'embuscade serait donc plus efficace que le bateau-piège.

*Patrouilleurs.* — Les navires légers des marines alliées ne pouvant suffire aux besoins de la surveillance des mers infestées de sous-marins, il fallut bien vite, pour les renforcer, réquisitionner des navires de commerce, de pêche, de plaisance.

L'effort accompli à cet égard par la France est résumé ci-après :
70 bâtiments de l'espèce ayant déjà été réquisitionnés au début
des hostilités pour les services des dragages, d'arraisonnement,
de police des ports, on réquisitionna encore 60 chalutiers dans
les ports de la Manche et du golfe de Gascogne, en février 1915,
pour le service des patrouilles ; pour le même objet les réquisitions
furent ensuite étendues jusqu'en Algérie, au Maroc, à Terre-Neuve.

A la fin de 1915, marquée en France par une forte impulsion
donnée à l'organisation de la lutte contre les sous-marins, des
missions furent envoyées en Norvège, en Espagne, en Amérique,
à la recherche de chalutiers, baleiniers et autres petits navires
aptes à faire la chasse aux sous-marins ; en même temps, on mettait
en chantier 22 canonnières, 6 sloops, 6 avisos.

Le programme d'ensemble des patrouilles françaises comporta
par la suite : en juin 1916, pour la surveillance du large, 344 unités
dont 234 existantes ; pour le service des ports, 165 unités dont
103 existantes ; en mars 1917, accroissement d'ensemble de
243 unités ; en octobre 1917, nouvel accroissement de 169 unités,
dont 29 chasseurs et 84 vedettes, types nouveaux de petits navires
spécialement conçus pour la chasse au sous-marin.

L'entrée de l'Amérique dans la lice amena d'importants ren-
forts aux patrouilles : au début de 1918, les forces navales des U. S.
en Europe comprenaient 50 destroyers, 37 patrouilleurs, 12 dragueurs, 4 yachts, 4 sous-marins.

L'armement des chalutiers avait été fixé en janvier 1916 à
deux canons, dont un de 47 m/m à l'arrière, l'avant recevant un
canon de 75 m/m ou de calibre supérieur ; cet armement fut
reconnu trop faible en portée comme en puissance, quand les
sous-marins allemands eurent reçu du 100 m/m et même du
150 m/m ; on s'efforça donc de le renforcer dans la mesure où les
disponibilités du matériel le permirent.

Les patrouilleurs étaient en outre munis de la T. S. F., autant
que possible de projecteurs, parfois de filets indicateurs ou de
torpilles remorquées, de grenades sous-marines, enfin d'appareils
d'écoute sous-marins, quand on eut réussi à en mettre au point.

*Grenades sous-marines (Depth charge)*. — Elles firent leur apparition dès mars 1915. C'étaient des engins contenant une forte

charge explosive, destinés à être jetés successivement et rapidement à l'endroit où le sous-marin venant d'être aperçu était supposé se trouver après son immersion ; le fonctionnement d'un piston hydrostatique en déterminait l'explosion à une certaine profondeur, si le choc contre la coque du sous-marin ne l'avait déjà produite.

Les grenades étaient fort redoutées des sous-marins auxquels elles causèrent souvent des avaries, parfois mortelles.

On doit leur attribuer la destruction d'au moins trente sous-marins allemands.

Il fallut d'ailleurs en augmenter de plus en plus la charge et, par conséquent, les dimensions, pour maintenir leur efficacité contre une proie qui s'efforçait de s'enfoncer profondément sous les flots pour en éviter la morsure.

*Mines remorquées.* — Le rendement de cet engin destiné à exploser au choc en rencontrant la coque du sous-marin passant sous le patrouilleur, fut faible ; on ne peut lui attribuer guère plus de quatre ou cinq destructions de sous-marins allemands.

*Appareil d'écoute sous-marine.* — Le sous-marin marchant en plongée était invisible mais non silencieux. On s'ingénia vite à créer des instruments pour écouter le bruit des hélices. Ce ne fut qu'en 1917 qu'on arriva à mettre au point des modèles satisfaisants « d'hydrophones » (appareils Walser, Perrin, Loth, Tube G, Tube K, Tube Mason, etc.).

*Aéronautique.* — L'idée d'utiliser l'avion pour découvrir les sous-marins, même immergés, n'était plus neuve depuis la première traversée de la Manche par Blériot, qui avait déjà signalé la facilité avec laquelle les aviateurs pouvaient distinguer les petits navires à la surface de la mer ou se tenant au-dessous d'elle.

Ce ne fut pas, toutefois, avant dix-huit mois de guerre que l'industrie alliée parvint à livrer des hydravions d'assez bonnes qualités nautiques et aériennes pour que l'on pût se décider à un large emploi de cet instrument de reconnaissance.

L'essor de l'aéronautique navale date donc seulement de 1916. Les rivages de France et d'Angleterre se couvrirent cette année-là d'un réseau de centres d'aviation et de postes de combats, autour desquels, en rayonnant, les appareils aériens pouvaient explorer la mer et y protéger la navigation jusqu'à une centaine de milles au large.

Quelques centres : Dunkerque, dans le Nord, Brindisi en Méditerranée, furent pourvus d'hydravions spéciaux capables d'aller bombarder les bases ennemies voisines.

Les autres centres maritimes ou autres postes de combats français : 16 sur les côtes de France, 5 en Afrique du Nord, 7 en Orient, constitués surtout en vue de la lutte contre les sous-marins, étaient munis d'hydravions et d'avions équipés pour les découvrir, les signaler, les attaquer avec des bombes si possible, en tout cas les forcer à plonger en attirant vers eux les bâtiments de patrouilles ; ils avaient encore pour mission de découvrir les mines et de diriger le travail des dragueurs.

Il fallut attendre 1918 pour voir entrer en service des hydravions de 300 HP capables d'emporter des bombes de capacités explosives suffisantes pour donner de bonnes chances d'avarier sérieusement les sous-marins attaqués : jusqu'alors un coup très heureux était nécessaire pour mettre à mal cet adversaire.

Rares cependant furent les commandants de sous-marins qui osèrent se risquer à tenter la chance d'un duel avec un navire aérien ; ils préférèrent, presque toujours, assurer leur sécurité en allant chercher le refuge des eaux profondes. Leur crainte des attaques aériennes ne fit qu'augmenter avec les progrès de l'aviation maritime. Aussi 1918 marque-t-il une décroissance notable de la fréquence des attaques sous-marines dans les régions intensément patrouillées par les hydravions, tels les atterrages de Brest et le canal d'Otrante.

Les surprises de sous-marins par les avions se firent donc rares durant la dernière année de la guerre ; la vigilance d'un service de veille attentif leur permettait de se dérober avant que l'assaillant aérien ait pu atteindre une position favorable. Mais une liaison de plus en plus étroite du travail des avions avec celui des patrouilleurs permettait à ces derniers de suivre le sous-marin, avec leurs appareils d'écoute, quand sa plongée l'avait rendu invisible aux éclaireurs aériens.

Parallèlement à l'aviation maritime se développa l'aérostation maritime. Mais la moindre vitesse et la plus grande visibilité des dirigeables de toute taille les rendaient moins propres à la surprise et à l'attaque des sous-marins que les hydravions. On les spécialisa dans l'escorte et la protection des convois marchands et la découverte des mines, en concours avec les ballons captifs remorqués dont l'usage se répandit vers la fin de 1917.

En somme, de même que la tenue du blocus par les navires de surface a été contrariée par les navires sous-marins, la tenue du blocus par sous-marins s'est vue contrariée à son tour par les navires de l'air.

Il n'y a pas à douter que ceux-ci doivent jouer un rôle de premier plan dans les opérations futures de blocus de tout genre.

EFFICACITÉ DES MOYENS EMPLOYÉS CONTRE LES SOUS-MARINS

L'efficacité relative des divers procédés et engins employés par les Alliés dans leur lutte contre les sous-marins est mise en évidence par le tableau ci-dessous des causes des pertes subies par la flotte sous-marine allemande :

| | | | | |
|---|---|---|---|---|
| Pertes par accident | 2 | Pertes par mines remorquées | 4 | |
| — par échouage | 7 | — par ses propres mines | 4 | |
| — par internement | 4 | — par torpilleurs de sous-marins | 17 | |
| — par explosion du navire torpillé | 1 | — par bateaux-pièges | 12 | |
| — par filets | 3 | — par grenades | 30 | |
| — par mines ordinaires | 34 | — par abordages | 18 | |
| — par mines de filets | 1 | — par canon | 7 | |
| Perdus par bombes d'avions | 5 | Perdus par causes diverses | 4 (1) | |
| — par cause non établie | 39 | — par destructions volontaires | 18 | |

TOTAL ......... 210

§ 4. — RÉSULTATS DE LA RÉACTION DES ALLIÉS.

Ces résultats se constatent de plusieurs côtés :

a) *Dans l'augmentation du nombre des destructions de sous-marins* (voir graphique nº 2).

(1) Dont deux renfloués, réparés.

Graphique Nº 2

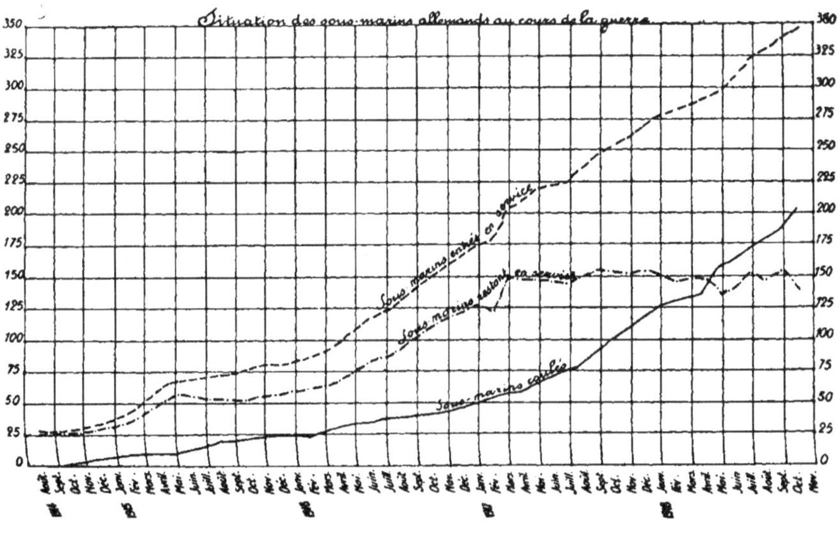

Le nombre à peu près uniformément de 1,8 par mois du début de la guerre à la fin de 1916, passe à 3,7 dans les sept premiers mois de 1917, monte à 7,6 pendant la dernière période de la guerre.

Depuis mars 1917, les pertes équivalant aux entrées en service, le nombre des sous-marins en service est demeuré constant.

b) *Dans la diminution des pertes en tonnage commercial allié et neutre.* Avec des hauts et des bas, nombre et tonnage des navires marchands mensuellement coulés par les sous-marins allemands avaient peu à peu crû jusqu'aux moyennes de 165 navires et 240 000 tonnes pendant les quatre derniers mois de 1916 ; montés après l'adoption de la guerre « sans restrictions » jusqu'à 420 navires et 830 000 tonnes, ils décrurent ensuite presque continuellement ; ces chiffres n'étaient plus que de 155 navires et 280 000 tonnes en août 1918. Alors leur chute s'accentua, les pertes étaient devenues insignifiantes à la clôture des croisières sous-marines.

Or, à la fin de la guerre, rien que des chantiers alliés, on lançait en moyenne, par mois, un peu plus de 150 navires d'un tonnage global supérieur à 500 000 tonnes.

c) *Dans la diminution du rendement des croisières sous-marines.* Le nombre par jour (N. J.) de navires et le tonnage par jour (T. J.) coulés en moyenne par un sous-marin en croisières, respectivement de 0,5 N. J. et de 775 T. J. en janvier 1917 en Manche et Atlantique, monte à 0,55 N. J. et 889 T. J. en mars 1917, pour décroître bien vite sitôt passé le moment de la surprise des Alliés.

| | | |
|---|---|---|
| En avril 1917 ils n'étaient plus que de ...... | 0,37 N. J. et | 870 T. J. |
| En juillet 1917 — | 0,21 N. J. | 588 T. J. |
| En septembre 1917 — | 0,15 N. J. | 466 T. J. |
| En octobre 1917 — | 0,07 N. J. | 173 T. J. |

En Méditerranée le décroissement du rendement eut une allure moins vive quoique encore bien marquée : la moyenne fut :

| | | |
|---|---|---|
| Au cours du 1er semestre de 1917 de ........ | 0,27 N. J. et | 616 T. J. |
| — 2e — — ........ | 0,21 N. J. | 392 T. J. |
| — 1er — 1918 ........ | 0,16 N. J. | 324 T. J. |
| Des quatre derniers mois d'hostilités de ... | 0,12 N. J. | 196 T. J. |

d) *Dans l'affaissement du rendement des attaques prononcées par les sous-marins.*

La proportion des navires coulés aux navires attaqués fut en janvier 1917 de 78 pour 100 à la torpille, de 81 pour 100 au canon, en moyenne :

Dans le 1er semestre 1917 de 69 % à la torpille, de 80 % au canon.
  —   2e  —     —   70 %    —    66 %    —
  —   1er  —   1918  55 %    —    66 %    —
Dans les quatre derniers mois
   des hostilités       55 %    —    75 %    —

Le relèvement du pourcentage des navires coulés au canon vers la fin des hostilités est principalement dû à la surprise des opérations des croiseurs sous-marins sur les côtes américaines ; cette proportion monta à 88 pour 100 en juillet 1918 où elle atteignit sa valeur culminante et à 81 pour 100 en août 1918.

e) *Dans l'abaissement du taux des assurances contre les risques de guerre*, très marqué avec une certaine régularité en 1918. En Suède, par exemple, ce taux était descendu à 3 pour 100 en août 1918, après avoir été à 12 pour 100 en 1917, les assurances ayant été souvent impossibles à contracter en 1916.

Aux États-Unis la prime, de 6,5 pour 100 en août 1917, pour la traversée de l'Atlantique vers France et Angleterre, avait été abaissée à 2 pour 100 dès mai 1918.

f) *Dans la quasi-impunité dont ont joui les transports de troupes provenant d'Amérique et des colonies anglaises et françaises, ainsi que, d'une façon générale, le ravitaillement des armées alliées.* — Cette impunité a été presque absolue en ce qui concerne les convois transatlantiques dont le fonctionnement régulier est devenu intense entre Amérique du Nord, France et Angleterre, à partir de novembre 1917, avec recrudescence au printemps de 1918. Le gouvernement des États-Unis pouvait annoncer, pour la fête de l'Indépendance le 4 juillet 1918, que le premier million de troupes américaines était arrivé sans encombre en Europe.

g) *Enfin, dans la démoralisation de la marine et du peuple entier d'Allemagne*, quand l'année 1918 vint marquer l'échec définitif de la guerre sous-marine.

L'inquiétude générale perçait, dès le début de cette année-là, dans les articles de la presse allemande à ce sujet.

La ligue sous-marine allemande eut beau redoubler ses efforts de propagande, la marine allemande eut beau majorer de 100 pour 100, systématiquement, les pertes de tonnage alliées et neutres, la confiance en la victoire s'était enfuie des esprits germaniques.

Le vent de la défaite s'étant mis à souffler sur les équipages allemands fatigués et déprimés par leurs croisières stériles, décimés et impressionnés par l'accroissement de leurs pertes, des mutineries éclatèrent, d'abord dans les bases de sous-marins, puis dans toute la flotte, dont le caractère alla en s'aggravant jusqu'à amener l'abdication des autorités.

## III

### VUES GÉNÉRALES SUR L'EMPLOI DES SOUS-MARINS DANS UN BLOCUS

#### § 1. — REMARQUES PRÉALABLES.

La récente guerre mondiale fournit la première expérience de l'emploi des sous-marins pour bloquer ou contre-bloquer l'adversaire.

Longue et vaste expérience d'ailleurs, ce qui incite les commentateurs à en tirer de formelles et définitives conclusions sur les possibilités futures d'utilisation de ce nouvel instrument, qui a bouleversé l'aspect, sinon les principes, de la guerre sur mer.

On ne saurait raisonnablement toutefois, d'une seule expérience, si ample et si prolongée soit-elle, mais exécutée dans certaines circonstances susceptibles d'influer sur ses résultats, dégager une loi générale, c'est-à-dire, indépendante de ces conditions particulières.

Or, il est bien certain que la géographie imposa à l'activité des sous-marins allemands opérant loin de leurs points d'appui, à proximité de ceux de l'adversaire, des conditions très défavorables, puisque dans ces conditions, ils ne pouvaient ni s'exposer aux plus petites avaries de combat, ni lier leur action à celle des navires de surface ou de l'air de leur nation, ni profiter des avantages que procure le voisinage des ports nationaux.

Le facteur géographique a toujours exercé sa grande influence sur les opérations navales ; il n'est évidemment pas à négliger quand on considère les opérations de la guerre sous-marine, car son effet paraît y avoir été particulièrement sensible, si ce n'est même prépondérant.

Il ne faut pas perdre de vue non plus, que le progrès en architecture navale, qui améliora au cours de la guerre bien des types de navires de surface ou sous-marine, peut conditionner les opérations navales de l'avenir en faveur soit des premiers, soit des seconds, enfin autrement que cela n'a été dans la grande expérience en question.

On ne saurait donc montrer trop de prudence en s'avançant dans la voie des déductions à tirer des faits récemment observés pour arriver à prédire ce dont les futurs sous-marins seront ou non capables vis-à-vis des futurs navires de surface, dans une situation vraisemblablement différente de celle où la géographie et l'époque viennent de placer les sous-marins allemands.

Il faut se méfier encore d'une certaine tendance qu'a naturellement l'esprit, à spéculer sur ce qui serait arrivé si les opérations avaient été conduites autrement qu'elles ne le furent.

On a soutenu, non sans apparence de raison, que la stratégie sous-marine de l'Allemagne aurait atteint son but, si, plus patiente, son amirauté avait su attendre, pour la révéler, d'avoir réuni assez de moyens pour pouvoir donner du premier coup, à son exécution, toute l'ampleur qu'elle comportait ; cette ampleur, dit-on, ne fut réalisée que trop tard, alors que l'attention des Alliés ayant été mise en éveil depuis longtemps, et leur expérience ayant été formée par les manifestations progressives de l'activité sous-marine, celle-ci se vit toujours opposer une organisation défensive dont le perfectionnement marcha parallèlement au progrès de l'attaque.

Mais il est douteux que l'Allemagne aurait réussi à monter un coup si formidable assez secrètement pour qu'il n'ait rien transpiré de ses intentions, pour que les Alliés n'aient recueilli aucun indice de ses préparatifs, car la construction d'un grand nombre de sous-marins, la formation et l'entraînement d'un nombre encore plus grand d'équipages n'auraient pu être dissimulés. Or, une fois mis en méfiance, les Alliés se seraient hâtés de préparer parade et riposte.

Il faut se dire aussi que des croisières répétées, en progression constante de durée et d'éloignement, comme celles des premiers temps de la guerre sous-marine, véritables croisières d'essais et d'entraînement de plus en plus audacieux, étaient des expériences nécessaires pour établir, sur de solides enseignements, la doctrine d'emploi du nouvel instrument naval, pour révéler les possibilités, insoupçonnées jusqu'alors, de l'extension de ses facultés.

Sans la succession de ces expériences, dont il était fatal que les Alliés tirassent eux-mêmes du profit, il y avait des chances pour que le coup monté ne fût pas porté avec toute l'habileté nécessaire à sa réussite.

A la supposition d'un déclanchement plus tardif, pour être plus ample et plus violent, de la stratégie sous-marine, peut donc s'opposer raisonnablement l'hypothèse que les Alliés auraient, de leur côté, préparé, dans un style non moins vigoureux, la réponse convenable, ou qu'ils auraient su prendre leurs précautions pour limiter efficacement les effets de l'offensive sous-marine, dont la surprise eût été ainsi manquée.

Dans le même ordre d'idées hypothétiques on peut rappeler la thèse soutenue par l'amiral von Tirpitz et les autres zélateurs de la guerre « sans restrictions »; ils assurent que son insuccès est uniquement attribuable aux tergiversations de la direction politique de la guerre, qui en retardèrent trop longtemps l'application intégrale.

Pratiquée plus tôt celle-ci n'aurait-elle donc pas amené, plus tôt aussi, l'intervention américaine, laquelle détermina la victoire des Alliés?

Bref, on ne saurait utilement se livrer à des controverses spéculatives sur ce qui se serait produit si les choses s'étaient passées autrement qu'il n'est arrivé.

La sagesse commande de se borner à l'interprétation scrupuleuse des faits patents, des réalités bien établies, des constatations certaines.

Qu'y a-t-il donc de formellement acquis en ce qui concerne le rôle du sous-marin dans le blocus?

### § 2. — LE SOUS-MARIN CONTRE LE BLOCUS.

Ce qui a été constaté indiscutablement c'est, en premier lieu, l'élargissement considérable du réseau de surveillance des forces bloquantes, dès l'entrée en scène du sous-marin.

Forme et aspect du blocus en furent transformés au point que, pendant un certain temps, ce terme parut, aux Alliés comme aux neutres, inapplicable à l'opération pratiquée.

Il est certain que la conception que se faisait Catherine de Russie du blocus, quand elle lui imposait, pour être valable, d'être tenu par des navires assez rapprochés les uns des autres pour que des embarcations n'en pussent franchir la ligne, est tout à l'opposé de celle à laquelle sont venus les Alliés, d'un réseau de surveillance mobile aux mailles très larges, tendu aux atterrages de l'Europe fort loin du littoral bloqué, filet que la T. S. F. permettait de déplacer opportunément d'après les renseignements recueillis et signalés à distance sur les mouvements des navires se dirigeant vers la mer du Nord, pour les découvrir, les arraisonner et les détourner vers un port organisé pour la visite de leurs cargaisons.

Cette révolution dans les procédés du blocus a fait couler beaucoup d'encre diplomatique : cependant elle n'est point en contradiction avec les principes essentiels du blocus lesquels sont nécessairement immuables, tandis que leur mode d'application doit forcément varier avec les conditions navales de l'époque, pour le respect même de ces principes.

Ce ne fut pas seulement dans le Nord, par la triple destruction du *Cressy*, du *Hogue* et de l'*Aboukir*, que le sous-marin révéla son efficacité en tant qu'instrument d'élargissement de blocus.

Aux Dardanelles, ainsi qu'à l'entrée de l'Adriatique, d'autres torpillages sensationnels obligèrent l'action navale alliée à se faire très prudente, à ne laisser que de petits navires, sans grande valeur militaire, en sentinelle dans les parages gardés par les sous-marins ennemis, tandis que tous les grands navires de guerre se réfugiaient en des rades bien abritées, dont ils ne sortaient qu'en zigzaguant à grande allure et entourés d'un rideau protecteur de bâtiments légers.

Les maîtres de la mer perdirent ainsi leur liberté d'action au voisinage des eaux péri-territoriales de l'adversaire bloqué ; celui-ci par contre en put user presque librement pour maintenir de précieuses communications maritimes avec les pays voisins.

Il est bien vrai que le sous-marin n'a réussi qu'à desserrer l'étreinte, qu'il a été impuissant à la briser, car s'étant convenablement écartées de la côte bloquée, les croisières du blocus ont efficacement poursuivi leur œuvre de restriction, au moins en ce qui concerne les ressources que le bloqué aurait été si heureux de tirer des pays d'outre-mer.

Mais ils n'ont pu s'opposer à ce qu'il s'en procurât chez ses voisins par la voie maritime et cela suffit pour établir, d'indéniable façon, l'utilité du sous-marin contre le blocus.

On peut s'étonner, devant une telle évidence, qu'une opinion de poids, voulant s'appuyer sur l'expérience des quatre années de guerre, se risque à soutenir « que les sous-marins ne sont efficaces que contre les navires marchands et qu'ils sont inutiles autrement, soit comme armes offensives, soit comme armes défensives » (1).

Si refouler la croisière de blocus à très grande distance de la côte bloquée ne doit pas être considéré comme un résultat militaire fort important dans le domaine de la défensive, c'est que le sens commun n'a plus rien à voir dans les questions navales. Quant à nous, nous concluons dans le sens opposé en affirmant, d'après les leçons de la guerre, que le sous-marin peut exercer un pouvoir protecteur des côtes dont l'efficacité est fonction de leur situation géographique et aussi du progrès dans la construction des navires de guerre aussi bien de surface que sous-marins.

§ 3. — LE SOUS-MARIN POUR LE BLOCUS.

La stratégie navale visant surtout le commerce de mer de l'adversaire avant la destruction méthodique de ses principales forces organisées avait toujours fait faillite dans le passé.

L'insuccès presque continuel sur mer de l'Allemagne tend à confirmer cet enseignement des anciennes guerres navales.

Ni la nouveauté de l'instrument, ni son appropriation au rôle de corsaire, ni la violence des procédés employés n'ont procuré une réussite chimériquement poursuivie jadis avec des armes moins commodes et moins puissantes et des procédés plus soucieux du droit des gens.

Il semblerait que toute invention militaire ait sa contre-partie et que l'iniquité des méthodes doive se retourner contre leurs auteurs. Il est vrai que la géographie défavorisait l'Allemagne et qu'elle a voulu énormément embrasser en visant à supprimer toutes

_______________

(1) Mémorandum anglais en vue du pacte de sécurité.

les communications de l'Angleterre. Quoi qu'il en soit, il ressort clairement des faits de la guerre sur mer, qu'excellent pour faire respecter les côtes nationales, le sous-marin est incapable de bien remplir, quand il le tient seul, le rôle de bloqueur des côtes adverses.

Ce n'est pas qu'il ne puisse jamais agir que d'inhumaine façon contre les navires marchands, puisque les événements fournissent de nombreux exemples de sous-marins allemands se conformant au droit des gens dans l'exercice de la destruction du commerce ennemi ou contrebandier.

Car le caractère odieux de la guerre « sans restriction » n'est pas spécial à la nature du sous-marin ; il peut aussi bien s'adapter à celle des bâtiments de surface, si le combattant est résolu à violer les lois admises de la guerre (1).

Seulement, si la précieuse faculté d'apparaître et de se dérober instantanément possédée par le sous-marin lui facilite la tenue de la croisière de blocus ainsi que la surprise des navires à arraisonner, elle ne lui confère pas en même temps la facilité de la visite, de la capture et, s'il y a lieu, de la destruction régulière de la prise.

Sous ces derniers rapports le sous-marin n'est pas mieux partagé que les navires de surface de faible tonnage (1). C'est donc un très médiocre instrument de blocus.

Incapable, loin de ses bases et à lui tout seul, c'est-à-dire sans le concours de grands navires de surface, de faire figure de dominateur des eaux baignant les rivages ennemis, il s'est montré et restera longtemps encore sans doute, si ce n'est même toujours, inapte à la tenue d'un blocus régulier, s'il ne peut lier son action à celle d'une autre force navale.

*En résumé*, le sous-marin, remarquable organe de protection contre le blocus et l'attaque des côtes, présentant contre ces maux de guerre une propriété préventive autant que curative, ne paraît guère propre à agir efficacement dans le blocus d'une côte ennemie, si ce n'est en coopération avec une force de surface maîtresse de la mer.

(1) Remarque également présentée dans le rapport de l'Advisory Committee du gouvernement des U. S. à la Conférence de Washington.

CHAPITRE XI

# LES EFFETS ÉCONOMIQUES DU BLOCUS
# CHEZ L'ENNEMI

Par Et. MARTIN-SAINT-LÉON
Conservateur de la Bibliothèque du Musée social
Président de la Société d'économie sociale.

Avant d'entreprendre l'étude des effets économiques du blocus entrepris par les Alliés, il importe de rechercher dans quelle situation devait se trouver l'empire allemand au jour où coupé de ses communications avec l'extérieur, il n'aurait plus à compter que sur ses propres ressources. Quelle était l'importance de ces ressources, dans quelle mesure et pendant combien de temps lui permettraient-elles de se passer des importations de l'étranger? telle est la question initiale dont l'examen s'impose avant toute autre.

Et d'abord les céréales (1). L'Empire ne se suffisait ni pour le blé, production moyenne de 1909-1910 à 1913-1914 : 4 140 000 tonnes consommation moyenne même période : 5 680 000 tonnes, — ni pour l'orge, production moyenne même période : 3 342 000 tonnes, consommation : 6 349 000 tonnes.

Par contre, l'Allemagne disposait d'un excédent de seigle, production moyenne 1909-1913 : 11 309 000 tonnes, consommation : 9 596 000 tonnes.

Pour l'avoine la production moyenne 1909-1913 s'élevait à 8 592 000 tonnes et la consommation seulement à 7 994 000 tonnes, laissant un excédent disponible de près de 600 000 tonnes.

____

(1) Les chiffres antérieurs à 1914 sont empruntés, pour la plupart, à l'*Annuaire international des statistiques agricoles*, 1917-1918 (Rome, 1920) ; ceux qui ont trait aux récoltes des années de guerre sont tirés du *Statistisches Jahrbuch für das deutsche Reich* de 1919.

L'Allemagne se suffisait pour les pommes de terre, production moyenne 1909-13 : 45 775 000 tonnes, à peu près complètement absorbée par la consommation intérieure : alimentation humaine 13 à 15 millions de tonnes, semences 7 à 8 millions ; alimentation, animaux domestiques 4 à 5 millions ; sécheries et distilleries 4 à 5 millions, etc. Importations et exportations étaient relativement minimes en 1913 : 382 000 tonnes importées et 332 000 exportées.

En ce qui concerne le bétail et la viande abattue l'Empire était importateur, mais dans des proportions relativement minimes : en 1913, importation de 59 836 jeunes veaux et génisses de moins de deux ans et demi, de 112 680 vaches, de 38 145 bœufs, de 147 203 porcs ; viande abattue : importation en 1913 de 30 267 tonnes de viande fraîche ou conserves de bœuf ; de 21 000 tonnes de viande de porc fraîche ou conservée.

L'Allemagne était largement exportatrice de houille : 34 598 000 tonnes en 1913 contre 10 540 000 importées.

Mais par contre elle manquait de minerai de fer : importation (1), 14 024 318 tonnes, exportation 2 613 000 tonnes (la Suède, il est vrai, pouvait fournir ce minerai) ; de minerai de cuivre, importation 27 595 tonnes, réexportation 25 221 000 tonnes ; de minerai de manganèse : importation 680 371 tonnes ; exportation 9 295 tonnes.

Elle manquait de fourrages, trèfle : importation 1 414 000 tonnes venant surtout de Russie (687 000 tonnes), exportation, 23 000 tonnes et de tourteaux pour la nourriture du bétail : importation 828 000 tonnes, exportation 294 000 tonnes.

Elle importait 54 000 tonnes de beurre et n'en exportait presque pas (273). Elle importait 32 000 tonnes de lait (exportation 12 000) 44 000 de crème (exportation 25 tonnes), 26 000 tonnes de margarine, 107 000 de saindoux, exportation 17 tonnes.

Elle manquait de cuirs et peaux de bœufs brutes ou en vert : 113 000 importées, 38 000 exportées, peaux sèches 54 000 importées, 8 000 exportées ; peaux de veaux brutes : 34 000 importées, 6 000 exportées.

Enfin le Reich était exposé à manquer de matières textiles. Laines brutes importées : 477 000 tonnes, exportées : 48 000 ;

_______

(1) En 1913. Tous les chiffres suivants se réfèrent à cette année.

lin : 71 000 tonnes importées, 36 000 exportées ; chanvre : 48 000 tonnes importées, 7 000 exportées ; jute : 162 000 tonnes importées, 7 000 exportées.

TABLEAU DES RÉCOLTES (1)

| | SEIGLE | BLÉ | ORGE | POMMES de terre. | AVOINE | FOIN de prairie. |
|---|---|---|---|---|---|---|
| 1913..... | 12 222 394 | 4 655 956 | 3 673 254 | 54 121 146 | 9 713 965 | 29 184 994 |
| 1914..... | 10 426 718 | 3 971 995 | 3 137 983 | 45 569 559 | 9 038 185 | 29 156 024 |
| 1915..... | 9 152 402 | 3 855 841 | 2 483 752 | 53 973 348 | 5 986 034 | 24 046 418 |
| 1916..... | 8 936 880 | 3 086 091 | 2 796 701 | 25 074 388 | 7 025 407 | 28 605 893 |
| 1917..... | 7 003 072 | 2 284 624 | 1 864 708 | 34 882 297 | 3 716 458 | 22 479 814 |
| 1918..... | 8 009 090 | 2 458 418 | 2 064 590 | 29 469 718 | 4 680 755 | 21 414 969 |
| Production moyenne annuelle (1903-1913). | 11 109 294 | 4 140 028 | 3 342 739 | 45 775 896 | 8 592 888 | — |
| Consommation moyenne annuelle (1909-1913). | 9 596 500 | 5 680 000 | 6 349 200 | — | 7 994 000 | — |

RECENSEMENT DES ANIMAUX (2)

| | CHEVAUX | BOVINS | OVINS | PORCINS | CHÈVRES |
|---|---|---|---|---|---|
| 1er décembre 1913. | » | 20 994 544 | 5 520 837 | 35 659 140 | 3 548 384 |
| — 1914. | 3 435 283 | 21 828 783 | 5 471 468 | 25 341 272 | 3 538 414 |
| — 1915. | 3 341 624 | 20 316 948 | 5 073 478 | 17 287 211 | 3 438 296 |
| — 1916. | 3 304 168 | 20 873 629 | 4 979 128 | 17 002 401 | 3 940 147 |
| — 1917. | 3 323 810 | 20 094 532 | 4 953 452 | 11 051 648 | 4 315 216 |
| 1er juin 1918..... | 3 411 145 | 19 268 028 | 6 490 716 | 8 253 687 | 5 300 499 |

(1) D'après le *Statistisches Jahrbuch für das deutsche Reich* de 1919, p. 67 et 68.

(2) D'après le *Statistiches Jahrbuch* de 1919, p. 79 et 80. Nous reproduisons, sans en garantir l'exactitude, les chiffres de ces recensements officiels des animaux. Ceux de ces chiffres qui ont trait au troupeau ovin particulièrement paraissent appeler de sérieuses réserves.

*L'histoire des effets économiques du blocus chez l'ennemi* peut se diviser en trois périodes :

I. — *La préparation d'un blocus effectif* (du 4 août 1914 au 1er janvier 1916).

II. — *Le blocus effectif. Ses résultats* (du 1er janvier 1916 au 31 décembre 1917).

III. — *Le blocus effectif* (suite). *Les derniers mois de la guerre. La défaite économique* (du 1er janvier 1918 au 11 novembre 1918).

**PREMIÈRE PÉRIODE**

## I. — LA PRÉPARATION D'UN BLOCUS EFFECTIF
### (4 août 1914-31 décembre 1915)

Au cours de cette première période, l'Allemagne ne souffrit pour ainsi dire pas d'un blocus demeuré surtout théorique et qui ne devait être vraiment et efficacement organisé qu'à la fin de l'année 1915. Ces dix-sept premiers mois furent employés comme il suit : du côté des Alliés, ententes concertées sur les mesures à prendre pour empêcher d'abord la contrebande de guerre, puis le ravitaillement de l'ennemi sous toutes ses formes et par n'importe quelle voie (il a été traité dans une autre partie du présent ouvrage de cette politique interalliée) ; du côté de l'ennemi, mesures de prévoyance et de mise en garde contre la menace d'un blocus encore à peine ébauché mais qui, en se resserrant, pourrait mettre à une dure épreuve la résistance économique de l'Empire.

Cette politique économique de l'Allemagne fut pendant la période qui nous occupe dirigée, d'accord avec le grand état-major général (Moltke au début, puis Falkenhayn), par deux hommes : en ce qui concerne l'alimentation, M. Delbruck qui conserva ces fonctions jusqu'en mai 1916, date de la création de l'Office de guerre pour l'alimentation (*Kriegsernährungsamt*) ; en ce qui concerne le ravitaillement en matières premières, M. Rathenau, au ministère de la Guerre, directeur de la Section de guerre des matières premières (*Kriegsrohstoffsabteilung*) assisté comme il sera expliqué, d'un puissant comité groupant toutes les forces vives de l'industrie allemande.

L'origine et la légitimation de toutes les ordonnances dont

nous aurons à parler se trouve dans une loi du 4 août 1914, donnant le droit pour toute la durée de la guerre aux autorités publiques de fixer des prix maxima pour les denrées alimentaires, les fourrages, l'éclairage, le chauffage. Si le producteur refusait de vendre au prix fixé le produit pourrait être réquisitionné. Afin de faciliter l'application de cette loi et d'établir les disponibilités un arrêté du Bundesrat du 24 août 1914 ordonnait, pendant toute la durée de la guerre, à tous détenteurs de déclarer toutes provisions existantes en denrées alimentaires, fourrages, produits naturels de toute sorte, matières propres à l'éclairage et au chauffage.

Il devait être fait un usage presque indéfini du droit proclamé par la loi du 4 août 1914. En septembre 1916, au milieu de la période de guerre, on ne comptait déjà pas moins d'un millier de lois, ordonnances, arrêtés du Bundesrat promulgués en vertu de la loi du 4 août 1914. L'esprit général dont se sont inspirés le Reichstag et le Conseil fédéral pour élaborer ce formidable appareil législatif et administratif apparaîtra peu à peu par l'étude qui sera faite des mesures prises pour assurer à tous les points de vue et dans toutes les directions la conservation et autant que possible le renouvellement des approvisionnements de l'Allemagne.


## LES DENRÉES ALIMENTAIRES

La question de l'alimentation publique fut en somme assez facilement résolue pendant cette première période. Les autorités impériales eurent plutôt à se préoccuper d'assurer l'avenir que de pourvoir au présent.

LES CÉRÉALES PANIFIABLES. — Les récoltes de 1914 furent très satisfaisantes : froment 3 971 000, seigle, 10 426 000 tonnes, au total : 14 397 000 tonnes (consommation normale annuelle d'avant-guerre pour les deux céréales 15 276 000), le déficit était peu important ; les stocks existants et les importations des neutres devaient aisément le combler. Aussi s'abstint-on au début de toute restriction. Un arrêté du 28 octobre 1914 porta seulement à 75 pour 100 pour le froment, à 72 pour 100 pour le seigle, le taux de blutage élevé le 15 janvier 1915 à 80 pour 100 pour le froment et à 82 pour 100 pour le seigle. On commence également (même décret du 28 octobre 1914) à introduire dans une proportion encore faible (10 pour 100) la farine de seigle dans la composition du pain de froment et les pommes de terre écrasées (20 pour 100) dans celle du pain de seigle.

Au début de 1915, la situation paraissait rassurante, mais la guerre semblait devoir se prolonger. On créa donc la Société de guerre des céréales chargée d'acquérir tous les stocks de céréales et de les répartir entre l'Intendance et les autorités communales. Une ordonnance du 25 janvier prononça la saisie des stocks de blé. Bientôt on alla plus loin. La première mesure de rationnement de la guerre fut prise à titre de pure précaution le 9 février 1915. Il était attribué 225 grammes de farine par tête d'habitant et par jour, ration réduite le 15 mars à 200 grammes, soit aux 3/5 de la consommation du temps de paix. Des suppléments pourraient être accordés aux ouvriers se livrant à des travaux pénibles.

Grâce à ces mesures de prévoyance on disposait encore au milieu de juin 1915 d'une réserve de 900 000 tonnes. On crée alors l'Office impérial des céréales chargé de fixer les rations individuelles, les réserves à constituer, les contingents à attribuer à chaque commune. L'association communale réquisitionne et répartit les disponibilités de blé ou de seigle de son territoire mais doit livrer ses excédents. Le monopole de l'importation de céréales fut réservé (septembre) à une *Société centrale d'achats*.

Les prix maxima fixés étaient en juillet 1915 de 215 à 230 marks la tonne de seigle et de 40 marks de plus pour le blé.

L'année 1915 s'acheva sans avoir connu de vraie crise du pain. Quelques nuages cependant se montraient déjà à l'horizon. En raison de la sécheresse de l'été, la récolte de seigle de 1915 avait été médiocre : 9 152 402 tonnes et celle de blé 3 855 841 tonnes ne compensait pas ce déficit, que quelques stocks assez importants de riz permettaient, il est vrai, de combler en partie. Mais vers la fin de 1915 le resserrement du blocus devenait un fait accompli. L'Allemagne allait bientôt ressentir les premiers effets de la guerre économique.


L'orge. — On sait à quel point la production de l'orge était en Allemagne inférieure aux besoins de la consommation. Bien que satisfaisante en soi : 3 137 000 tonnes (moyenne annuelle 1909-1913 : 3 342 000 tonnes), la récolte de 1914 n'assurait pour la brasserie et la nourriture du bétail que la moitié de la quantité nécessaire. On voulut fixer des prix maxima ; le cultivateur mécontent ne livra plus d'orge et la donna au bétail. Le 7 mars 1916 on prononça la saisie de toutes les provisions excédant 1 000 kilos, saisie réduite le 28 juin à moitié de ces quantités. On paya 3 et 400 marks la tonne d'orge réquisitionnée, mais l'orge libre se payant 800 marks, le paysan en dérobait le plus possible aux recherches des agents de l'État.

La récolte d'orge de 1915 tombait à 2 483 752 tonnes ; d'où pour l'année 1915-1916 de graves difficultés en perspective.

L'AVOINE. — La récolte d'avoine de 1914 fut excellente, 9 038 185 tonnes (moyenne antérieure 8 592 000). Là encore cependant, on fixe des prix maxima : 200 à 224 marks (5 novembre 1914) ; on saisit les stocks (13 février 1915) au profit de l'Office central de ravitaillement de l'armée ; on réduisit à 1 kg. 500 grammes par jour et par cheval, la ration de l'intérieur. C'était prudent car la récolte de 1915 allait tomber à 5 986 034 tonnes.

FOURRAGES. — Sauf en ce qui touche l'avoine, la production allemande en denrées d'alimentation du bétail était déficitaire dans une forte proportion. On tenta d'aviser dès le début. On fixa des prix maxima pour le son (19 décembre 1914), on saisit tous les stocks de son (5 mars 1915). On rendit obligatoire la déclaration des fourrages alimentaires (31 mars 1915). Enfin un Office impérial des fourrages fut chargé de l'exécution de toutes les mesures relatives à la préservation, à la saisie, à la circulation, à la réquisition des fourrages. Un décret (7 novembre 1914) fut rendu pour assurer la mise en valeur des terres incultes. On essaya des fourrages de remplacement ; on parvint à importer plusieurs centaines de milliers de tonnes des pays neutres, notamment de maïs par la Hollande.

LES POMMES DE TERRE. — La pomme de terre est, en Allemagne, l'aliment populaire par excellence. La récolte de 1914 (45 569 559 tonnes) était très normale et suffisait parfaitement à tous les besoins. Aussi crut-on pouvoir taxer les prix de vente aux lieux de production : de 50 à 61 marks la tonne pour les pommes de terre alimentaires, de 36 à 40 pour les pommes de terre fourragères (25 novembre 1914). Il fallut relever ces prix insuffisants. Mais la récolte de 1915 ayant été exceptionnellement bonne (53 973 000 tonnes), on crut inutile de prendre des ménagements. Le 9 octobre 1915, l'Office impérial des pommes de terre réquisitionnait 1/10 de la récolte des exploitations de plus de 10 hectares, le prix de réquisition était de 55 à 61 marks la tonne. On n'obtint encore pas les quantités voulues et on finit (1er décembre) par décréter la saisie de toute la récolte, sauf les quantités nécessaires au bétail. C'était le début d'une lutte sur laquelle nous aurons à revenir.

VIANDE ET POISSON. — L'Allemagne n'a pas manqué sérieusement de viande en 1914-1915. Elle avait avant la guerre acheté du bétail en Roumanie. Elle trouva un troupeau nombreux en Belgique et dans le nord de la France, en Pologne, en Courlande. Tout se borne en 1914-1915 à des mesures de prévoyance (défense de sortie du bétail, 31 juillet 1914), faculté accordée aux autorités communales de restreindre les abatages des veaux et des porcs (1er décembre 1914). On chercha à développer la consommation de la viande de cheval, on encouragea l'élevage du lapin, la chasse du gibier. Aucun rationnement de la viande n'eut lieu en 1914-1915, la situation dans son ensemble ne semblait pas alarmante comme on pourra le voir en se reportant au tableau reproduit ci-dessus (20 316 000 bovins au 1er décembre 1915 contre 20 994 000 deux ans auparavant ; 5 073 000 ovins contre 5 520 000). Seuls les porcs avaient considérablement diminué depuis un an : 25 341 000 au 1er décembre 1914 et 17 287 000 au 1er décembre 1915.

A ces ressources en viande s'ajoutaient très accessoirement celles tirées de la pêche : en 1915, 15 250 tonnes de poisson de la mer du Nord et 26 200 tonnes de la Baltique (1).

LES LÉGUMES SECS. — En temps de paix, la consommation allemande en légumes secs était de 300 à 350 000 tonnes dont

_______

(1) *Statistisches Jahrbuch* 1919, p. 71-74.

200 000 provenaient de l'intérieur. Les légumes existants frais ou de conserves renforcés par des importations de Hollande suffirent à la consommation dès la première année de guerre. Le 26 août 1915, un arrêté réservait le droit d'acquérir et de vendre en gros les légumes secs à une Société centrale d'achats, sauf en ce qui concerne les grosses fèves, les fèves de soya, les graines fournies pour semailles ou à titre de prestations en nature ; les prix d'achat à la culture étaient fixés à 70 marks par tonne de fèves, 75 marks par tonne de lentilles.

LE SUCRE. — L'Allemagne produisait avant la guerre beaucoup plus de sucre qu'elle n'en consommait : 1 830 000 tonnes en 1912-1913.

L'exportation du sucre fut prohibée dès le début ; on pensait ainsi nuire à l'Angleterre, grande cliente des sucreries allemandes — le patriote allemand songeait avec joie que le Tommy serait bientôt privé de l'excellente marmelade qu'il était accoutumé à savourer à son premier déjeuner (1). On craignait non la disette mais l'engorgement du marché et l'effondrement des cours. Aussi un arrêt du Bundesrat vint-il, le 31 août 1914, limiter la quantité de sucre dont l'introduction était autorisée sur le marché libre. Plus tard, un arrêté du ministre prussien de l'Agriculture (13 janvier 1915) prescrivit l'emploi d'une quantité de 650 000 tonnes de sucre pour la nourriture du bétail. L'exposé des motifs établissait ainsi les évaluations (2) :

ACTIF :

| | | |
|---|---|---|
| Solde au début de la campagne sucrière 1914-15.. | 450 000 | tonnes |
| Production de sucre de la récolte 1914.......... | 2 500 000 | — |
| TOTAL... | 2 950 000 | tonnes |

PASSIF :

| | | |
|---|---|---|
| Consommation intérieure d'une année............ | 1 500 000 | tonnes |
| Exportation en pays neutres.................... | 200 000 | — |
| TOTAL........ | 1 700 000 | tonnes |
| BALANCE ACTIVE........ | 1 250 000 | — |

(1) Arthur DIX, *Wirthschaftskrieg und Kriegswirthschaft.* Berlin, Siegfried Muller, 1920, p. 264.
(2) *Ibid.*

Le ministre prévoyait la mise en réserve de 600 000 tonnes et l'emploi de 650 000 tonnes pour le bétail. On verra par la suite que cette abondance devait être éphémère.

LA BIÈRE. — Privée des importations de l'étranger qui lui procuraient en temps de paix la moitié de l'orge nécessaire à ses besoins, l'Allemagne, encore que la récolte d'orge de 1914 eût été supérieure à la normale, dut recourir tôt à des mesures de restriction. Dès le 15 février 1915, un arrêté réduisait à 60 pour 100 de l'orge précédemment employée, l'approvisionnement des brasseries. Ce fut là pour l'Allemand, grand buveur de bière, l'un des premiers effets sensibles du blocus.

LE CAFÉ. — A la déclaration de guerre les stocks de café étaient considérables : 107 000 tonnes, auxquelles s'ajoutèrent en septembre 61 000 tonnes trouvées à Anvers ; d'août 1914 au 14 septembre 1915, la consommation s'éleva à 152 000 tonnes. Aux 15 à 16 000 restantes s'ajoutaient 2 à 300 000 tonnes importées en 1914-1915 des pays neutres. Les besoins semblaient donc assurés jusqu'en 1917 et la *Gazette de Francfort* pouvait, le 5 juillet 1915, déclarer que l'Allemagne était abondamment pourvue en café. Mais le renforcement du blocus à la fin de 1915 commença à alarmer. Une ordonnance du 11 novembre 1915 du Conseil fédéral prescrivit le recensement des stocks et la règlementation des prix. Peu après (29 novembre), la déclaration des stocks était rendue obligatoire. On ne manquait pas encore de café, mais on entrevoyait l'époque où l'on en manquerait.

LE THÉ, LE CACAO. — La situation était à peu près identique pour le thé, sous cette réserve que la consommation du thé est, en Allemagne, beaucoup plus restreinte que celle du café : 4 200 tonnes de thé consommées par an. Les stocks et les importations des neutres empêchèrent toute pénurie en 1914-15. L'ordonnance précitée du 11 novembre 1915, prescrivit le recensement des disponibilités en thé et peu après la déclaration des stocks fut rendue obligatoire (29 novembre).

L'Allemagne consommait avant la guerre 52 000 tonnes de cacao par an. En 1914-15 on ne manqua nullement de cette denrée. Outre les stocks, on disposa en effet de 20 000 tonnes importées du Danemark, de 15 000 tonnes venues des Pays-Bas, de 15 000 tonnes fournies par la Suède et de 5 000 tonnes importées de Suisse.

BEURRES ET GRAISSES COMESTIBLES. — Jusqu'en juillet 1915, l'Empire allemand disposa de ressources en beurres et graisses comestibles égales ou même supérieures à ses besoins ; mais dès les derniers mois de 1915, se manifestait un déficit de 25 pour 100. On s'y attendait et des mesures de prévoyance et d'épargne avaient déjà été prises. Dès le 15 juillet 1915, le Conseil fédéral avait ordonné la déclaration des stocks de fruits oléagineux et leur saisie au profit de la Commission de guerre des fruits oléagineux et graisses. Le 8 décembre un arrêté du Conseil fédéral prescrivit la déclaration obligatoire et une saisie analogue des stocks d'huiles et graisses animales et végétales.

En ce qui touche le beurre, un arrêté du 8 décembre 1915 obligea les grandes laiteries à livrer 15 pour 100 de leur production à la Société centrale d'achats qui répartirait ces quantités selon les besoins locaux.

## L'INDUSTRIE

L'INDUSTRIE. — La mobilisation économique de l'Allemagne fut, en ce qui concerne l'industrie, beaucoup plus rapide et plus complète que pour les denrées alimentaires. C'est qu'ici en effet, pour le coton, le lin, le chanvre, le jute, les cuirs et peaux, le cuivre et divers métaux, l'Empire était beaucoup plus étroitement tributaire de l'étranger que pour les céréales et la viande.

Dès le 13 août 1914 on créait au ministère de la Guerre la division de guerre des matières premières (*Kriegsrohstoffsabteilung*), dirigée par le fameux Rathenau, président de l'*Allgemeine Elektizitäts Gesellschaft*, que remplaça, la période difficile d'organisation une fois close, le major Kœth, demeuré à son poste jusqu'à l'armistice. Cette division devait centraliser les renseignements concernant les matières premières et assurer avant tout à cet égard le ravitaillement de l'armée ; pour cela, elle présidait à la distribution des matières premières et fournissait les quantités nécessaires aux industries travaillant pour l'armée. Sous ses auspices se créèrent de nombreuses sociétés de guerre des matières premières (laines peignées, laines pour l'armée, produits chimiques de guerre, métaux de guerre, peaux pour l'armée). La politique de ces organismes visait à la restriction de la consommation industrielle, à la découverte et à l'emploi de succédanés, à la récupération de vieux matériaux, à la production de matières premières artificielles créées par des procédés chimiques, à la construction d'usines nouvelles, etc... Les sociétés de guerre prenaient en charge les matières saisies en Belgique, en France, en Pologne.

Du reste l'industrie allemande entière se levait pour venir prêter un concours dévoué à l'Empire (1). Le 9 août 1914, les deux grandes Associations d'industriels, le *Zentral Verband deutscher Industriellen* et le *Bund der Industriellen* créèrent d'un commun accord le Comité de guerre de l'industrie allemande (*Kriegsauschuss der deutschen Industrie*). Ce Comité devait parer aux besoins les plus urgents des usines de guerre per des prêts de matériel, des échanges de techniciens. Il s'entremettrait entre les administrations militaires et les industriels pour assurer aux premières en temps utile en quantités et qualités requises toutes les livraisons nécessaires. Il règlerait les questions de sursis militaires. Bref, il aiderait puissamment les autorités.

Il reste à voir comment fonctionnait dans les diverses industries ce puissant et lourd mécanisme.

### *Les matières textiles.*

Le coton. — Avant la guerre l'Allemagne importait par an 430 000 tonnes de coton brut (exportations déduites), plus 18 000 tonnes nettes de déchets, 20 000 tonnes de filés (2) ; par contre, ses exportations de tissus de coton de toute nature dépassaient de plus de 60 000 tonnes ses importations.

(1) Disons à l'honneur de l'industrie française qu'elle aussi s'employa avec ardeur à seconder le gouvernement dans l'intérêt de la défense nationale. Voir, pour ce qui concerne la métallurgie, le beau livre de M. Robert Pinot : *le Comité des forges au service de la nation.*

(2) *Statistisches Jahrbuch* de 1915, p. 185, 213-215.

La guerre allait exiger une énorme quantité de coton pour l'armée (explosifs), pour l'habillement, etc., soit, pour les poudres seulement, environ 365 000 tonnes par an (1). Mais les ressources étaient énormes ; « nous avions au début, dit un auteur allemand (2), de grands stocks et comptant sur une courte durée de la guerre, on n'avait pas jugé nécessaire d'organiser administrativement une économie de guerre perfectionnée. En dehors desdits stocks on avait saisi à Anvers, Lodz, Roubaix des quantités de coton brut et les neutres ravitaillaient l'Empire. 102 000 tonnes avaient ainsi passé de Hollande en Allemagne entre le 1er septembre 1914 et le 1er septembre 1915. »

Néanmoins l'inscription du coton dans la liste de contrebande anglaise (20 août 1915) éveilla des inquiétudes. Diverses mesures avaient été déjà prises pour restreindre indirectement la production des étoffes de coton destinées à la population civile (notamment par la diminution de la journée de travail). L'industrie commença à manquer de coton dès le second semestre. Le 7 décembre 1915, la production industrielle civile fut limitée à 30 pour 100 de la normale ; le coton brut, les déchets, les filés étaient réquisitionnés.

LA LAINE. — La production allemande de laine brute d'avant-guerre n'était que de 10 000 tonnes par an, alors que son importation de laine non manufacturée atteignait 200 000 tonnes (3). Il existait certainement des stocks qui s'accrurent des quantités saisies à Roubaix, Tourcoing, Anvers, Lodz. La Bulgarie et la Turquie fournirent aussi quelque appoint, mais les importations des neutres paraissent avoir été insignifiantes. Aussi eut-on recours aux mesures ordinaires : prix maxima (22 décembre 1914), inventaire des stocks (15 mai 1915), déclaration obligatoire (30 juin), réquisition de la tonte de 1915 et des couvertures de laine (18-30 septembre).

LE LIN, LE JUTE, LE CHANVRE, LA SOIE. — En temps normal (1913), l'Allemagne importait 71 000 tonnes de lin brut ; 22 000

_________

(1) Étude sur l'effet des mesures restrictives prises par les Alliés, du 1er octobre 1915 au 31 décembre 1916. (*Ministère des Affaires étrangères. — Sous-secrétariat du Blocus*, p. 129.)

(2) Arthur DIX, *op. cit*, p. 329.

(3) *Statistisches Jahrbuch* de 1915, p. 193.

de lin filé (1). Le déficit fut aisément comblé en 1914-15 par les stocks trouvés en Russie, en Belgique, dans le nord de la France. De même pour le chanvre (importation nette 48 000 tonnes plus 16 000 d'étoupes), l'armée allemande trouva en Serbie et en Lithuanie des stocks assurant en grande partie son approvisionnement.

Le jute, dont l'importation nette atteignait 162 000 tonnes, fut l'une des premières matières textiles qui manquèrent (2), d'où le recours aux mesures habituelles, inventaire, réquisition, etc. Des quantités notables furent importées des pays neutres sous la forme de sacs d'emballage en jute qui n'étaient pas retournés.

L'Allemagne, bien qu'elle ne produisît pas de soie sur son sol, ne manquait pas au début de cette matière. La Suisse en fournit aux puissances centrales au moins 2 000 tonnes en 1915, la Turquie livra également de la soie grège, et la soie, en dépit de sa valeur, servit souvent de succédané au coton.

PEAUX ET CUIRS. — L'Allemagne importe une grande partie des peaux qu'elle travaille, mais en août 1914, les stocks en peaux et cuirs étaient importants vu la crise qui sévissait dans la tannerie. En outre, on trouva en Belgique et dans le nord de la France quantité de cuirs. Il n'y eut donc pas pénurie en 1914-15, et il ne faut voir que des mesures de précaution dans les règlements édictés, réquisition en novembre 1914 des peaux nécessaires à l'armée ; arrêté du 10 novembre 1915, ordonnant la saisie des peaux et cuirs bruts ; fixation de prix maxima (1er décembre 1915).

CAOUTCHOUC. — Des stocks importants accrus à la suite de la prise d'Anvers assurèrent l'approvisionnement en caoutchouc au début. Cependant en novembre 1915, il fut défendu de fabriquer les articles non indispensables. Le 24 juillet 1915, un arrêté ordonnait la déclaration et la saisie des caoutchoucs, gutta-perchas et articles fabriqués avec ces matières.

HUILES ET GRAISSES INDUSTRIELLES. — L'Allemagne n'en manqua pas non plus avant 1916. En dehors de sa production

(1) *Statistisches Jarbuch* de 1915, p. 185 et 215.
(2) A. DIX, *op. cit.*, p. 329.

propre et de ses stocks elle put en effet, disposer de 400 000 tonnes d'huiles et de graisses animales et végétales venues de Suède et de Hollande d'août 1914 à fin septembre 1915. Quant aux huiles minérales extraites des houilles, l'Allemagne, bien entendu, en avait en abondance et n'était aucunement tributaire de l'étranger.

### Les métaux.

LE FER. — L'Allemagne produisait avant la guerre, 28 millions de tonnes de minerai brut; elle importait la même année, 14 024 318 tonnes, en exportait 2 613 158 (1), d'où un déficit apparent de 11 500 000 en chiffres ronds, mais si l'on tient compte du fait qu'avant la guerre sur les 14 millions de tonnes importées la Suède comptait pour 4 563 000 et que ce pays put pendant toute la guerre approvisionner l'Allemagne, si l'on tient compte aussi de cet autre fait que la France (bassin de Briey) fournissait 3 810 887 tonnes, la Belgique 127 000 et que l'armée allemande occupant ces pays, le minerai de fer fut l'objet d'une exploitation intensive par les Allemands, on se rendra compte que le déficit se réduisit en réalité à fort peu de chose et l'Empire disposa toujours des quantités de fer nécessaires à ses besoins militaires et civils.

LE CUIVRE, LE NICKEL ET AUTRES MÉTAUX. — L'Allemagne importait en 1913, 225 000 tonnes de cuivre brut, dont 197 000 venaient des États-Unis et 13 000 d'Australie (2). Mais elle avait, en 1914, un stock de 150 000 tonnes de cuivre qui lui permit de parer à ses besoins les plus urgents pendant près de dix-huit mois. On eut seulement recours aux mesures de prévoyance coutumière : fixation de prix maxima (10 décembre 1914), déclaration obligatoire et saisie, immobilisation des stocks de cuivre brut puis des articles manufacturés (1er-20 juillet 1915); enfin diverses réquisitions d'objets en cuivre appartenant aux usines, puis aux particuliers (8 décembre 1915).

Des mesures analogues furent édictées pour le nickel, l'alumi-

(1) *Statistisches Jahrbuch für das deutsche Reich*, 1915, p. 201.
(2) *Ibid.*, p. 236.

nium, l'antimoine, l'étain. Le nickel manqua très vite, on le remplaça par la tôle d'acier doux dans la fabrication des enveloppes de balles. On remédia en partie à la pénurie d'aluminium en exploitant des gisements de bauxite en Autriche et en Hongrie. Enfin on tira de l'étain de Hollande, de Suède, de Norvège. A la fin de 1915, l'Empire disposait encore d'un stock de 134 000 tonnes de manganèse. Ce fut seulement en 1916 que ce métal se raréfia.

### *Produits chimiques.*

ACIDE SULFURIQUE. — Les besoins de l'Allemagne en acide sulfurique étaient évalués pour l'année 1915 à 1 900 000 tonnes, dont 1 400 000 pour les usages militaires à la fin de 1914. L'Empire dut restreindre sa consommation à 1 400 000 tonnes, dont 1 000 000 provenant de sa production : pyrites de Westphalie, blende de Silésie et 336 000 provenant de minerais importés surtout de Norvège. Malgré la saisie de soufre et de minerais sulfureux (30 juin 1915), la pénurie d'acide sulfurique commença à se manifester sans cependant affecter encore un caractère grave.

LES ENGRAIS. — Des trois sortes d'engrais destinés à l'agriculture, l'Empire allemand ne dispose en quantité suffisante que d'un seul, la potasse, — production en 1913 : 11 956 888 tonnes, consommation 18 280 000 tonnes. Il doit importer les engrais phosphatés et azotés

L'Allemagne et l'Autriche consommaient ensemble, en temps de paix, environ 615 000 tonnes d'acide phosphorique par an, acide provenant en partie des scories Thomas, en partie des phosphates naturels importés des États-Unis et d'Algérie. Du fait de la suppression de ces importations, les puissances centrales furent privées de la moitié de leurs approvisionnements.

En ce qui touche les engrais azotés, l'arrêt des importations des nitrates du Chili, des sels ammoniacaux, de la cyanamide, de l'acide nitrique avait également privé les puissances centrales de 50 pour 100 de leurs approvisionnements. Leur agriculture allait lourdement s'en ressentir.

## RÉSUMÉ DE LA PREMIÈRE PÉRIODE

L'Allemagne, au cours de ces premiers dix-sept mois, n'a que peu ou point souffert d'un blocus resté en grandes partie nominal. En 1914, le gouvernement allemand s'est borné à quelques fixations de prix maxima.

En 1915, apparaissent les ordonnances prescrivant des recensements, des déclarations de stocks, prononçant des saisies demeurées au début le plus souvent théoriques et interdisant seulement aux détenteurs de se dessaisir sans autorisation (*saisies-immobilisations*). La farine seule est rationnée. Les importations des neutres (Scandinaves, Hollande, Suisse) se poursuivent. Mais au cours des derniers mois de 1915, la nouvelle politique des Alliés affirme leur volonté de rendre enfin le blocus effectif. Le prologue est terminé ; le drame va commencer.

L'inertie relative du gouvernement allemand en 1914-15 a été vivement critiquée. Au début, a écrit un auteur allemand, déjà cité, A. Dix (p. 182), « régnait dans les milieux officiels une insouciance inimaginable. On laissa exporter en 1914 de grandes quantités de céréales. En août 1914, on laissa en Prusse orientale tomber aux mains des Russes des approvisionnements de grains et du bétail qu'on aurait pu évacuer. On fixait les prix des céréales et du bétail de telle sorte que l'on décourageait le cultivateur au lieu de le stimuler et on laissait libre le marché du détail accaparé par les intermédiaires et les mercantis. La règlementation nécessaire a fini par être adoptée en 1916, mais déjà il était trop tard et l'Allemagne a payé cher l'incurie et les fautes du début.

### DEUXIÈME PÉRIODE

## LE BLOCUS EFFECTIF. LES RÉSULTATS ACQUIS
### (1er janvier 1916 au 31 décembre 1917)

Si, pendant la période précédente, le blocus n'a guère été qu'une menace et qu'un mot, la menace va se préciser et le mot va désormais être suivi d'actes. Il a été rappelé ailleurs comment, à la suite de la déclaration des Alliés du 1er mars 1915, l'ordre en Conseil du 11 mars pour la Grande-Bretagne, le décret du 13 mars pour la France, avaient autorisé la saisie même, sous pavillon neutre, de toute marchandise de provenance, de destination ou de propriété ennemie. Le principe d'une politique effective du blocus était ainsi affirmé ; quelques mois furent encore nécessaires pour le mettre en pratique. Mais en octobre la S. S. S. était créée et le 18 novembre le contingentement de la Suisse commençait à fonctionner. Pour les Pays-Bas, les accords avec le N. O. T. étaient révisés et améliorés par deux conventions (novembre 1915 pour l'Angleterre, décembre pour la France). L'arrangement anglais avec les associations danoises est du 18 novembre. Des accords avec diverses corporations norvégiennes de commerçants et d'industriels sont conclus dès 1915 et se multiplient en 1916 en vue d'éviter le ravitaillement de l'Allemagne. Seule la Suède demeure encore rebelle à toute entente avec les Alliés, mais on la surveille.

D'autre part, les Alliés ont déclaré, en juin 1915, le blocus des Dardanelles, en août celui des côtes de Syrie, le 16 octobre celui des ports bulgares. L'Italie, entrée en guerre le 23 mai 1915, surveille désormais ses frontières et arrête tout trafic avec l'Autriche-Hongrie et l'Allemagne. Elle bloque l'Adriatique. Les mailles auparavant trop lâches du filet qui entoure l'Allemagne et ses alliés se resserrent. Elles ne laissent plus passer la marchandise de contrebande. L'ère des difficultés s'ouvre véritablement pour l'Empire des Hohenzollern.


## I. — LA POLITIQUE ÉCONOMIQUE ET ADMINISTRATIVE.

On a vu (*supra* p. 248) par quelles autorités avait été dirigée d'août 1914 à la fin de 1915, la politique de ravitaillement de l'Allemagne, La situation resta à cet égard inchangée jusqu'en mai 1916. Le 22 mai 1916, fut créé un organe spécial dit Office de guerre de l'alimentation (présidé par von Batocki, lequel avait tout pouvoir pour réglementer l'approvisionnement en denrées alimentaires et en fourrages. Le 31 août 1916, on créait l'Office de guerre ou *Kriegsamt* (chef, le général Groner), office investi d'une pleine autorité pour tout ce qui regardait la conduite de la guerre. Il était divisé en cinq sections : — I. Département du travail, qui présidait un peu plus tard au Service civil auxiliaire patriotique (*Vaterlandischer Hilfsdienst*), service imposé à tout Allemand par la loi du 5 décembre 1916. — II. La seconde division était la fameuse Wumba, raison sociale formée des cinq premières lettres du titre allemand *Waffen und Munitions Beschaffungs Amt* (Office d'approvisionnement en armes et munitions). — III. *Office de guerre des matières premières* dont il a déjà été parlé. — IV. *Office d'importation et d'exportation* qui empêche les exportations d'objets ou de denrées utiles et tâche malgré le blocus d'organiser des importations clandestines. — V. *Office d'alimentation populaire*, dont la fonction propre était de veiller, en se mettant en rapport avec l'Office de guerre de l'alimentation, à ce que les travailleurs employés dans les usines de guerre reçussent à titre de rations supplémentaires, une nourriture suffisante (1).

Par ces créations l'Empire est vraiment doté d'une puissante organisation défensive souvent critiquée en raison de son esprit bureaucratique, mais qui accomplit pourtant une œuvre considérable.

Le 21 octobre 1917, on crée un Office économique de guerre auquel sont soumises les sociétés industrielles de guerre (2).

## LES DENRÉES ALIMENTAIRES

### *Céréales panifiables.*

BLÉ ET SEIGLE. — La récolte de 1915 (froment et seigle) n'avait fourni, comme il a été dit, que 13 007 000 tonnes de céréales panifiables (consommation moyenne d'avant-guerre, 15 276 000). A la vérité, une récolte exceptionnelle de pommes de terre permettait de compenser en grande partie ce déficit. Mais la pénurie de grains restait un fait ; d'où une série de mesures successives : saisie des céréales, semences remises aux autorités communales (13 janvier 1916), fixation de prix maxima selon une

(1) Dix, p. 319.
(2) Dix énumère, d'après le *Hansa Bund*, p. 325, les innombrables formalités qu'un industriel doit remplir pour se faire délivrer du fil à tisser. Ces formalités durent de quatre à six semaines.

échelle ascendante d'abord, puis descendante pour hâter la livraison des céréales (17 janvier). Les prix définitifs d'achat à la culture furent fixés le 24 juillet 1916 à 260 marks la tonne de blé, 220 marks la tonne de seigle (jusqu'au 1er avril 1917). En octobre les taux de blutage étaient de 82 pour 100 pour le seigle et de 80 pour 100 pour le froment. La ration de farine restait inchangée à 200 grammes par jour, ce qui permettait, avec l'addition de produits de remplacement, de donner 250 grammes de pain.

On pourrait s'étonner de voir maintenir à ce taux la ration de farine si l'Allemagne n'avait trouvé en Roumanie, d'abord par les achats, puis par la saisie consécutive à l'invasion, des ressources importantes en blé et seigle, 4 à 500 000 tonnes de blé et 30 à 50 000 tonnes de seigle furent achetées en 1916. L'envahisseur trouva en Roumanie 1 400 000 tonnes de blé et 50 000 de seigle, mais dut en laisser une partie dans le pays pour nourrir la population. On ne tira rien de Belgique, du nord de la France ni de Serbie, mais la Russie occupée fournit un appoint notable.

D'autres circonstances devaient contre-balancer et au delà ces avantages. La récolte de 1916 fut très médiocre : 3 086 000 tonnes de froment et 8 936 000 de seigle, au total 12 022 000 tonnes de céréales panifiables, soit un déficit de 3 250 000 tonnes, par rapport à la consommation moyenne annuelle d'avant-guerre. La récolte de pommes de terre était, on le verra, tout à fait déplorable. En dépit des apports roumains et russes, un vide des plus alarmants se creusait dans les greniers de l'Allemagne.

Aussi, dès le 1er mars 1917, la ration de farine était-elle ramenée de 200 à 170 grammes par personne et par jour ; par suite la ration de pain tombait de 1 900 à 1 600 grammes (1 500 dans certaines régions) par semaine, plus certains suppléments alloués aux ouvriers employés à des travaux pénibles. Le taux de blutage du seigle est porté de 82 à 94 pour 100. Le pain contient 55 pour 100 de farine de seigle, 35 pour 100 de farine de froment et 10 pour 100 de succédanés.

Cet hiver 1916-17 (appelé l'hiver des choux-raves, *Kohlenruben winter* à cause de l'énorme consommation de ces gros légumes), fut fort pénible, La situation s'améliora un peu en avril 1917, à la suite de la reprise de la navigation sur le Danube et de l'arrivée des blés roumains. On procéda aux saisies habituelles chez les producteurs. On promettait (juin 1917) des primes de battage de 20 à 66 marks la tonne, pour accélérer l'apport des blés. Ces mesures et l'offre de prix alléchants : 285 à 305 marks la tonne de blé, 265 à 280 marks la tonne de seigle, produisirent leur effet, la chaleur de l'été ayant hâté la maturation des récoltes. On put en août relever de 170 à 220 grammes la ration quotidienne de farine. Mais dès octobre, on apprenait que les récoltes seraient largement déficitaires, n'étant que de 2 284 000 tonnes de froment et 7 003 000 tonnes de seigle. Cette fois, c'était le désastre et de fait cette récolte de céréales à pain fut la plus mauvaise de toute la guerre. Il fallut en novembre ramener de 220 à 198 grammes la ration quotidienne de farine avec allocation compensatrice de 20 grammes de pommes de terre en supplément.

L'ORGE ET LA BIÈRE. — La récolte d'orge de 1916 avait été assez satisfaisante : 2 796 000 tonnes, mais l'Allemagne étant toujours privée des orges étrangères, qui, en temps normal, formaient près de la moitié de son approvisionnement, il fallut abaisser à 48 pour 100 par rapport à ses besoins d'avant-guerre les quantités livrées à la brasserie (31 janvier 1916). Encore cette dernière dut-elle livrer 10 pour 100 à l'Intendance. La quantité allouée à la brasserie fut même réduite à 24 pour 100 (16 décembre 1916). Enfin en juin 1917, il fallut réquisitionner tous les stocks d'orge de brasserie, malterie, distillerie ; on consommait les dernières réserves. La récolte d'orge de 1917 ne fut que de 1 864 000 tonnes. Quant à la récolte de houblon, qui avait été en 1914 de 23 236 tonnes, elle était réduite en 1915 à 14 567 tonnes, en 1916 à 8 693 tonnes et en 1917 à 9 353 tonnes (1).

Il fallut alors abaisser à 10 pour 100 du contingent d'avant-guerre (exceptionnellement 15 pour 100 en Bavière) la quantité d'orge allouée à la brasserie et sur ces 10 pour 100, 5 pour 100 devaient revenir à l'armée. L'eau claire ou plutôt une bière aquatique devenait la boisson presque exclusive des Allemands, exception faite cependant des heureuses populations rhénanes et mosellanes qui trouvaient dans le vin produit par leurs vignes une boisson plus réconfortante (2).

(1) *Statistisches Jahrbuch* de 1919, p. 64.
(2) La vendange avait donné, en 1913, 1 004 947 hectolitres de vin. En 1915,

*Autres céréales.*

L'avoine. — Après la pénurie relative d'avoine de 1915, la récolte de cette céréale en 1916 parut encourageante avec ses 7 026 407 tonnes auxquelles s'ajoutaient des stocks saisis en pays occupés. On disposerait ainsi à peu près des approvisionnements normaux nécessaires. Aussi fit-on entrer le gruau et la farine d'avoine dans l'alimentation humaine en vantant bien entendu, selon les traditions de l'administration allemande, les vertus nutritives de ce produit momentanément abondant ; le 25 septembre 1916 on relevait à 3 livres par jour la ration d'un cheval à l'intérieur ; on portait ensuite cette ration à 4 livres 1/2 : l'avoine serait, proclamait-on, l'aliment sauveur.

Cette faveur exceptionnelle de l'avoine devait être éphémère. Tout à coup, pendant l'été de 1917, ces louanges cessèrent, on apprit que la ration alimentaire de produits à base d'avoine était réduite de plus de moitié, soit à 600 grammes par mois à Berlin, 500 grammes à Hambourg ; c'est qu'en effet la récolte de 1917 avait été, pour l'avoine comme pour les autres céréales, désastreuse : 3 716 000 tonnes contre 7 025 000 en 1916.

Les pommes de terre. — On a pu voir, au cours de l'historique de la précédente période, les débuts de ce que l'on pourrait appeler la *guerre des pommes de terre*, c'est-à-dire le conflit entre la population consommatrice des villes et les paysans producteurs ; en Prusse la saisie générale avait été ordonnée le 1er décembre 1915, mais n'avait en réalité que la signification d'une menace au cas où le paysan se refuserait à vendre aux associations communales ; le refus se produisit en effet sur la plupart des points. Le paysan cachait ses provisions et préférait les donner aux animaux plutôt que de les vendre à bas prix. En vain, après un inventaire général des stocks, une ordonnance du 26 février 1916 étendit-elle à tout l'Empire la faculté de réquisition, limitée auparavant à la Prusse.

année exceptionnelle, on obtient 2 698 967 hectolitres ; en 1916, 1 076 111 ; en 1917, 1 950 000 (*ibid.*, p. 64). Dans le chiffre de 1913, de 1 004 947 hectolitres, l'Alsace-Lorraine figurait pour 178 800 hectolitres ; la Bavière et le Palatinat pour 347 000 hectolitres ; la Prusse rhénane pour 2 181 000.

En vain s'offrit-on à payer de 90 à 96 marks la tonne de pommes de terre. Plus que jamais, le paysan gardait et cachait ses tubercules ! Aller les lui arracher dans chaque ferme n'était pas une entreprise aisée et c'eût été risquer de s'aliéner l'opinion des campagnes plus que jamais nécessaire à ménager en une époque de tension morale et de péril national. Le gouvernement capitula. Le 15 juillet 1916, un nouvel arrêté fixait de nouveaux prix d'achat de la récolte de 1916. Les pommes de terre livrées du 1er au 10 août seraient payées 180 marks la tonne (au lieu de 90). Les prix baisseraient ensuite successivement et par paliers pour retomber à 90 marks du 21 au 30 septembre. C'était donner une prime énorme à la livraison rapide ! Ce prix si avantageux de 180 marks tenta effectivement tous les cultivateurs. Les pommes de terre affluèrent. La ration hebdomadaire fut portée à Berlin de 6 à 9 livres, à Francfort de 5 à 10 livres. Beaucoup de pommes de terre nouvelles se gâtèrent par suite de l'arrachage prématuré de la récolte, de la chaleur, de la lenteur des transports. L'abondance dura peu. Dès le 11 août, date à laquelle le prix d'achat fut baissé à 160 marks, les livraisons diminuèrent notablement ; bientôt elles cessèrent. Au total la récolte de 1916, dont l'arrivée précoce sur le marché avait fait illusion, fut mauvaise : 25 074 388 tonnes, soit moins de la moitié de la récolte de 1915. On dut, le 4 octobre, ramener les rations strictement à une livre par personne et par jour (2 livres pour les ouvriers employés à des travaux pénibles). Du 1er janvier au 20 juillet 1917, la ration tomberait à 3/4 de livre avec un supplément par jour d'une livre au producteur, 1 livre 3/4 aux ouvriers exécutant des travaux pénibles. En fait, la ration était en général inférieure en Prusse, 3 livres par semaine sauf à Berlin, 5 livres, à Leipzig, 3 puis 2 livres par semaine.

Le retour de la belle saison améliora comme chaque année cette situation. On put alors porter la ration à 7 livres par semaine et même en novembre l'Office d'alimentation distribua 8 livres par semaine et par personne. Bien qu'encore inférieure à la moyenne la récolte de 1917, 34 882 297 tonnes, dépassait de près de 10 millions de tonnes celle de 1916.

LES LÉGUMES SECS. — Les légumes secs fournissent en Allemagne un appoint utile à l'alimentation, mais un appoint relati-

vement faible. Le 26 juin 1916 avait été créé un Office spécial
des légumes secs. Les provisions de légumes secs furent réquisitionnées, le cultivateur conservant 6 kilos par personne et par
mois plus deux quintaux métriques par hectare pour les semences.
Les 100 kilos de pois valaient alors 55 marks, ceux de fèves
65 marks.

LES FOURRAGES. — Les statistiques produites en ce qui concerne
les céréales ont déjà montré le fléchissement des ressources de
l'Empire en ce qui concernait l'orge et aussi (exception faite pour
la récolte de 1916) l'avoine. Les récoltes de foin de 1915 et 1916
furent normales (24 046 418 tonnes et 28 605 853 tonnes). Mais
l'Empire ne pouvait plus importer de fourrages et en dépit de la
saisie en Roumanie de quantités assez importantes de maïs, les
stocks étaient loin de suffire à la nourriture du bétail qui mai-
grissait, bien qu'au cours des réquisitions on eût laissé aux éleveurs certaines quantités d'orge et d'avoine. On essaya aussi de
denrées de remplacement. Le 26 juin 1916 une ordonnance permit
aux autorités locales d'obliger les chefs de ménage à recueillir
les déchets de cuisine pour les livrer à une société qui les utiliserait.
On employa aussi des succédanés divers : paille pressée, farine de
roseaux, farine d'orge ou de marrons, marc de pommes, algues
marines ; les résultats furent plus que médiocres.

La sécheresse de l'année 1917 aggrava encore la situation en com-
promettant la récolte de foin qui fut mauvaise (22 479 814 tonnes)
comme celle des céréales fourragères ; il fallut, le 18 septembre,
réduire la ration d'avoine à 3 livres par jour et par cheval. Cette
disette de fourrages devait influer de plus en plus sur la condition
du bétail.

LA VIANDE. — A partir de 1916, l'Allemagne dut renoncer à
peu près complètement à toute importation de bétail des pays
neutres. Il lui fallut donc s'organiser en vue de la disette de
viande. Une ordonnance du 21 août 1916 avait fixé à 250 grammes
par semaine, soit un quart de la consommation du temps de paix,
la ration de viande dans tout l'Empire et avait introduit la carte
de viande comme mesure de contrôle. En fait cette ration n'était
pas atteinte ; on ne percevait à Berlin et à Lepzig que 200 grammes

et d'après la *Gazette de Francfort* du 25 novembre, dans 25 pour 100 des villes, la consommateur ne recevait même pas ces 200 grammes. Cependant le bétail n'avait pas diminué. On recensait au 1er décembre 1916, 20 873 000 bovins contre 20 316 000 au 1er décembre 1915 et 17 002 000 porcins contre 17 287 000 l'an d'avant. Malgré cette situation au premier abord favorable, on ne voulait pas augmenter les abatages ni les rations afin de ne pas compremettre dans l'avenir le ravitaillement de l'Empire en viande, en lait et en graisse. Mais dès janvier 1917, par suite du manque de fourrages et de tourteaux la nourriture du bétail devenait difficile. En outre, vu la pénurie des pommes de terre à la fin de 1916 et au début de 1917, il avait fallu défendre de donner au bétail les pommes de terre susceptibles de servir à l'alimentation humaine. Il fallut donc augmenter les abatages (janvier 1917) en autorisant un supplément d'abatage de 10 pour 100 dans les régions où l'état du troupeau le permettrait, puis (9 février 1917) en portant pendant trois semaines la ration hebdomadaire de viande à 350 grammes (450 pour les ouvriers faisant des travaux pénibles). En même temps on poussait à l'abatage des jeunes animaux en établissant un prix fixe de vente de 80 marks par 50 kilos de poids vif des veaux quel que fût leur poids. Auparavant, on payait le quintal pour les veaux déjà âgés plus cher que pour les tout jeunes animaux, ce qui encourageait les éleveurs à engraisser.

Le 24 mars on alla plus loin. On décida qu'à partir du 15 avril, en même temps que l'on réduirait la ration de pain, on augmenterait les rations de pommes de terre et de viande. Cette dernière était portée à 500 grammes par semaine. Alors comme pour les pommes de terre commence une polémique acharnée entre les urbains et les ruraux, les premiers soutenant que l'on devait multiplier les abatages, les autres jetant des cris d'alarme et prédisant la disparition prochaine du troupeau allemand. Les premiers disaient qu'en taxant trop bas les prix des grains on avait encouragé le paysan allemand à affourager ses céréales et à engraisser des animaux qui se revendaient cher. Les avocats des campagnes déclaraient que l'on préparait la ruine de l'élevage. Un recensement des animaux, fait le 1er juin 1917, accusait par rapport à juin 1916, une diminution de 11 pour 100 des porcs. Le nombre des bovins avait, il est vrai, augmenté de 6 pour 100, mais on faisait observer qu'il n'avait encore pu être influencé par le relèvement tout récent (15 avril) de la ration de viande. Les éleveurs finirent par l'emporter. Le 15 août, on relevait, comme il a été dit, la ration de farine de 170 à 220 grammes par jour et par contre on ramenait la ration de viande à 250 grammes par semaine. En fait, cette quantité n'était pas toujours atteinte ; ainsi en Saxe on ne donnait que 150 grammes par semaine.

Du reste, pour ménager le bétail tout en assurant de la viande à la population, on mit en consommation la viande d'animaux très divers. Les chasseurs durent livrer une partie du gibier par eux abattu. On encourageait l'élevage du lapin et en mars 1917, la ville de Berlin achetait en Hollande un million de livres de lapin frigorifié. On passait marché avec des chasseurs pour la livraison de 50 000 canards sauvages. On consommait dans la classe laborieuse des écureuils, des pies, des renards, des blaireaux. Tous ces faits attestent déjà les graves difficultés que l'on éprouvait maintenant pour nourrir la population.

Par suite de la disette de viande dont souffrait tout l'Empire (car une réduction théorique de moitié dans l'alimentation carnée, réduction atteignant souvent en fait jusqu'aux trois quarts, ne va pas sans des privations ni des troubles dans l'économie d'organismes inadaptés), on cherchait avec ardeur des succédanés. L'ingéniosité des chimistes allemands se donnait libre carrière. Un professeur Kobert recommandait des poudres confectionnées avec du sang d'animaux. On vendait toutes sortes de viandes artificielles dont on exaltait les vertus fictives. Les autorités se gardaient bien d'intervenir, ce charlatanisme servant trop bien leurs desseins et faisant patienter le public. Un fabricant danois offrait ainsi un soi-disant pâté de foie composé d'une quantité de graisse d'origine douteuse et d'une quantité infime de foie véritable.

On avait aussi tenté de développer les pêcheries et la consommation du poisson de mer, des mollusques, crabes, etc. On obtint ainsi, en 1917, près de 44 000 tonnes, dont plus de 27 000 dans la Baltique (1). Ces poissons ne furent livrés à la population civile qu'après un fort prélèvement pour l'armée. Les importations da-

(1) *Statistisches Jahrbuch* de 1917, p. 71 à 74.

noises avaient donné en 1916 bien davantage : 90 000 tonnes, mais l'Angleterre parvint à conclure avec ce pays un accord d'après lequel, en échange de fournitures de pétrole, le Danemark s'engagea à limiter en 1917 à 25 000 tonnes, ses ventes de poisson à l'Allemagne. Pendant les derniers mois de 1917, les importations de poissons de provenance scandinave avaient presque entièrement cessé.

On tirait aussi quelques ressources de la pêche de poissons d'eau douce dans les lacs de Mazurie, de Courlande, de Lithuanie, dans le lac de Constance (168 000 kilos en 1917), mais qu'étaient-ce que ces maigres apports en proportion des besoins de toute une population nettement sous-alimentée !

Le beurre et les graisses comestibles. — Ainsi qu'on l'a vu, le beurre avait commencé à devenir relativement rare dès la fin de 1915. Cette pénurie s'accentua en 1916 par suite du resserrement du blocus et de la mauvaise alimentation des vaches laitières.

Un arrêté du chancelier de février 1916 prescrivit à la Société centrale d'achats de ne plus livrer de beurre qu'aux communes ayant limité à 125 grammes par habitant la ration hebdomadaire. Cette ration fut ramenée en mai à 90 grammes. Un autre arrêté du 8 juin obligea les communes de plus de 5 000 habitants à établir une carte de graisse et à réglementer le trafic du beurre, de la margarine, du saindoux et des huiles comestibles. Enfin un arrêté du 20 juillet 1916 créait un Office impérial des graisses alimentaires chargé de constituer par voie de saisie des stocks de graisses qui devaient ensuite être répartis selon les besoins des localités.

La ration d'Empire de 90 grammes par semaine put être maintenue en théorie jusqu'à la fin de 1917, date à laquelle elle fut fixée à 62 grammes 1/2 par semaine. Mais en fait la plupart des rations étaient sensiblement inférieures : 80 grammes à Berlin au début, puis 60 grammes à partir de décembre 1917, 50 grammes dans d'autres villes. Ces rations se composaient pour partie de beurre, pour partie de margarine et de saindoux.

Ici encore en effet on eut recours, pour parer au manque de beurre, à tous les succédanés imaginables : en première ligne à la margarine. Bien que la composition de cette denrée de remplacement fût sophistiquée de diverses manières, sa production en 1917 ne fut que de 20 000 tonnes contre 200 000 en temps de paix.

Pour les graisses animales, le lard, le saindoux, on avait essayé de faire appel au patriotisme des paysans en organisant la collecte Hindenburg, contribution patriotique volontaire sous la forme d'apport de lard ou de saindoux. Malgré une prodigieuse réclame, le résultat fut piteux : 10 865 tonnes seulement étaient recueillies en octobre 1917. On dut recourir à des mesures énergiques, enjoindre par exemple aux éleveurs de livrer un kilo de graisse par chaque porc de 60 kilog. au moins, abattu à domicile. On utilisa des huiles de phoque, de baleine, des huiles de poisson importées. On chercha à obtenir de l'huile en pressant des os d'animaux ; on alla jusqu'à retirer de l'huile des chenilles !

En ce qui concernait les huiles végétales, on encouragea la culture du colza et des graisses oléagineuses par la distribution de sulfate d'ammoniaque (1 000 kilog. par hectare ensemencé). On essaya, avec peu de succès, de tirer de l'huile des noyaux et des pépins de fruits, de citrons, d'oranges, de tomates, de graines d'acacia, de tilleul, de faînes, des marrons d'Inde, des baies de sureau. On n'obtint par tous ces procédés que quelques milliers de tonnes.

. LES DENRÉES COLONIALES (CAFÉ, THÉ, CACAO). — Du 1er octobre 1915 au 30 septembre 1916, l'Allemagne avait encore pu se procurer par les neutres, surtout par la Suisse et le Danemark, des quantités notables de café et de thé. La pénurie de café ne se manifesta guère qu'en 1917, mais à partir de cette date, elle fut aiguë. On fabriqua du café avec toutes sortes d'*ersatz*, glands, figues grillées, maïs grillé, pulpe sèche de pommes de terre. La ration des troupes tomba en 1917 de 25 grammes par jour à 10 grammes plus 6 de chicorée. On se mit à faire du café avec des feuilles de mûrier, de framboisier, de fraisier.

Les importations de chocolat et de cacao de provenance neutre (surtout des Pays-Bas) avaient été importantes en 1915. Elles baissèrent considérablement en 1916 et cessèrent presque totalement en 1917. Ces deux denrées coloniales disparurent alors presque entièrement de l'alimentation en Allemagne.

## L'INDUSTRIE

LES MATIÈRES TEXTILES. LE COTON. — Pendant les premiers mois de 1916, les importations de coton par les neutres ayant cessé, de nouvelles mesures restrictives avaient été prises : saisie de stocks à partir du 1er avril, réduction de la fabrication des filatures à 20 pour 100 de la normale. En mai et en juin, la crise s'aggrava. Les filatures arrêtèrent leur travail et les tissages ne fabriquèrent plus que pour l'armée avec des filés saisis en France, en Belgique et en Pologne.

Les autorités ne s'en tinrent pas là. Il fut défendu à partir du 15 août 1916 d'acheter des vêtements tissés ou tricotés, sans un bon spécial, lequel n'était délivré que si l'on pouvait justifier avoir réellement besoin de ces vêtements. L'esprit aristocratique de l'Allemagne avait cependant fait admettre une dérogation : les vêtements d'un prix relativement élevé échappaient à cette réglementation. M. le baron, M. le conseiller intime, M. le professeur d'université et leurs épouses ne pouvaient évidemment être soumis à la même règle que le vulgaire.

L'année 1917 s'ouvrit donc, à ce point de vue encore, sous de sombres auspices ; l'Empire n'avait plus que 20 000 tonnes de coton brut, stock insignifiant. On avait bien tenté de développer la culture cotonnière en Turquie et en Bulgarie, mais cette tentative ne pouvait donner des résultats immédiats. Deux méthodes seulement étaient possibles : 1° la réquisition — qui fut ordonnée le 1er avril — de tous les tissus et déchets de coton sous toutes les formes et de toutes provenances. On alla en septembre jusqu'à saisir tout le linge de maison, draps, serviettes, couvertures de lits, des hôtels et restaurants ; 2° l'emploi de succédanés. Il faut reconnaître qu'à cet égard aussi les Allemands se montrèrent très ingénieux. On eut recours aux fils de papier, d'ortie, de typha, à la cellulose du bois. Au début les tissus de papier fort grossiers se désagrégeaient à l'humidité. On parvint à les imperméabiliser par divers procédés, à en faire de la ficelle, des enveloppes de sacs à terre et même des étoffes assez semblables aux grosses cotonnades. Après le papier ce furent les fils d'ortie et de typha qui donnèrent les meilleurs résultats. On avait recueilli au début de 1917 60 000 tonnes de tiges de typha donnant 21 000 tonnes d'assez bons tissus dont on faisait des manteaux militaires et des vêtements de femmes. Mais ce n'étaient là que des palliatifs. La pénurie de coton restait une des plaies économiques les plus douloureuses de l'Empire allemand.

LA LAINE. — On manquait encore plus de laine. La réglementation établie à cet égard répète celle qui visait le coton : 1er février 1916, réquisition de tous les objets en laine tissée ou tricotée, obligation pour qui veut se procurer des vêtements en laine de produire un bon de l'Office des vêtements, etc...

LE LIN ET LE CHANVRE. — Comme on l'a vu (*supra* p. 258), les quantités de lin saisies en Belgique, dans le nord de la France et en Pologne avaient permis de pourvoir aux besoins de l'Allemagne jusqu'en 1916 ; il restait du reste à cette dernière date encore certains stocks. On réussit en outre à développer en Allemagne la culture du lin et à obtenir en 1916 un rendement de 66 000 tonnes de tiges, soit 11 000 tonnes de fil de lin. Cette matière textile n'eût donc pas fait défaut si le manque de coton et de laine n'avait provoqué un certain accroissement de la demande. Le chanvre, par contre, avait presque complètement disparu du marché. Lin et chanvre avaient été, cela va sans dire, inventoriés et réquisitionnés comme toutes les matières textiles et les céréales. On avait cherché à utiliser divers succédanés du lin et du chanvre, c'est-à-dire encore les tissus de papier, de cellulose, etc...

Le jute manqua lui aussi dès 1916, les Alliés ayant imposé aux neutres l'obligation d'exiger le retour des sacs en jute servant à l'emballage des produits expédiés dans les puissances centrales.

La soie importée en grandes quantités de divers pays neutres en 1914-15 a été, pendant l'année 1916, assez abondante pour suppléer le coton dans divers usages. L'achat et la vente des étoffes de soie étaient restés libres. Le prix du kilogramme de soie grège avait triplé de 35 marks en 1914, à 100 à la fin de 1916.

LES CUIRS ET PEAUX. — La rareté des cuirs et peaux ne se manifesta vraiment, toujours par suite de l'arrêt des importations des neutres, que vers le milieu de 1916. Un arrêté du 14 juin limita alors à quarante heures par semaine le travail des fabriques de chaussures. Un arrêté du 31 juillet prescrivit la déclaration et la saisie de certaines catégories de peaux brutes. La saisie fut étendue le 20 décembre aux peaux de veaux, de moutons, de chèvres, jusqu'alors exemptées. Une ordonnance du 19 octobre autorisa la confection des semelles et de talons en bois. Les matières tannantes manquaient aussi, sauf l'écorce de chêne, de sapin et le bois de châtaignier. On tâchait d'y parer par l'emploi de produits chimiques : formiate de chrome, niradole ou extraits de goudrons de houille.

En 1917, la pénurie fut extrême pendant le premier trimestre. Du 15 avril au 15 août, survint une légère amélioration par suite de l'augmentation des abatages, conséquences du doublement de la ration de viande. Mais le 15 août 1917, lorsque la ration fut de nouveau réduite à 250 grammes, la diminution correspondante des abatages rendit à la crise toute son acuité. On estimait les besoins de la population civile en chaussures à sept fois les disponibilités.

En ce qui concerne les courroies de cuir, la pénurie était aussi grande qu'en ce qui touchait les chaussures. Dès février 1917, 200 fabriques de courroies de transmission sur 250 étaient arrêtées.

Le 15 juin fut ordonnée une saisie générale des peaux de chevreuils, de cerfs, de daims, de chèvres, de porcs, de phoques, de morses, de rennes.

Le manque de cuir de bonne qualité obligeait à fabriquer des courroies défectueuses qui s'allongeaient et se déchiraient. On essaya alors de fabriquer des courroies de transmission eu rubans d'acier mince. On remplaçait le cuir pour les équipements militaires par des lanières en fibres de coton ou de jute.


Le savon, la stéarine, la glycérine. — Le savon se raréfia dès 1916 et encore bien plus en 1917. On essaya d'utiliser comme matières premières les graisses d'os et de déchets. On fabrique un savon de guerre ne contenant que 20 pour 100 d'acides gras. Ces produits étaient déplorables et une ordonnance du 9 juillet 1917 obligea les savonneries à se syndiquer. La ration mensuelle était par personne de 50 grammes de savon et 250 grammes de

poudre de savon (cette dernière quantité réduite à 125 grammes
à partir du 15 janvier 1918).

Les bougies devenaient rares, faute de stéarine en quantité
suffisante. Le 15 février leur vente fut réservée à la Société de
guerre des huiles et graisses et chaque particulier ne put obtenir
que trois bougies à la fois.

La glycérine se raréfiait aussi par suite de l'insuffisance des
ressources en matières grasses. Ce produit était à peu près entièrement réservé aux usages militaires et médicaux. On essaya
comme succédané en pharmacie du glycol. On chercha aussi à
préparer chimiquement la glycérine sans employer les graisses,
notamment au moyen de mélasses de sucrerie.

LE CAOUTCHOUC. — La disette de caoutchouc qui s'était déjà
révélée en 1916 s'accentua encore en 1917. Les besoins de l'armée
ne pouvaient être entièrement satisfaits, ni pour les bandages de
roues des automobiles militaires, ni pour les parties caoutchoutées
des appareils chirurgicaux. En 1916, les sous-marins *Deutschland*
et *Bremen*, qui avaient pu traverser l'Atlantique, rapportèrent
des États-Unis quelques provisions de caoutchouc. C'était bien
peu de chose et le 25 juin 1917, il fallut réquisitionner les stocks
de gomme brute, les caoutchoucs régénérés, les déchets de caoutchouc. La confection du caoutchouc régénéré et aussi du caoutchouc synthétique, aidèrent évidemment à traverser la crise, mais
ne la dénouèrent pas.

## LES MINÉRAUX ET LES MÉTAUX

LA HOUILLE. — Il semble extraordinaire et invraisemblable que
l'industrie et la population allemandes aient pu manquer de
charbon. Car en 1913, l'Empire produisait 190 millions de tonnes
de houille et n'en importait que 10 millions (1). Sur ces 200 millions de tonnes, il en consommait 166 millions et en exportait
34 millions. Pour le lignite, la production allemande atteignait
87 millions et l'importation, près de 7 millions de tonnes, venant
en presque totalité d'Autriche. Il semblait impossible de rêver

______

(1) *Statistisches Jahrburh für das deutsche Reich,* 1915, p. 111 et 202.

situation plus favorable et cependant, à cause de la difficulté des transports, de la rareté de la main-d'œuvre, du manque de bois de mines, il y eut de novembre à avril 1917, sinon une crise positive, du moins de sérieuses difficultés pour la livraison du charbon. Une amélioration se produisit en mai et juin 1917, mais l'industrie allemande avait eu et eut encore, dans une certaine mesure, à souffrir de cette pénurie artificielle de combustible.

Le cuivre. — Les saisies d'objets en cuivre pratiquées dans les usines et chez les particuliers, le remplacement du cuivre par d'autres métaux (zinc, fer, fonte) pour divers usages industriels (robinetterie, serrurerie) permirent de couvrir jusqu'à la fin de 1917 les besoins de l'armée, mais dès décembre 1916, de graves difficultés surgirent. Dès octobre on avait réquisitionné en Belgique et dans le nord de la France tout le matériel de cuivre des usines ; en décembre on réquisitionna les objets et les ustensiles en cuivre des particuliers. Ces saisies se poursuivirent pendant toute l'année 1917 et n'épargnèrent même pas les cloches des églises. Il fallut substituer au cuivre des alliages de zinc, d'aluminium et de fer. Pour construire les lignes électriques aériennes, on se servit de fil de fer recouvert par une enveloppe de zinc et d'aluminium. Pour la fabrication des obus de 150, on essaya vainement de substituer à la ceinture de cuivre une ceinture en alliage de zinc.

Autres métaux. — Le nickel manquait dès 1915. En février 1916 on interdisait le nickelage des instruments de chirurgie. En métallurgie on remplaçait le nickel par des aciers au creuset ou des aciers Siemens-Martin. Vingt millions de marks en monnaie de nickel étaient retirés de la circulation et remplacés par de la monnaie de zinc. On faisait l'impossible pour exploiter des gisements de cuivre en Autriche près de Salzbourg et d'autres en Asie Mineure, mais c'étaient là des perspectives incertaines et qui en tout cas n'étaient pas immédiates.

La pénurie d'aluminium qui avait existé au début disparut au milieu de 1916, surtout par suite de la mise en exploitation de gisements de bauxite en Autriche-Hongrie. La saisie des objets en aluminium fut levée le 31 août 1916, mais les besoins croissant en raison de la substitution progressive au cuivre d'alliages divers à base d'aluminium, la rareté se fit de nouveau sentir en 1917 et le 20 octobre de cette année un arrêté prescrivit la saisie avant le 31 de tous les objets en aluminium existant dans l'Empire.

En ce qui concerne l'antimoine aucune mesure de saisie n'intervint et ce métal semble n'avoir pas manqué de 1914 jusqu'à 1917.

L'étain (consommation normale du temps de paix, 15 000 tonnes) ne manqua qu'à partir de 1916. Jusque-là l'Empire était ravitaillé par les neutres notamment par les Pays-Bas dont l'importation d'étain en Allemagne est évaluée pour 1915 à 3 360 tonnes et pour 1916 à 2 000 tonnes. Le 1er octobre 1916, fut édictée la saisie effective dans les brasseries, hôtels et restaurants des couvercles en étain, des pots à bière repris à 8 marks le kilo ; les objets d'étain des particuliers allemands ne furent réquisitionnés qu'en janvier 1917.

Dès le 28 décembre précédent, pareille mesure avait été prise en Belgique en ce qui concernait tous objets en étain appartenant à des particuliers. Peu après (10 janvier 1917), on saisissait les tuyaux d'orgues des églises. On essayait en même temps de remplacer l'étain par divers alliages de ce métal avec le zinc, le plomb et le cuivre (ce dernier métal en faible quantité).

Le zinc est un métal que l'Allemagne produisait en quantité, dans ses mines de Haute-Silésie. Il ne manqua donc ni en 1916, ni pendant le premier semestre de 1917. Au contraire on employa beaucoup le zinc en remplacement d'autres métaux, par exemple, pour tenir lieu du cuivre dans la construction des lignes pour le transport de la force électrique.

Le plomb est aussi un métal que l'Allemagne trouve dans son sous-sol. La production de l'Allemagne et de l'Autriche avant la guerre s'élevait à 120 000 (1) tonnes. Les stocks existants, l'extraction intensifiée, les quantités de ce métal trouvées en Belgique et dans le nord de la France permirent de pourvoir aux besoins de l'armée et de la population civile jusque vers le milieu de 1917. A cette date le plomb, sans faire défaut pour les usages militaires, devint plus rare. On dut réquisitionner le plomb des

_________

(1) L'Allemagne consommait en 1912 228 000 tonnes de plomb.

vieilles conduites, récupérer avec grand soin le plomb des balles
sur les champs de bataille.

MÉTAUX SPÉCIAUX, MANGANÈSE, CHROME, TUNGSTÈNE, MOLYB-
DÈNE. — Ces métaux spéciaux sont des plus utiles en métallurgie.
Le manganèse sert à désulfurer et à désoxyder les bains d'acier
avant leur coulée et donne ainsi un métal sain, résistant, mal-
léable. Le chrome, le tungstène donnent aux aciers la dureté,
la qualité requises pour les obus de rupture, les cuirassés, les
blindages.

La pénurie de manganèse ne se fit vraiment sentir qu'à la fin
de 1916. On eut recours, en 1917, aux mesures ordinaires de
saisie. On essaya d'utiliser des minerais de manganèse de faible
teneur; on tenta de désoxyder le fer à l'aide d'alliages de
silicium et de manganèse. Mais pour la fabrication des aciers
d'obus, de fusils, de canons, on dut se passer de manganèse,
d'où une dureté et une résistance moindres dans les aciers
fabriqués.

Le chrome manqua également; on essaya de recourir au tungstène et au molybdène pour la fabrication des aciers rapides.
Jusque vers le milieu de 1917, l'Allemagne fut abondamment
ravitaillée en molybdène par la Norvège. Le minerai de molybdène, même à faible teneur, était acheté en Norvège et broyé en
Suède. L'achat par les Anglais de plusieurs gisements norvégiens
ralentit, mais ne supprima pas ce trafic. Le Reich put acheter
du tungstène en Portugal jusqu'à l'entrée en guerre de ce pays.
Il existait, en Espagne, des mines de molybdène appartenant à des
Allemands. Ces métaux passaient en Allemagne, soit par sous-
marins, soit en contrebande. Il en fut ainsi expédié d'Espagne
en Norvège, puis de là en Allemagne, en septembre 1917, dans
des caisses de raisins (1).

Le platine joue un rôle important comme catalyseur pour la
production de l'acide nitrique ou sulfurique. On put longtemps
se procurer ce métal en contrebande par la Suisse ou la Hollande.
Une saisie des objets en platine fut ordonnée le 9 mars 1917.

______

(1) *Comité de restriction. — Aperçu des résultats des mesures restrictives prises
par les Alliés pendant l'année* 1917, p. 31.

ACIDE SULFURIQUE. ENGRAIS. — La disette d'acide sulfurique ne se fit vivement sentir que pendant les derniers mois de 1916 par suite de l'arrêt des importations de soufre et de pyrites de Norvège, importations qui avaient continué plus ou moins jusqu'en septembre. Un arrêté du Conseil fédéral du 27 octobre 1916 ordonna la livraison à une Société de guerre de tout le soufre et de tous les produits sulfureux : pyrites, blendes existant en Allemagne. On chercha aussi à extraire l'acide sulfurique des sulfates naturels, comme le sulfate de chaux.

En ce qui concerne les engrais, la situation, devenue de plus en plus critique, était la suivante : Sien 1916 l'agriculture allemande disposait encore, grâce aux scories Thomas, de 60 pour 100 au moins des quantités de phosphates nécessaires, elle ne pouvait plus compter que sur 16 à 18 pour 100 des engrais azotés dont elle aurait eu besoin. Les nitrates du Chili manquaient et les produits synthétiques tirés de l'azote de l'air devaient être réservés en majeure partie pour les usages militaires (explosifs). En 1917, la pénurie des phosphates se fit encore sentir davantage. Cette rareté des engrais contribua beaucoup à la pauvreté des récoltes.

## II. — LES EFFETS PHYSIOLOGIQUES
### DE LA SOUS-ALIMENTATION

L'ÉTAT MORAL. — Le blocus rendu effectif devait entraîner et entraîna en effet de graves conséquences pour la santé physique et l'état moral de la population de l'Allemagne. Nous ne saurions ici aborder l'examen fort délicat de la valeur alimentaire des rations du temps de guerre exprimée en calories. En pareille matière, des précisions sont toujours hasardeuses pour de multiples raisons et surtout par suite de l'extrême disparité du taux des rations véritablement mises en consommation et qui varièrent si fréquemment, selon les époques, les catégories par âges, par professions, par régions, mais il n'est pas douteux que les Allemands souffrirent d'une sous-alimentation très accentuée. Le chiffre de la mortalité par tuberculose, qui n'était par année que de 14 pour 10 000, était monté pendant le premier semestre de

1918, à 32 pour 100. Les tableaux suivants sont éloquents par eux-mêmes.

Nombre des naissances en Allemagne de 1913 à 1918 :

        1913................... 1 894 000
        1914................... 1 874 000
        1915................... 1 425 000
        1916................... 1 062 000
        1917...................   939 938
        1918...................   956 251

La mortalité dans la population civile augmenta de 880 000 en 1915, de 121 000 en 1916, de 260 000 en 1917, de 294 000 en 1918, c'est-à-dire, par rapport aux années de paix, dans la proportion de 9,5 pour 100, 14,3 pour 100, 32,2 pour 100 et 37,0 pour 100.

De 1914 à 1918, la mortalité des enfants de un à cinq ans augmenta de 49,3 pour 100, celle des enfants de cinq à quinze ans de 55 pour 100. La diminution du nombre des enfants nés viables, par rapport au chiffre normal, s'éleva dans tout l'Empire à 4 millions pour les années de 1914 à 1919.

L'alimentation défectueuse affaiblissait les organismes et les constituait en état de réceptivité. Les maladies du foie, de l'estomac, de l'intestin se multipliaient. On assistait à l'éclosion de maladies nouvelles, telles que l'œdème de guerre signalé dès le début de 1917, « affection caractérisée par une lassitude générale, par de l'épuisement, de la lourdeur des jambes, puis une enflure s'étendant de la face aux membres inférieurs (1). » Cette maladie parfois mortelle était attribuée au manque de graisse et à l'ingestion d'aliments trop hydratés. On signalait aussi une fièvre intermittente dite volhynienne et des épidémies de dyssenterie pendant l'hiver 1915-16, puis au cours de l'été 1917. Cette épidémie, venue du front russe, était favorisée par la mauvaise qualité des aliments (pain de guerre indigeste, trop grande ingestion de moules, de crabes, de poissons, souvent dans un mauvais état de conservation). C'est aussi de Russie que vint une épidémie de typhus exanthématique (décembre 1917).

(1) *La Situation démographique et sanitaire de l'Allemagne* (rapport du *Comité de restriction des approvisionnements de l'ennemi.* 2 novembre 1918).

En dehors de la sous-alimentation, la mauvaise hygiène contribuait à rendre défectueux l'état sanitaire. La pénurie de susbstances antiseptiques et désinfectantes favorisait la propagation des maladies contagieuses. Le manque de savon, conséquence de la pénurie de graisse, entraînait dans la classe ouvrière un oubli des soins de propreté et multipliait les maladies de peau. Toute l'Allemagne souffrait d'un affaiblissement et d'un malaise physique qui ne contribuera pas peu à précipiter la crise morale de la fin.

Dans quelle mesure l'état moral de la population a-t-il pu être en 1916-17 influencé par le blocus? Il est évidemment très difficile de répondre à cette question. Si l'aristocratie intellectuelle, qui était de cœur et de pensée avec le Kaiser, acquiesça de tout temps aux ambitions, aux convoitises, aux théories de la plus grande Allemagne, chez le peuple (ainsi que l'a noté un témoin de haute valeur, le célèbre historien belge M. Pirenne, prisonnier d'État à Iéna, puis à Creusbourg, Saxe), les privations, la disette de vivres l'emportaient sur les préoccupations patriotiques. Visiblement (à l'automne de 1916) tout le monde en avait assez et envisageait l'avenir avec effroi. Mais ce peuple était si bien dressé, si crédule, si naïf, que ses gouvernants avaient beau jeu pour le tromper ; il lui suffit pendant longtemps de varier ses fables que toute une bureaucratie servile s'empressait de colporter et faisait accepter sans trop de peine. En décembre 1916, après l'offre de paix faite théâtralement au Reichstag, la joie fut générale. « Ce fut, poursuit M. Pirenne, admirable ou plutôt lamentable et grotesque. Après quelques jours d'enivrement et d'espoir, le refus des Alliés rappela brusquement à la réalité les foules perdues dans le rêve et naturellement, en sortant de leur griserie, elles tombèrent dans la fureur. On n'entendit plus parler que de *furor teutonicus*, que de lutte à outrance, sans merci. Ce fut alors que l'opinion publique, façonnée et entraînée par les pangermanistes, se prononça pour une guerre sous-marine à outrance. Mais, en juillet 1917, le peuple se laissa de nouveau aller au découragement (1). » On essaya de réagir encore,

_________

(1) M. Pirenne note de Creuzbourg, où il était alors interné, ce qui suit :
« On ne croyait plus aux sous-marins, les vivres se faisaient plus rares. On ne trouvait plus de cuir ; on enlevait les cloches des églises. La mortalité devenait effrayante chez les vieillards et les enfants. On se raccrochait à tous les espoirs.

une campagne de presse fut ouverte dans tout le pays. Des pasteurs, des fonctionnaires, des professeurs prêchaient l'endurance, la persévérance patriotique. On les écoutait avec lassitude et scepticisme. A la fin de 1917, le moral se releva un peu à l'annonce de la révolution bolcheviste de novembre, et par suite de l'espoir d'obtenir des blés de l'Ukraine. L'armée allemande du front Est allait pouvoir être en grande partie transportée sur le front français et de grands coups pourraient être frappés. Mais on avait été tant de fois déçu que cet espoir apparaissait à la plupart comme une lueur bien faible et bien vacillante. Au fond, on était pessimiste.

TROISIÈME PÉRIODE

LES DERNIERS MOIS DE LA GUERRE
(1<sup>er</sup> janvier au 11 novembre 1918)

L'année 1918 s'ouvrait sous de sombres auspices. Les récoltes de 1917 avaient été déplorables. Si la ration de farine était encore de 200 grammes par jour, plus 20 grammes de produits additionnels, ce qui permettait de donner 1 900 grammes de pain par personne et par semaine, la ration de pommes de terre n'était que de 7 livres par semaine, ration bien maigre pour une population chez laquelle la pomme de terre remplace en grande partie le pain. Encore ne pouvait-on, la plupart du temps, donner la ration pleine (on ne perçut pendant plusieurs semaines que 6 livres à Berlin et à Hambourg, les ouvriers de la grande industrie et les enfants seuls recevant quelques suppléments). La ration de viande n'était par semaine que de 250 grammes avec os ou 200 grammes sans os ; encore ne touchait-on pas partout ces 200 grammes nets. La ration hebdomadaire de graisse, qui était de 90 grammes pour les consommateurs ordinaires (125 pour les producteurs), fut abaissée, le 18 janvier, à 70 grammes pour les premiers et 100 pour les seconds.

Périodiquement circulaient des bruits de paix séparée avec la France ou avec la Russie. J'ai eu l'impression que la population entière, à l'exception du superintendant, des instituteurs, du secrétaire de la poste et du pharmacien, désirait la paix à tout prix. (*Revue des Deux Mondes* du 15 février 1920.)

A Hambourg, la situation en janvier était la suivante (1) :
Rations par semaine : pain, 1800 grammes ; farine, 100 grammes ;
pommes de terre, 6 livres 1/2 pour les adultes, suppléments de
2 livres 1/2 pour les ouvriers employés à des travaux de force
et de 3 livres pour les enfants. Graisse : 30 grammes de beurre et
40 grammes de margarine par semaine. Sucre, 150 grammes et
miel artificiel, 250 grammes par semaine. Lait par jour : enfants
de un à deux ans, 3/4 de litre ; de deux à quatre ans, 1/2 litre ; de
quatre à six ans, 1/4 de litre. Viande, par semaine, 250 grammes ;
fromage, 1/2 livre, autant que les approvisionnements le permettront ; un œuf par enfant et par jour.

Les fourrages manquaient de plus en plus. Il fallut le 25 janvier,
en plus des 1 200 000 tonnes de foin et des 1 500 000 tonnes de
paille réquisitionnées en juillet et août 1917, réquisitionner à
nouveau pour l'année 400 000 tonnes de foin et 150 000 de paille.
On espérait améliorer la situation, grâce à l'Ukraine dont on
faisait miroiter la richesse agricole, mais, dès février et surtout
dès mars, ces espérances se révélèrent bien fragiles. Le blé ukrai-
nien suffisait à nourrir la population locale, mais on ne pourrait,
on l'avouait, tirer de ce pays pour l'Allemagne que 500 000 tonnes
au plus.

Le charbon continuait à manquer à cause de la difficulté des
transports. Il fallut le rationner à Berlin, à Munich, à Dresde,
à Hambourg, à Brême.

Quant au vêtement, la situation était vraiment désespérée
dès janvier 1918 : « On voit, écrit M. Max Muller, des gens aisés
circuler dans les rues de Berlin avec des vêtements que refuserait
en temps normal un portefaix. On constate un manque général
de manteaux ; le linge porté est souvent en loques et malpropre.
Bien des personnes vont en chaussettes et avec des pantoufles
de feutre » (2). Le coton manquait totalement. On n'avait pour en
tenir lieu que le tissu de papier encore bien imparfait et la fibre
d'ortie. On n'escomptait en 1918 qu'une récolte de 20 000 tonnes
d'ortie, soit de quoi procurer des chemises à 500 000 hommes (un
sur dix de l'armée de première ligne).

(1) *Foreign Office*, rapport de M. Max Muller sur la situation intérieure de
l'Allemagne en janvier 1918 (p. 16).
(1) *Foreign Office*, rapport précité, p. 13.

En mars, l'Office impérial des vêtements admettait qu'il manquait 3 millions de vêtements pour habiller les ouvriers.

La totalité du cuir ayant été réquisitionnée pour l'armée, 90 pour 100 des 50 millions de chaussures dont la fabrication était prévue pour 1918 furent munies de semelles de bois. On exhortait la population à se chausser de sandales de corde en vantant, selon l'usage en pareille occurrence, l'excellence hygiénique de cette chaussure. Dès mars, tous les souliers en cuir existants étaient réservés aux travailleurs et employés à de gros travaux.

Le métal cuivre faisant défaut, on fondait toujours des cloches, même la célèbre cloche de l'Empereur au Dôme de Cologne. Pour remplacer le cuivre, on employait de plus en plus l'aluminium et l'étain. On réquisitionnait en mars tous les objets en étain ou aluminium, patères, garnitures de comptoirs, poignées de portes, etc.

Tous ces faits attestent la misère économique à laquelle l'Allemagne était acculée dès le premier trimestre de 1918. La situation empira encore pendant le second trimestre. En avril, il devint évident que l'on ne tirerait pas de l'Ukraine les 500 000 tonnes espérées, mais seulement 100 000. La désillusion fut profonde. Le 17 mai, on apprenait qu'à partir du 17 juin la ration de farine tomberait de 200 à 160 grammes par jour et la ration de pain de 1 900 à 1 750 grammes par semaine. On devait donner par jour 20 grammes de produits additionnels, farine de pommes de terre, gruau d'avoine, etc., mais il fut loin d'en être ainsi. En même temps, la ration de pommes de terre de 7 litres qui, en avril et mai avait pû être servie intégralement, fléchissait de nouveau à 5 livres (Hambourg, Brême, Essen), et même souvent à 3 livres. Quant à la viande, on ne touchait en fait que 200 grammes par semaine.

En résumé, dès juin 1918, l'alimentation se compose en moyenne par jour de 250 grammes de pain environ, 175 grammes de pommes de terre, environ 30 grammes de viande et 10 grammes de graisse. Les gens riches se tiraient encore d'affaire en achetant à n'importe quel prix les denrées colportées par des courtiers marrons ou en allant villégiaturer dans les stations du sud de l'Allemagne où la vie était plus facile, bien qu'extrêmement onéreuse, car, alléchés par les prix élevés donnés par les touristes, les paysans de la région y apportaient en contrebande leurs denrées dissimulées à l'autorité. Le peuple, lui, souffrait cruellement.

Pour comble de malheur, la température froide du printemps de 1918 retarda la récolte des céréales et des légumes. Il y eut d'abord sécheresse prolongée, puis des gelées. Le délégué du *Foreign office* qui, d'après les rapports de ses agents, avait cru pouvoir signaler quelque détente en février, reconnaît son erreur dans son rapport de juin, rédigé en juillet : « Il est évident, écrit-il, que l'amélioration par nous indiquée au printemps était due en grande partie à une politique qui hypothéquait l'avenir et qui trompait le public sur le véritable état de choses. Les autorités maintenaient les rations à un taux supérieur à celui qu'eussent autorisé les stocks. En outre, il faut aider l'Autriche qui est sur ses fins. Les autorités n'essaient plus de dissimuler la gravité de la situation. M. de Waldow, en annonçant un déficit probable dans la prochaine récolte, exprimait l'espoir que le peuple supporterait ces épreuves avec courage ». « Oui, si le peuple n'est pas déjà mort de faim, s'écria un socialiste indépendant. »

Le troisième trimestre devait amener une très légère amélioration matérielle qui toutefois, pour des raisons faciles à comprendre, ne releva nullement le moral du peuple allemand décidément orienté vers un découragement absolu.

Le battage hâtif de la récolte de 1918 permit de relever la ration de farine de 160 à 200 grammes par jour. Mais les produits additionnels manquant, surtout les pommes de terre, la ration hebdomadaire de pain ne put être portée qu'à 1 850 grammes, quantité allouée du 1er août au 1er octobre 1918, puis relevée à 1 950 grammes en octobre. Les légumes verts arrivaient enfin sur le marché assez abondants. Mais, en revanche, la ration théorique de viande qui devait être de 250 grammes par semaine était toujours, en fait, sauf à Berlin, réduite à 200 grammes. De plus, toute consommation de viande fut prohibée pendant quatre semaines (une semaine par mois sur quatre) du 15 août au 1er octobre. La carte de poisson était introduite le 1er juillet et donnait droit à Berlin à 120 grammes par mois. Les fruits manquaient. On peut juger de la situation par les prix suivants très antérieurs à la chute du mark. En août, on payait à Berlin une livre de beurre 25 marks, une livre de café de 25 à 30 marks, une oie 100 marks, un jambon de taille moyenne 500 marks, une paire de chaussures 150 marks, un complet 600 marks. Le dépérissement était général et l'on répétait couramment, usant d'une locution populaire, que les rations distribuées « permettaient à peine au corps et à l'âme de cohabiter. »

Malgré tout, l'Allemagne n'aurait pas été, sans doute du seul fait des souffrances et des privations endurées, réduite à capituler, dès novembre 1918, si un autre élément, moral celui-là, en connexité, il est vrai, avec la dépression physiologique amenée par le blocus, mais qui ne se confond pas avec celle, n'était entré en jeu au cours des derniers mois. Comme le disait le rapport anglais d'août, la solidité du front intérieur dépendait de la possibilité d'apporter un coup destructeur (*a shattering blow*) à l'esprit si vanté « des pommes de terre et du pain », esprit qui a permis pendant des années à la nation allemande de supporter ses souffrances ; jusqu'en mai 1918, il fut à la rigueur encore possible d'espérer. L'offensive de mars avait failli rompre le front anglais et couper en deux les armées alliées. Amiens avait été sur le point d'être pris. En avril, un nouvel effort avait failli donner aux Allemands toute la chaîne des hauteurs dites monts de Flandre, clef de Dunkerque. En mai, la terrible surprise du Chemin des Dames avec la conquête foudroyante par l'armée allemande des lignes de l'Aisne, de la Vesle, et son irruption sur la Marne, avait fait concevoir un instant à Berlin les plus vastes espoirs, mais tous ces succès avaient été promptement enrayés. L'invincible énergie des armées de l'Entente, soutenues et réconfortées par l'arrivée des vaillantes troupes américaines, avait stérilisé toutes ces victoires. Et ce furent ensuite coup sur coup, à partir de la mi-juillet, la seconde victoire de la Marne, la marche victorieuse de Foch, de Haig, de Pershing, l'enfoncement de la ligne Hindenburg prétendue imprenable. Le moral déjà déprimé acheva alors de se perdre, et cela d'autant plus rapidement que les forces physiques étaient minées. Un organisme débilité est un mauvais adjuvant pour surmonter des épreuves pénibles et sans cesse renouvelées. La population s'inquiétait, s'énervait, s'irritait. Le *Vorwärts* pouvait écrire, le 26 septembre : « Le découragement s'empare de nos soldats. Le front occidental s'effondre. La nourriture manque maintenant complètement ; il n'y a plus de charbon, plus d'éclairage. L'industrie est arrêtée, des centaines de milliers d'hommes meurent. Un esprit de folie prévaut chez les survivants, des révoltes éclatent. » Dans les grandes villes l'émeute couvait. Un jour, en sortant de chez eux, les bourgeois de Hambourg trouvèrent les murs de leur ville couverts de papillons avec ce quatrain où se reflétait la mentalité de la classe ouvrière.

> *Wir Kampfen nicht für's Vaterland*
> *Auch nicht fur unsere Ehre.*
> *Wir kampfen nur aus Unverstand*
> *Für die grossen Millionäre.*

(Nous ne luttons ni pour la patrie, ni pour notre honneur. Nous luttons follement pour les grands millionnaires !)

On sait le reste. Brusquement la Révolution éclata, déclenchée comme en Russie par les marins de la flotte ; ce fut de suite la débâcle, débâcle au total sans doute salutaire à l'Allemagne, qu'elle sauva d'un désastre militaire imminent et inévitable. Pratique et calculatrice jusque dans la défaite, la classe dirigeante allemande, alliée aux chefs du socialisme majoritaire, comprit de suite la nécessité de céder à temps et acheta, par sa capitulation opportune, la certitude d'échapper à un châtiment immédiat trop mérité. Il est incontestable que la victoire des armées alliées avait été la cause directe de la chute de ce grand Empire, mais il est non moins certain que la guerre économique, résultat du Blocus, avait efficacement contribué à préparer et à amener la rupture du front intérieur et extérieur. Dans quelle mesure? Il serait difficile de l'indiquer avec trop de précision. Mais il est permis de tirer du récit qui précède cette conclusion : d'une manière moins brillante, certes, que les armées alliées, mais cependant très réelle et très certaine, le Blocus a été, lui aussi, l'un des vainqueurs du militarisme allemand.


FIN

# TABLE DES MATIÈRES

## CHAPITRE V



## CHAPITRE VI



## CHAPITRE VII



## CHAPITRE VIII



## CHAPITRE IX



## CHAPITRE X

CHAPITRE XI



PARIS. — TYP. PLON-NOURRIT ET Cⁱᵉ, 8, RUE GARANCIÈRE. — 33594.